한국의
선각자를 찾아서

서재필부터 박정희까지,
동상으로 만나다

한국의
선각자를 찾아서

서재필부터 박정희까지,
동상으로 만나다

이상도 지음

씽크
스마트

조선의 선비들 공화정을 외치다

남산 자락에 있는 안의사 광장에서 안중근 동상을 처음 본 건 1990년 대 중반이었다. 안중근 동상이 왜 여기에 있는지 궁금해 인근 안중근기 념관에서 이런저런 자료를 찾아봤지만 궁금증을 풀지 못한 채 내려왔 다. 그 후에도 서울 시내 곳곳에서 수많은 동상을 만났다. 이순신 장군 동상은 광화문광장에서, 세종대왕 동상은 여의도공원에서, 3·1 운동의 주역 손병희 동상은 탑골공원에서, 대한민국 초대 국회의장이자 대통령 인 이승만 동상은 국회에서 봤다. 수류탄을 든 강우규 동상은 구 서울역 앞에서, 동양척식회사에 폭탄을 던졌던 나석주는 명동에서, 소설가 염 상섭은 삼청공원 약수터에서 만났다. 그렇지만 그들이 우리 역사에서 어떤 의미가 있는지, 왜 그곳에 자리를 잡았는지, 누가 세웠는지 알 수 없는 게 너무 많았다. 2018년 가을부터 이런 오랜 궁금증을 푸는 도전을 시작했다.

지역별로는 남산과 능동 서울어린이대공원에 동상이 압도적으로 많 았다. 남산에는 삼국통일의 주역 김유신 장군, 조선을 대표하는 학자인 다산 정약용, 퇴계 이황, 독립투사 안중근, 김구, 유관순, 헤이그 밀사 사 건의 주역 이준, 가장 최근 인물로 재일거류민단 대표 김용환 지사의 동 상이 있었다. 서울어린이대공원에는 어린이 운동의 선구자 방정환, 해방 후 북한 주민들과 생을 함께한 독립운동가 조만식, 그리고 또 다른 독립운동가인 송진우, 이승훈, 조선에 표류한 네덜란드인 박연, 6·25 전쟁 당시 포항에서 북한군의 공격을 막아낸 존 B. 콜터 장군, 반공의 상징 이승복 어린이 동상이 세워져 있었다.

업적별로는 월등하게 독립운동가들의 동상이 많다. 안중근, 김구, 유관순은 남산에, 독립신문을 발간한 서재필은 서대문 독립공원에, 3·1 운동을 주도한 손병희는 탑골공원에, 한용운은 자신의 집 심우장 아래에 있는 만해산책공원에, 상하이 의거의 주역 윤봉길은 양재 시민의숲 공원에, 일왕에게 폭탄을 던진 이봉창은 효창공원 백범기념관 앞에 자리를 잡았다. 일본 경찰과 1대 1,000 싸움을 벌인 의열단 김상옥은 대학로 마로니에공원에, 동양척식회사에 폭탄을 던진 나석주는 명동에, 만주에서 독립군을 양성한 이회영은 명동 YWCA 앞에 자리 잡았다.

구한말부터 해방에 이르기까지 한글, 음악, 스포츠, 문학 등에 뚜렷한 업적을 남긴 사람들의 동상도 서울 시내 곳곳에 산재해 있다. 한글학자 주시경은 한글회관에, 베를린올림픽 마라톤 우승자 손기정은 손기정 체육공원에, 우리나라 동요를 집대성한 홍난파는 홍파동 자신의 집에, 자연주의 소설가로 유명한 염상섭은 교보문고 앞 종로통 길가에 있다.

서울 시내에 있는 많은 동상을 보고난 후 공통점을 찾는 작업을 시작했다. 고대나 중세의 인물은 제외하고 근현대사와 관련된 인물로 대상을 좁혔다. 그렇게 추리고 추려서 모두 21명을 골랐다. 선택 기준은 크게 3가지다. 첫 번째 기준은 자유민주공화국 대한민국 탄생에 기여한 분들이다. 먼저 구한말부터 일제강점기, 대한민국 건국 과정에서 민족의 독립을 위해 헌신했던 14명을 추렸다. 이들은 구한말과 일제 식민지 시절 일관되게 독립운동에 투신한 선각자다. 조선의 선비였던 서재필, 이승만, 김구는 일찍부터 왕은 통치하되 헌법을 지켜야 한다는 입헌군주제를 주장했고 조선이 망한 후에는 공화국 대한민국을 탄생시키는 데 헌신했다. 양반 가문 출신인 안중근은 직접 총을 들어 이토 히로부미를 저격했고 이회영은 만주에서 독립군을 양성했다. 3·1 운동을 이끈 손병희, 이종일, 한용운, 서대문형무소에서 순국한 유관순은 공화국 대한민국 탄생에 결정적인 도움을 준 선각자들이다. 3·1 운동은 한국 땅에서 수천 년간 이어온 군주제를 버리고 공화정을 선택하게 만든 민족혁명이었다. 3·1 운동 이후 대한제국을 다시 만들어 황제를 복위시키자는 주장은 조선에서 사실상 사라졌다. 강우규, 이봉창, 윤봉길, 나석주, 김상옥의 의열 투쟁은 민주공화국 탄생의 밀알이 됐고, 이는 대한민국이 탄생함으로써 꽃을 피웠다.

다음 선택 기준은 왕조시대 통치 대상인 신민, 또는 백성에 불과했던 조선의 민중들을 깨우치거나 암울했던 식민지 시대 조선인에게 꿈과 희망을 준 인물들이었다. 5명을 골랐다. 주시경과 방정환은 나라의 주인이 누구인지 깨닫게 해준 분들이다. 한글학자 주시경은 양반들이 천시했던 백성의 글 언문을 갈고닦아 한글을 만들었다. 주시경의 손을 거쳐 기초를 다진 한글은 국민의 글로 다시 태어났다. 방정환은 어린이운동을 통해 어린이들이 나라의 주인으로 자라나게 했다. 1945년 해방이 됐을 때 방정환이 꿈을 심어준 어린이들은 더 이상 군주의 통치 대상인 신민이 아니었다. 그들은 당당한 나라의 주인이었다. 홍난파, 손기정, 염상섭은 음악, 스포츠, 문학을 통해 잠들어 있던 조선인의 의식을 깨우쳤고 나라의 주인으로 성장시키는 데 기여했다. 음악가 홍난파는 동요와 가곡으로 민족의 정서를 되살렸다. 마라토너 손기정은 베를린올림픽 마라톤 경기에서 우승함으로써 조선인들의 자긍심을 살렸고 일본인보다 조선인이 열등하지 않다는 사실을 일깨워 주었다. 소설가 염상섭은 구한말부터 격동의 삶을 살아야 했던 조선인들의 생애를 글로 풀어내면서 식민지 시대의 사회적 모순을 알렸다.

마지막은 민주공화정을 지키려다 희생된 사람과 민주공화국 대한민국 탄생에 기여한 분들을 선양한 사람이다. 해방 후 평양에서 활동했던 민족지도자 조만식은 소련과 김일성에 맞서다 6·25 전쟁 초반에 처형됐다. 조만식이 죽음으로 지키려 했던 것은 자유민주주의공화국이었다.

박정희 전 대통령은 여전히 독재자로 공격을 받고 있지만 대한민국 탄생에 기여한 분들의 공적을 찾아 포상하고 선양하는 데 가장 큰 기여를 한 인물이다. 박정희는 보훈업무를 총괄하는 국가보훈처를 처음 만들었고 독립유공자에 대한 훈장 수여, 선양을 대대적으로 전개했다. 대한민국 건국에 기여한 인물에게 수여하는 최고등급 훈장인 건국훈장 대한민국장 포상자 30명 중 25명(유관순은 오늘의 독립장인 국민장에서 대한민국장으로 추서), 대한민국의 건국훈장 중 두 번째 등급인 건국훈장 대통령장 수상자 92명 중 72명, 세 번째 등급인 독립장 포상자 822명 중 525명에 대한 포상이 박정희 집권기에 이루어졌다. 대한민국을 대표하는 독립운동가인 김구, 안중근, 안창호, 서재필, 손병희, 한용운, 유관순은 박정희가 등장하기 전에는 독립유공자가 아니었다. 이들은 민주공화국 대한민국이 탄생하는 데 결정적인 역할을 한 분들이지만 박정희 이전에는 변변한 훈장 하나 받지 못했다.

이 책에서 추린 근현대사 관련 동상 속 인물 중에는 조선말에 유학을 공부해 과거시험을 쳤거나, 식민지 시절에 한학을 공부한 사람이 많다. 서재필과 이종일은 과거시험에 합격한 조선의 엘리트 관료였다. 이승만, 김구는 과거시험을 봤지만 낙방했고 안중근, 이회영, 윤봉길, 주시경, 한용운도 한학을 공부한 사람들이다. 이들은 학식과 집안, 배경 등을 볼 때 선비로 불러도 충분한 분들이다. 선비는 학식이 있고 행동과 예절이 바르며 의리와 원칙을 지키고 관직과 재물을 탐내지 않는 고결한 인품을 지닌 사람을 지칭한다. 이들은 군주가 나라의 중심인 유학을 공부했지만 군주정을 버리고 민주공화정을 외쳤다. 이들은 500년 간 강고하게 이어져 온 군주정을 깨고 공화정으로 가는 길을 연 선각자들이다. 동상 속 선각자 개개인으로 들어가 살피면 흠이 많은 인물도 적지 않다. 그러나 민주공화국 탄생이라는 큰 틀에서 보면 이들은 모두 역사의 공로자다.

3·1 운동과 상하이 대한민국 임시정부는 대한민국 정통성의 뿌리다. 3·1 운동 후 선각자들이 꿈꾼 나라는 왕이 없는 나라, 국민이 주인인 민주공화정의 나라였다. 1910년 대한제국이 망하자 조선에서는 나라를 되찾아 군주정을 회복하자는 복벽주의(復辟主義), 황제였던 고종을 내세

위 독립을 쟁취하고 황실을 복권하자는 보황주의(保皇主義) 독립운동이 활발했다. 한동안 큰 세력을 형성했던 이들의 목소리는 3·1 운동을 계기로 사실상 사라졌다. 서재필, 이승만, 김구, 조만식 등 많은 선각자들이 주장한 공화정은 1948년 8월 15일 민주공화국 대한민국이 출범하면서 실현됐다. 대한민국은 여러 가지 면에서 부족한 점이 있지만 72년이 지난 현재도 국민이 주인인 민주공화국이라는 사실은 변하지 않고 있다. 반면 1945년 해방이 되면서 한반도 북쪽에 탄생한 조선민주주의인민공화국은 김일성-김정일-김정은 3대 세습체제가 이어지면서 사실상 군주가 통치하는 전체주의 나라로 바뀌었다. 3·1 운동과 독립운동을 주도한 선각자들이 그렇게 반대하던 복벽주의가 되살아난 셈이다.

1980년대 시작된 '해방 전후사의 인식'으로 대표되는 역사관이 40여 년간 우리 사회를 지배하고 있다. 이 역사관의 핵심은 1948년 대한민국 탄생을 부정적으로 보고 있다는 점이다. 실제로 신생국 대한민국은 많은 문제를 안고 있었고 그 과정에서 6·25 전쟁이라는 민족의 비극이 일어났다. 그러나 우리가 이룬 성과를 볼 때 민주공화국 대한민국은 그렇게 부정적으로만 볼 나라가 아니다. 역사의 긴 물줄기 속에서 이제는 균형을 잡아야 할 시기다.

책을 구상하고 쓰기 시작한지 어언 2년이 지났다. 〈한국의 선각자를 찾아서〉가 우리가 만든 민주공화정에 대한 자부심을 되살리고 역사의 균형감을 되찾는 계기가 되기를 기대한다.

2020년 8월 인왕산 자락에서

제7장 서초·영등포 권역

제1장

광진·노원 권역

능동 어린이대공원 방정환 선생 동상

-백성이 아닌 국민이 된 어린이

방정환(1899~1931)

'어린이'란 말을 처음 사용하고 어린이날을 만든 어린이운동의 창시자이자 독립운동가이다. 부유한 상인 집안 손자로 태어났으나 가세가 기울면서 선린상고를 중퇴하고 조선총독부에 취직했다. 1917년에 천도교 교주였던 손병희의 사위가 되면서 방정환의 운명이 바뀌었다. 천도교 발행 종합잡지 「개벽」의 도쿄 특파원이 되면서 어린이 운동을 본격화했다. '어린이'란 말을 처음 만들어 썼으며 1922년 5월 1일을 '어린이날'로 선포했고, 잡지 「어린이」를 발간해 10만 부 규모로 키웠다. 잡지 「어린이」를 발간하면서 수차례 기사 삭제, 압수 등의 조치를 당했으며 3·1 운동 때는 비밀리에 등사판 신문을 만들어 배포하다 구금됐고, 1921년에는 민원식 살해사건에 연루돼 다시 구금됐다. 1937년 어린이날은 일제에 의해 금지됐지만, 해방 후인 1946년 다시 열렸다. 1990년 건국훈장 애국장을 추서했다. 방정환 동상은 1971년 남산 어린이회관 근처에 세워졌다가 1987년 능동 어린이대공원으로 이전됐다. 최초 동상은 색동회가 세웠고, 동상을 이전할 때는 한국어린이보호회의 도움을 받았다.

찾아가는 길

휴전선이 코앞인 강원도 시골에서 살던 1970년대 초등학교 시절, 친구가 가져온 어린이 잡지 「어깨동무」에 나온 서울은 꿈의 세계였다. 남산 어린이회관의 높은 건물과 깨끗하게 차려입은 표지모델 어린이가 부러웠고, 바나나 같은 시골에서는 보기 힘든 열대과일 사진에 마음이 설

개량 한복을 입은 방정환 동상

랬다. 「어깨동무」에 실린 만화 〈도깨비감투〉, 〈원시소년 똘비〉는 재미 그 자체였다. 그때 처음으로 소파 방정환 선생의 동상을 봤다.

그래서 수십 년 동안 서울에 살면서도 방정환 동상이 남산 언저리에 있을 것이라고 생각했다. 하지만 방정환 동상은 30여 년 전인 1980년대 후반 남산에서 어린이대공원으로 옮겨진 상태였다. 방정환 선생 동상을 보기 위해 2019년 봄에 한 차례, 여름에 두 차례 능동 어린이대공원을 방문했다. 방정환 동상은 분수대와 꿈마루 북카페를 지나 공원 중간쯤에 있는 야외공연장 위쪽에 세워져 있다. 전면으로는 야외무대가 내려다보이고 뒤로는 어린이대공원 산책로로 연결된 지점이다.

개량한복 입기를 강조했던 방정환

방정환은 한 아이의 어깨를 손으로 감싼 채 돌에 앉아 있고 오른손을 자연스럽게 앞으로 뻗어 팔꿈치를 약간 굽혀서 올린 채 손바닥을 쭉 폈다. 왼손이 어린이의 어깨 아래로 내려와 있다. 유치원이나 초등학교 1학년쯤으로 보이는 아이는 오른손을 선생의 왼쪽 무릎 위에 자연스럽게 올려놓고 얼굴을 들어 방정환을 바라보고 있다. 방정환이 무슨 재미있는 말을 하지나 않는지 궁금해하는 표정이 역력하다. 얼굴과 표정, 손을 보면 선생이 어린이들에게 자주 썼던 "어린 동무들이여"라는 말이 바로 튀어나올 것 같다. 구두를 신은 두 발은 넉넉하게 벌려 균형을 잡았고 선생의 트레이드마크인 중절모는 왼쪽 엉덩이 옆에 올려놓았다. 말년의 방정환은 비만으로 많은 고생을 했다. 작가가 이를 감안했는지 얼굴의

턱살이 두툼하고 코와 눈, 귀도 모두 큼지막하다. 방정환이 입은 두루마기 한복은 무릎 아래로 내려왔고 대님으로 발목 부근을 단단히 묶었다. 방정환은 옷을 만드느라 과도한 노동에 시달리는 조선 여성들을 고려해서 염색을 하고 단추를 단 개량 한복을 입을 것을 권유했다. 방정환은 개량 한복에 대한 생각을 글로 남겨 놓았다.

> 조선여자들은 한평생 빨래만 하다가 죽는다고 할 만큼 빨래를 자주 합니다. 더구나 조선 옷과 옷감은 빨 적마다 뜯었다가 다시 재봉을 하게 되고 다듬이질과 풀 먹이기를 일일이 다시 해야 하는 것이니 그 손해는 점점 커지는 것입니다. 그러니 되도록 흰옷만을 입지 말고 연령과 성미에 맞춰 아무 색이나 염색 옷을 입어야 합니다.

푸른빛을 띠고 있는 동상을 가까이에서 보면 매우 낡은 데다 군데군데 구멍을 때운 자국을 찾을 수 있다. 좌대는 사각형 화강암 판석으로 마무리했고 정면에 〈소파 방정환 선생 상〉이라고 쓴 제호가 오석(烏石, 검은 돌)에 새겨져 있다. 동상은 우호 김영중(又湖 金泳仲, 1926~2005) 작품이다. 동상 제호는 이정수가 썼다.

어린이와 어린이날 제정, 그리고 방정환

방정환의 일생을 적은 약전은 동상 뒤에 따로 설치되어 있다. 약전에는 '어린이'라는 말을 처음으로 쓰고 조선에서 어린이날을 제정한 방성환의 선생의 업적이 간략하게 새겨져 있다.

어린이의 벗 소파 방정환 선생 (1899~1931)

소파 방정환 선생은 어린이를 위하여 일생을 바치신 고마운 분이다.
선생은 우리나라가 일본으로부터 억눌림을 당하던 그 어려움 속에서
손수 글을 쓰고 어린이 잡지를 만들었을 뿐만 아니라
연극, 이야기 잔치, 강연회 등 어린이를 위한 많은 일을 하였다.
특히 어린이란 말을 처음 쓰고 어린이날을 만든 일과
1923년 봄 일본 토오쿄오에서 뜻을 같이하는 젊은이들과
색동회를 조직하여 어린이 운동에 앞장 선 일은
소파선생의 가장 두드러진 공적이라 하겠다.
33세의 아쉬운 생애를 마친 어린이의 벗 소파!
선생의 어린이 사랑, 나라 사랑의 얼은
그가 시작한 색동회와 더불어 영원히 이어나갈 것이다.

1899년 11월 태어난 소파는 왕실을 상대로 어물전과 싸전을 하는 할아버지 덕에 부유하게 자랐다. 7살 무렵부터 보성소학교를 다녔지만 아관파천 등 조선의 정세 변화로 할아버지의 사업이 기울어지자 집안을 돕기 위해 17세에 선린상고를 중퇴하고 조선총독부 토지조사국에 취직했다. 방정환의 운명은 천도교 교주이자 3·1 운동의 주역 손병희의 셋째 사위가 되면서 바뀌었다. 1920년 무렵 방정환은 천도교청년회 도교지회 창립을 위해 일본으로 건너갔고, 천도교에서 발행하는 종합잡지 「개벽」의 도쿄 특파원이 됐다. 이 시기 방정환은 '어린이'란 말을 처음으로 쓰고 어린이날을 만드는 등 어린이 운동을 본격화했다.

이때 방정환을 옆에서 든든하게 지켜준 곳이 우리나라 최초의 아동문화운동 단체인 색동회다. 일본 도요(東洋) 대학 철학과의 특별청강생이던 방정환은 1923년 3월 16일 도쿄 하숙집에서 색동회 창립을 위한 모임을 가졌다. 색동회는 4월 30일에 정식 출범했다. 방정환, 손진태, 정순철 등이 주도해 설립했고 이후 윤극영, 마해송, 윤석중 등이

방정환 선생 약전

합류했다. 색동회는 1923년 3월 20일 아동잡지 「어린이」를 창간한 데 이어 1923년 5월 1일 첫 어린이날 행사를 하는 데 주도적으로 참여했다. 방정환은 1922년 5월 1일을 제1회 어린이날로 선포했고 다음해인 1923년 5월 1일 제1회 어린이날 행사를 개최했다. 제1회 어린이날 행사는 천도교소년회, 불교소년회, 반도소년회 등 40여 개 소년회로 구성된 조선 최대 소년단체인 조선소년운동협회가 주최하는 방식으로 진행됐지만, 실제로는 어린이운동을 처음 시작한 방정환이 대회를 주도했다. 처음에는 5월 1일을 어린이날로 정했다가 1927년부터는 매년 5월 첫째 일요일을 어린이날로 변경했다.

그렇지만 사회주의 성향인 오월회 중심의 무산소년운동이 출범하면

서 어린이날 행사는 분열됐다. 그나마도 중일전쟁이 시작된 1937년부터는 조선총독부의 집회금지 정책에 따라 해방이 될 때까지 열리지 못했다. 어린이날 행사가 다시 열린 건 해방 후인 1946년 5월 5일이었고, 그때부터 어린이날은 5월 5일로 고정됐다. 어린이날이 현재처럼 국가공휴일로 지정된 건 1975년 박정희 정부 시절이었다.

장인은 3·1 운동을 통한 민족의 독립,
사위는 미래의 주인 어린이 교육

방정환은 3·1 운동과 어린이 문화운동으로 인해 일본 경찰의 요시찰 대상이 됐다. 방정환은 1919년 3·1 운동 당시 조선독립신문 발행인이던 보성학교 윤익선 교장이 체포되면서 신문을 발행할 수 없게 되자 오일철 등과 함께 비밀리에 등사판 신문을 만들어 배포하다 체포되어 일주일 동안 구금됐다. 1921년 11월에는 도쿄 유학 당시 친일파였던 민원식 살해사건에 연루된 혐의로 종로경찰서에 구금됐다. 1926년에는 순종 장례식을 앞두고 예비검속을 당했고 1928년에는 강연과 동화 구연 활동을 전면 금지 당했다. 그러나 3·1 운동을 주도한 장인 손병희가 투옥 후유증으로 사망한 것에 비하면 3·1 운동을 전후해 방정환의 비중은 그리 크지 않다. 그래서 민족의 미래를 짊어지고 갈 어린이를 깨우치고 가르치는 일이 손병희가 방정환에게 맡긴 특별한 역할이 아니었나 하는 생각이다. 방정환은 「어린이」 잡지를 통해 어린이는 물론 어른에 대한 계몽활동과 독립정신 고취에 주력했다. 방정환이 1923년 3월 20일 창간한 아동잡지 「어린이」는 어린이 잡지지만 아동만을 대상으로 한 것은 아니었다. 「어린이」는 일제의 통치 아래를 받던 식민지 백성의 지식수준을 고려해 더 많은 사람들이 읽을 수 있도록 쉽고 재미있게 구성됐다.

「어린이」는 쉽고 재미있는 내용이 많은 데다 손목시계와 같은 경품이 주목을 끌면서 10만 독자라는 표현을 쓸 정도 인기가 있었다. 당시 경성 인구는 30

방정환과 어린이

만 명 남짓이었기에 10만 독자를 보유한 「어린이」의 영향력은 상당히 컸다. 그러자 조선총독부가 압박을 가했다. 어린이 잡지로는 이례적으로 기사 삭제 34회, 게재 및 연재 중지 9회, 압수 조치 2회를 받았고 원고 한 편이 통째로 삭제당하는 일도 있었다. 편집책임자인 방정환은 사상이 불온하다는 이유로 종로서 유치장에 수시로 드나들었고, 총독부 경무국에서 경위를 설명해야 했다. 「어린이」는 1931년 방정환이 죽은 후 일제의 탄압이 가중되고 경영난이 겹치면서 1934년 폐간됐다. 「어린이」가 다시 발간된 건 해방 후인 1946년이었다.

어린이는 어른보다 더 새로운 사람입니다

〈어린 동무들에게〉와 〈어른들에게 드리는 글〉은 방정환이 어린이를 어떻게 생각하고 있는지를 잘 보여주는 글이다. 모두 1923년 5월 1일 조선소년운동협회 주최 제1회 어린이날 선전문(삐라)에 들어있는 내용이다. 방정환은 서울 경운동 천도교 교당 앞에서 어린이와 어른 등 1,000여 명이 참석한 가운데 제 1회

〈어린 동무들에게〉가 새겨진 표석

어린이날을 열고, 그날 오후 4시에 선전문 12만 장을 서울 각지에 배포했다. 선전문은 〈취지〉, 〈소년운동의 기초조건〉, 〈어른들에게 드리는 글〉, 〈어린 동무들에게〉, 〈어린이날의 약속〉 등 5개 단락으로 되어 있다.

동상 정면 왼쪽 사각형 오석에는 방정환 선생이 어린이들에게 쓴 〈어린 동무들에게〉가 새겨져 있다. 석비를 읽어 보면 소파가 어린이들을 얼마나 사랑하고 귀하게 여겼는지 알 수 있다.

어린 동무들에게

돋는 해와 지는 해를 반드시 보기로 합시다.
어른들에게는 물론이고 당신들끼리도 서로 존대하기로 합시다.
뒷간이나 담벽에 글씨를 쓰거나 그림 같은 것을 버리지 말기로 합시다.
꽃이나 풀을 꺾지 말고 동물을 사랑하기로 합시다.
전차나 기차에서는 어른들에게 자리를 사양하기로 합시다.
입을 꼭 다물고 몸을 바르게 가지기로 합시다.

　동상 오른쪽에는 오석에 방정환 선생이 쓴 〈어른들에게 드리는 글〉이
새겨져 있다. 소파는 어른들에게 "어린이는 어른보다 더 새로운 사람입
니다. 내 아들놈, 내 딸년 하고 자기의 물건처럼 여기지 말고 저기보다
한결 더 새로운 시대의 새 인물인 것을 알아야 합니다"라고 밝혔다.

어른들에게 드리는 글

어린이를 내려다보지 마시고 치어다보아 주시오.
어린이를 가까이 하시어 자주 이야기하여 주시오.
어린이에게 경어를 쓰시되 늘 보드럽게 하여 주시오.
이발이나 목욕, 의복 같은 것은 때맞춰 하도록 하여 주시오.
잠자는 것과 운동하는 것을 충분히 하게 하여 주시오.
산보나 원족(소풍) 같은 것을 가끔 가끔 시켜 주시오.
어린이를 책망하실 때에는 쉽게 성만 내지 마시고

자세히 타일러 주시오.

어린이들이 서로 모여 즐겁게 놀만한

놀이터와 기관 같은 것을 지어 주시오.

대 우주의 외신경의 말초는 늙은이에게도 있지 아니하고

젊은이에게도 있지 아니하고

오직 어린이들에게만 있는 것을 늘 생각하여 주시오.

방정환 동상과 '뽀빠이' 이상용

최초 방정환 동상은 남산 어린이회관(현 서울시교육청교육연구정보원) 근처에 세워졌다가 1987년 어린이대공원으로 이전됐다. 처음 동상을 세운 곳은 초창기부터 방정환과 함께 활동했던 색동회다. 동상 뒤 표석에는 "1971년 7월 23일 색동회(회장 조재호)에서 남산에 소파상을 건립하다"라는 내용이 새겨져 있다. 색동회는 해방 후인 1946년 잡지 「어린이」를 속간하고 어린이날을 5월 5일로 변경해 고정했다. 색동회는 1956년 소파상(小派賞) 제정, 1957년 어린이헌장 선포를 비롯해 전국어린이동화구연대회, 전국어머니동화구연대회, 전국시낭송대회를 개최하는 등 현재까지도 방정환을 기리는 데 앞장서고 있다. 어린이대공원으로 이전된 경위는 방정환 동상 뒤에 새겨져 있다.

소파 방정환 선생의 동상은 색동회가 온 어린이의 정성을 모아 1971년 7월 23일 남산 기슭에 세웠다. 그 뒤 동상 옆에 있던 어린이회관이 다른 곳으로 이전함에 따라 어린이들과 가까운 곳을 찾아 1987년 5월 3일

동상 뒤 좌·우에 동상 이전 표석이 설치되어 있다

이 자리로 옮겼다. 그러나 오랫동안 비바람과 거친 손길에 시달린 동상이 훼손된 것을 안타깝게 여겨 소년한국일보가 전국 어린이들로부터 10원짜리 동전 150여만 개의 성금을 모아 본디 모습으로 되살렸다.

어린이대공원에 동상을 이전하여 건립한 곳은 한국어린이보호회다. 한국어린이보호회는 '뽀빠이'라는 애칭으로 불리던 방송인 이상용 씨가 심장병 어린이를 돕기 위해 세운 재단이다. 이 씨는 567명의 어린이 심장병 환자의 수술을 도울 정도로 어린이에게 관심이 많았다. 표석에는 "1987년 5월 3일 한국어린이보호회(회장 이상용)에서 어린이대공원에 소파상을 이전하다"라는 내용이 새겨져 있다. 심장병 어린이 돕기 활동을 하던 이상용 씨가 방정환 선생 동상 이전을 주도했고, 삼성전자와 롯데제과, 현대건설, 두산그룹 등 10개 기업이 후원금을 냈다. 방정환 동상 뒤편 표석에는 후원금을 낸 10개 기업의 로고, 개인 40명의 이름, 신길·고덕·시흥·매도국교(초등학교)의 이름이 새겨져 있다.

어린이, 백성이 아닌 국민이 되다

방정환은 1923년 5월 1일 어린이날 〈어린이에 대한 기초조건〉을 발표하면서 "우리들의 희망은 오직 한 가지, 어린이를 잘 키우는 데 있을 뿐입니다. 다 같이 내일을 살리기 위하여 이 몇 가지를 실행합시다"라고 발표했다. 이 선언은 국제연맹이 발표한 국제아동권리선언보다 1년 빠른 세계 최초의 아동권리선언이었다. 방정환이 일제 식민지 시절 억압에도 굴하지 않고 어린이 운동을 전개했다는 건 놀라운 일이다. 방정환이 처음 창안해서 사용한 '어린이'라는 말은 젊은이, 늙은이와 대칭되는 표현으로, 어린 사람이라는 뜻과 함께 어린이를 독립적인 인격체로 대우하는 느낌을 담았다.

1946년, 해방 후 첫 어린이날 행사에서 4명의 남녀 어린이가 〈소년소녀의 선서문〉을 낭독했다. 이들은 선서문을 통해 새날 새 조선의 주인으로서 열심히 배우겠다고 선언했다.

우리는 왜족에게 짓밟혀 말하는 벙어리요 집 없는 사람이었습니다.
그러나 이제는 우리 집과 우리글을 찾기로 맹세합니다.

우리는 새 조선 건설의 일꾼이요

새날의 임자인 것을 스스로 깨닫습니다.

우리는 또다시 집도 빼앗기지 않고 말도 잃지 않기로 굳게 기약합니다.

방정환 동상과 어린이대공원 야외무대

우리는 왜적으로 해서 다른 나라 어린이보다 너무도 뒤졌습니다.

우리는 배우고 또 배워서 다른 나라 동무들보다

앞서가는 사람이 되겠습니다.

우리는 또다시 조선의 어린이인 것을 잊지 않고

단단하고 끈끈하게 뭉치겠습니다.

현대일보 1946년 5월 6일

　방정환의 호인 소파(小波)는 '잔물결'이라는 뜻이다. 어린이들 가슴에 잔물결을 일으켜 뒷날 큰 물결이 되어 출렁일 것이라는 의미를 담았다. 소파 선생은 33살 젊은 나이에 갑자기 숨졌지만 그가 세계 최초로 제정했던 어린이날은 현재까지 이어지고 있다. 방정환은 자신의 호대로 큰 물결을 일으켰다. 방정환이 꿈을 심어줬던 어린이들은 일본의 식민 지배가 끝나자 더 이상 백성이 아닌 국민이 됐다. 소파는 시대를 앞서간 선각자이며, 20세기 한국이 낳은 가장 위대한 위인 중 한 명이다.

능동 서울어린이대공원 고당 조만식 동상

-3대 세습 복벽주의와 맞선 독립운동가

조만식 (1883~1950)

　조선물산장려회 회장, 신간회회원 등을 역임한 독립운동가이자 해방 후 소련과 김일성에 맞선 정치가이다. 평양숭실중학, 일본 메이지대학에서 공부했으며 일본 유학 중에 간디의 무저항주의에 심취하게 되었고, 그를 평생의 스승으로 삼았다. 3·1 운동 당시 붙잡혀 1년간 옥고를 치렀다. 오산학교와 숭인중학교 교장, 조선일보사 사장을 지냈으며 국산품애용운동을 주도했다. 해방 직후 일본에 의해 행정권 이양 책임자로 지정됐으나 소련에 의해 무력화됐다. 이후 조선민주당을 창당해 소련과 김일성에 맞서 반탁을 외쳤으나 1946년 1월 고려호텔에 연금되었고, 4년여 동안 북한에서 소련과 김일성에 저항하다 6·25 전쟁 도중인 1950년 10월 북한군에 의해 처형됐다. 1970년 건국훈장 대한민국장이 추서됐다. 동상은 고당 조만식선생기념사업회가 성금을 모아 1973년 능동 어린이대공원에 설치한 것이다.

찾아가는 길

　8월의 뜨거운 여름날, 서울 지하철 7호선 능동 어린이대공원역에서 내려 정문으로 들어섰다. 음악 분수가 멋진 물줄기를 뿜어내며 한창 공연을 하고 있다. 음악 분수를 뒤로 하고 원숭이 우리와 맹수 우리를 지나 조만식 선생 동상이 있는 언덕으로 향했다. 동상은 동물원과 식물원 구역 너머 공원에서 가장 높은 언덕 부근에 세워져 있다. 동상 오른쪽 아래에는 맹수 우리가, 정면으로는 어린이대공원 대운동장이 보인다.

풍광이 좋은 곳이다. 동상 진입로에는 둥글게 모양을 낸 향나무가 줄지어 있고 동상 뒤로는 목련 아홉 그루가 굵은 가지를 드리우고 있다. 4월

고당 조만식 선생 동상

에 꽃이 필 때는 목련이 장관이다.

동상 아래 동물원에서는 사자, 호랑이, 곰, 자칼, 코끼리를 구경하는 사람들로 떠들썩하지만 동상 주변은 한적하다. 어쩌다 산책과 운동을 겸해서 동상을 한 바퀴 돌아보는 사람 외에는 관람객을 만날 수 없다. 2019년 초봄에 한 번, 햇살이 뜨거운 여름에 한 번 이렇게 두 차례 동상을 방문했다.

보수되지 않은 채 방치된 부러진 무궁화 꽃술

조만식 동상은 인물상 3미터, 좌대 3.3미터로 전체 높이가 6.3미터에 달하는 큰 동상이다. 얼굴 높이로 든 오른손에서 손가락 하나만 펴서 하늘을 향했다. 조만식의 손가락은 "첫째도 둘째도 조선의 독립"이라는 걸 상징하는 것처럼 보인다. 왼손은 가슴에 단단히 붙였고, 성경처럼 보이는 책 한 권을 끼고 있다. 시선은 하늘을 향해 있고 작은 눈은 쌍꺼풀이 뚜렷하다. 굵은 눈썹 아래에는 턱수염과 콧수염이 무성하다. 머리는 짧게 깎았고 귀는 큼지막하다. 단정하게 입은 두루마기 한복은 밑자락이 무릎까지 내려와 있고 바지는 대님으로 발목 부분을 단단히 묶어 흐트러짐이 없어 보인다. 5척 단구에 머리를 빡빡 깎고 갓을 쓰고 두루마기를 자주 입었다는 기록과 사진으로 남아 있는 조만식의 얼굴과 모습이 비슷하다. 진입로 바닥에서 동상까지는 화강암으로 만든 계단 8개가 설치되어 있다. 좌대는 화강암 판석을 여러 장 붙여 마무리했고 상단에 〈고당 조만식 선생 상〉이라는 글씨가 새겨진 동판이 부착되어 있다.

눈길을 끄는 건 돌로 만든 무궁화꽃이다. 약전을 중심으로 오른쪽과 왼쪽, 상단에 무궁화꽃 세 송이가 활짝 피어 있다. 꽃술은 도깨비 방망이처럼 툭 튀어나와 있고 꽃잎도 큼지막하다. 꽃을 받치고 있는 잎사귀도 무성하다. 하지만 좌대 오른편 무궁화꽃은 마치 뿔이 잘린 것처럼 꽃술이 잘려나갔다. 초봄에도 잘려 있더니 한여름에 방문했을 때도 전혀 보수가 이뤄지지 않았다. 동상을 돌보는 사람이 없다는 것을 확인한 셈이어서 뒷맛이 씁쓸하다.

약전과 부러진 무궁화꽃 꽃술

서울 어린이대공원에 동상이 세워진 건 1976년 12월 7일로, 고당조만식선생기념사업회가 각계의 기금을 모아 건립했다. 박정희 대통령을 시작으로 정일권 전 국회의장, 민복기 전 대법원장, 최규하 전 대통령, 구자춘 전 서울시장 등 유신시대 실력자들이 기금을 냈다. 조만식과 인연이 있었던 오산중고, 숭실고, 숭의여고, 이화여대를 비롯해 조선일보와 동아일보, 중앙일보, 영락교회가 성금을 냈고 개인기부자 290명도 성금을 보냈다. 기금을 낸 사람과 단체 이름은 좌대 뒤에 부착되어 있다. 한글로 쓴 제호 〈고당 조만식 선생 상〉은 박정희 전 대통령이 직접 쓴 글씨다. 조각은 민복진, 명문(銘文)은 주요한이 지었고 글씨는 김기승이 썼다. 민복진(1927~2016)은 한국 구상조각 1세대 작가로 서울어린이대공원 남강 이승훈 선생 동상, 충남 예산 매헌 윤봉길 의사 동상 등의 작품을 남겼다.

〈불놀이〉, 〈아름다운 새벽〉 등 여러 편의 시를 남긴 주요한(1900~1979)은 의원과 장관을 지낸 정치인이자 시인, 언론인이다. 조만식이 창당한 조선민주당 사무국장을 지냈고 〈샛별의 눈망울〉이란 고당의 노래를 짓는 등 조만식과 가까웠다. 1919년에는 대한민국 임시정부 기관지인 「독립신문」 편집을 맡았고, 이후 동아일보, 조선일보 편집국장을 역임했다. 수양동우회 사건으로 체포되어 구속된 후 일제에 협력했고 해방 후 반민족행위특별조사위원회에 체포돼 조사를 받았다. 4·19 혁명으로 정권을 잡은 민주당 장면 내각에서 부흥부 및 상공부 장관을 지냈다. 김기승(1909~2000)은 문교부 문화재보존위원·한국미술협회 이사·서예분과 위원장 등을 역임한 서예가로 자신의 호 원곡(原谷)을 딴 한글 서체 원곡체를 개발했다. 안창호 선생 비문, 독립선언서 글씨와 『한국서예사』 등의 저서를 남겼다.

일제의 식민 통치에 저항한 조선의 간디

무궁화꽃 사이에는 선생의 약전이 오석으로 된 판석에 새겨져 부착되어 있다. 조만식의 출생과 대일 투쟁, 사망에 이르는 과정이 간략하게 기록되어 있다.

고당 조만식 선생은 1883년 2월 1일 평남 강서군에 나시어 나라와 겨레를 위해 일생을 바치셨다. 독실한 신앙과 숭고한 인격, 투철한 의지와 실천, 궁행(몸소 실행하거나 실천하는 것)하는 자력갱생 정신, 일본 제국주의에 대한 비폭력 저항과 자유민주통일을 위한 투쟁은 살아 있는 교훈이다. 업적으로는 평양 산정재교회와 기독교청년회 또 오산, 숭인, 숭실학교와 관서체육회 및 조선일보 등 교육, 언론, 문화, 산업 등에 미쳤다. 해방 후 북한 정치수반과 조선민주당 당수로 추대되어 민주통일 국가 건설에 몸 바쳤으며 공산세력의 박해에 맞서 이북동포들과 운명을 함께 하고저 끝내 순교적 사랑으로 스스로를 희생하셨으니 민족중흥을 지향하는 우리 겨레의 영원한 사표(남의 모범이 될 만한 인물)며 자랑이시다.

1883년 2월 1일 평양 진향리에서 태어난 조만식은 평생 평양을 중심으로 활동한 독립운동가다. 1904년 서당에서 알게 된 한정교(韓鼎敎)의 인도를 받아 기독교 장로교에 입교했다. 23세 늦은 나이에 숭실중학교에 입학해 공부한 후 1908년 도쿄에 있는 정칙영어학교로 유학했다. 이곳에서 배운 간디의 무저항주의와 민족주의 사상은 조만식 평생의 신념이 됐다.

1910년 메이지대학 전문부 법학과에 진학해 평생의 동지인 송진우,

김성수 등을 만났고 귀국 후에는 남강 이승훈의 초청으로 오산학교 교사가 됐다. 그의 인생이 결정적으로 바뀐 건 1919년 3·1 운동이었다. 오산학교 교장직을 사퇴하고 평안남도 강서군 사천 장날 만세 시위를 주도한 혐의로 체포돼 징역 1년형을 선고받았다. 옥살이 후 평양 YMCA 총무로 취임한 선생은 1932년까지 11년 동안 평양을 중심으로 우리 물건을 써서 자립기반을 다지자는 물산장려운동을 펼쳤다. 선생은 국산품을 애용하는 것이 나라 사랑의 지름길이자 민족 자립 경제를 다지는 초석이라고 강조했고 본인 스스로 말총모자와 편리화, 개량 한복을 입으며 국산품 애용을 호소했다. 물산장려운동은 금주·금연동맹과 같은 도덕적인 성격의 운동으로까지 파급되었다. 그래서 선생은 비폭력 평화주의자인 인도의 간디와 비교되어 '조선의 간디'라고 불리었다.

1923년에는 일제에 대항할 수 있는 인재 양성을 위해 민립대학 설립을 추진했으나 실패했다. 1927년에는 민족의 좌우합일로 결성된 신간회(新幹會)가 조직되자 신간회 중앙위원과 평양시 지회장으로 피선되어 한국정치사상 최초의 민족단일당에 참여하였고, 1932년에는 조선일보사 사장으로 취임해 언론인으로 활동했다. 1937년 중일전쟁이 시작되면서 교회에 대한 신사참배 강요, 창씨개명 요구, 학도병 지원유세 강요 등 일제의 압박이 노골화됐다. 그로 인해 조선물산장려회가 해체되는 등 그의 사회활동에도 제동이 걸렸고, 조만식은 거부와 은거로 맞섰다. 1944년 주기철 목사가 옥중에서 순교하고 교회가 강제로 폐쇄되자 1945년 봄에 식구를 이끌고 고향인 강서군 반석면으로 내려갔다. 조만식은 그곳에서 해방을 맞았다.

소련의 신탁통치 반대와 고려호텔 연금

　1945년 8월 15일 일본이 패망하자 일제 식민관료들은 패전 이후 사태를 책임질 수 있는 최고의 인물로 조만식을 꼽았다. 해방 당일 오전 평안남도 지사 후루카와는 조만식의 제자인 김항복과 도지사 차량을 조만식이 은거 중인 강서군 반석면으로 보내 행정권 이양 문제를 논의했다. 이후 조만식은 8월 17일 평안남도 건국준비위원회 위원장 자격으로 성명을 내고 패전한 일본인에 관해 관용을 베풀 것을 요청하는 등 사태 수습에 나섰다. 그러나 조만식의 활동은 소련 극동군 25군 사령관 치스차코프가 평양에 진주하면서 제동이 걸렸다. 소련군은 조만식에게 인민위원회 설치를 요구했고 타협 끝에 인민정치위원회가 출범했다.

　인민정치위원회 위원장은 사회적 명망이 높았던 조만식이 맡았지만 조만식은 공산당에 포위된 상태였다. 18대 14로 위원 수에서 민족주의 진영을 압도한 소련군정과 김일성은 이를 토대로 조만식을 압박했고, 조만식은 이에 맞서 11월 3일 조선민주당을 창당했다. 1945년 말 북조선 공산당원이 4,530명일 때 조선민주당은 당원 수

고당 조만식 선생 상. 박정희 전 대통령의 글씨다

50만 명을 확보하며 세력을 키워 나갔다. 그러나 실권은 소련군과 김일성이 쥐고 있었다. 11월 23일 신의주에서 공산정권에 반대하는 학생의거로 23명이 숨지고 700여 명이 다치는 유혈사태가 발생하자 조만식에 대한 소련군과 공산당의 압박은 더욱 심해졌다. 조만식과 소련군의 관계는 그해 12월 28일 모스크바 3상 회의에서 미국과 소련에 의한 5년간의 신탁통치 결정으로 완전히 틀어졌다. 치스차코프 사령관은 1946년 1월 1일, 방송을 통해 조만식에게 찬성을 요구했다.

이에 대해 조만식은 1월 2일 조선민주당 중앙위원회에서 "신탁통치는 찬성할 수 없다", "조선은 완전 독립국으로 자유정부가 출현되지 못하는 것을 유감으로 생각한다"라며 반대했다. 조만식과 소련의 최후담판은 사흘 뒤 평양산수국민학교에서 열렸다. 조만식은 "우리의 완전독립을 진실로 원조하려는 호의라면서 신탁통치는 왜 강요하는가, 신탁통치를 찬성하거나 반대하거나 모든 의사는 한국인의 자유여야 한다"며 "모스크바 3상 회의의 결정은 잘못된 국제협상"이라고 반대했고 이어 인민정치위원회 위원장직을 사임했다. 소련군은 즉각 조만식의 사표를 수리하고 홍기주 목사를 임시위원장으로 삼아 신탁통치 찬성안을 가결했다. 조만식은 숙소인 고려호텔로 돌아온 후 곧바로 연금됐고, 40명으로 구성된 경호대는 해산됐다. 조만식의 소재는 장기간 미궁에 빠졌다. 조선민주당 부당수 이윤영, 경호대장 문병극, 박현숙 등 조만식의 측근들은 이 시기를 전후해 대거 남한으로 망명했다. 이승만 대통령 치하에서 이윤영은 사회부장관, 박현숙은 무임소장관과 국회의원, 문병극은 대한독립촉성국민회의 조직부장을 지내는 등 요직에 기용됐다.

조만식의 소재가 다시 확인된 건 1947년 7월 1일이다. 2차 미소공동위원회 참석차 평양을 방문한 미국 대표 브라운 소장이 조만식을 면담했다. 당시 조만식과 브라운의 면담 내용은 수십 년간 자세히 알려지지 않다가 미군정 자료집이 공개되면서 드러났다. 조만식은 브라운에게 "김일성은 러시아인의 꼭두각시로 북한에 공산정권을 세우기를 원하는 사람"이라며 "자신은 신탁통치 문제 때문에 연금됐고 소련이 허락한다면 서울로 가겠다"고 말했다. 그러나 소련은 조만식의 남한행을 허용하지 않았다. 소련은 2차 미소공동위원회에서도 공동위원회 참여자를 신탁통치 찬성자로 제한하자는 주장을 굽히지 않았고, 2년간 끌어온 2차 미소공동위원회는 결렬됐다. 1947년 9월 17일 미국은 한국에 대한 신탁통치를 최종적으로 포기했다.

6·25 전쟁 중 북한에 의해 처형된 조만식

조만식이 다시 남북관계의 전면에 등장하는 건 3년 후인 1950년 6월 10일이었다. 6·25 전쟁 준비를 마친 북한은 대남 방송을 통해 남로당(남조선로동당) 고위 인사인 간첩 김삼룡과 이주하를 조만식과 교환하자고 제의했다. 1948년 5·10 총선거를 전후해 지하조직 재건과 테러를 주도한 혐의로 체포된 김삼룡과 이주하의 사형이 6월 26일에 집행될 예정이었다. 이승만 정부는 6월 22일 조만식을 개성까지 호송해오면 유엔한국위원회를 통해 김상룡과 이주하를 송환하겠다고 제안했고 북한은 38선에서 맞교환하자고 역제안을 했다. 그러나 사흘 뒤 6·25 전쟁이 발발하면서 없던 일이 됐다. 북한의 제안은 전쟁을 앞둔 위장전술이었다.

1991년 6월 중앙일보는 모스크바에서 김일성의 소련어를 통역했던 박길용을 만나 조만식의 최후에 대한 증언을 듣고 이를 정리해 보도했다. 박길용은 "유엔군에 밀려 북쪽으로 도망가는 김일성 등 북한 지도부는 호송책임자였던 한규만 소좌에게 상황이 좋지 못하면 조만식을 사살하라는 지시를 내렸다"라고 증언했다. 이어 "한규만은 10월 18일 피란을 위해 한복을 벗기고 군복을 입히려고 했으나 조만식이 죽어도 평양을 떠날 수 없다고 거부하자 사살했다"고 확인했다. 또 "당시 사살된 민족주의 지도자들은 500명으로 평양 대동강변에 웅덩이를 파서 가매장했다"고 증언했다. 북한 경비병이 미군의 폭격이 시작되자 조만식을 숙천지역에서 쏴 죽였다는 설도 있다. 확실한 건 조만식은 인천상륙작전 이후 유엔군과 국군이 북진하자 1950년 10월 북한군에 의해 평양 부근에서 처형됐다는 사실이다.

역사 속에 묻혀 잊혀진 조만식

조만식은 대한민국 건국에 가장 공이 큰 사람에게 수여하는 건국훈장 대한민국장을 받은 독립운동가다. 조만식은 순국한지 20년 만인 1970년 건국훈장 대한민국장을 받았고, 1976년에는 어린이대공원에 동상이 세워졌으며 1989년에는 독립기념관에 선생의 어록을, 1991년에는 평양에서 가져온 머리카락을 국립묘지에 안장했다. 1992년에는 통일전망대에 선생의 동상이 추가로 세워졌다. 그러나 1990년대 초까지 집중적으로 부각됐던 조만식의 업적은 그 후 급속히 사라졌다. 서울 중구 저동에 있는 고당기념관에 가면 조만식이 얼마나 푸대접을 받고 있는지 확인할 수 있다. 6층 규모인 고당기념관은 6층 열 평 남짓한 곳만 기념관으로 쓰고 있다. 나머지 5개 층은 사무실이다. 흔한 석고상도 없고 불도 관람객이 스스로 켜야 할 정도로 초라하다. 자료도 조선 물산 장려 포스터, 3·1 운동을 기념하는 조선민주당 진남포시당 사진, 파주 오두산 통일전망대 동상 제막식 사진 등 자료 약간과 사진 몇 장이 전부일 정도로 볼게 없다.

3대 세습 복벽주의와 맞선 독립투사

조만식은 패망한 일본이 평양을 통치할 지도자로 생각했던 인물이었다. 해방 직후 평남 건국준비위원회 위원장을, 소련군이 진주한 후에는 인민정치위원장직을 맡은 것도 평양에서 가장 유력한 민족지도자였기 때문이다. 민족주의 성향이 강한 중도우파 정치인인 조만식은 신탁통치에 반대하다 소련군정에 의해 고려호텔에 연금됐고, 그 후 반소련·반공산주의·친일분자로 몰려 김일성에 의해 처형됐다. 현재와 같은 남북관계에서 조만식이 다시 역사의 전면에 부각될 가능성은 거의 없어 보인다.

선생은 평소 "고향을 묻지 말고 일하자", "국산품 애용이 민족경제를 살리는 길이다", "나는 자유를 동경하는 북한 동포들과 같이 생사를 같이 하겠다"고 말했다. 그의 삶은 해방 후 6·25 전쟁 와중에 비참하게 끝났지만, 그의 목소리는 여전히 울림이 크다. 조선이 망한 후 조선에서는 나라를 되찾아 군주정을 회복하자는 복벽주의(復辟主義)와 황제였던 고

검은 구름이 조만식의 현재를 보여주는 듯하다

종을 내세워 독립을 쟁취하고 황실을 복권하자는 보황주의(保皇主義) 독
립운동이 활발했다. 한동안 조선에서 큰 세력을 형성했던 이들의 목소

리는 3·1운동을 계기로 사라졌다. 젊은 시절 입헌군주제를 주장했던 서재필, 이승만, 김구 등 많은 선각자들은 공화정을 주장했다. 이들의 꿈은 해방 후 1948년 8월 대한민국이 수립되면서 실현됐다. 그러나 인민공화국으로 출범한 북한은 김일성-김정일-김정은 3대 세습체제가 이어지면서 선각자들이 그렇게 반대하던 복벽주의자들의 나라가 됐다. 해방 후 평양에서 활동했던 민족지도자 조만식이 소련군정과 김일성 체제로부터 지키려 했던 것은 자유민주공화정의 나라였다.

육군사관학교 안중근 장군 동상 및 국방부 청사 앞 흉상

-대한민국 장군이 된 대한의군 중장

안중근(1879~1910)

조선 침략의 원흉인 이토 히로부미를 저격한 구한말 독립운동가. 한학을 공부했고 사격과 말타기에 능했다. 가톨릭에 입교한 신자로 세례명은 도마였다. 관군을 도와 아버지와 함께 동학농민군을 진압했는데, 이때 동학군이던 김구와 만났다. 삼흥학교와 돈의학교를 통해 인재 양성에 힘썼으며 석탄 회사 경영과 국채 보상운동에도 관여했다. 1907년 러시아 블라디보스토크로 망명 후 의병장으로 두만강 부근에서 전투를 벌였으나 일본군에 패했다. 1909년에 이토 히로부미를 저격하는 데 성공했고 곧바로 체포되어 1910년 3월 26일 뤼순감옥에서 순국했다. 글씨 및 글을 짓는 데 능해 그가 남긴 유묵 중 25점이 보물로 지정되어 있다. 박정희 정부가 출범한 후인 1962년 건국훈장 대한민국장을 받았다. 1959년 남산 숭의여대 앞에 처음으로 안중근 동상이 건립되었다. 이후 1967년 남산 안의사 광장으로 이전됐다가, 1973년에 다시 장성 상무대로 이전됐다. 1973년 재건립된 동상은 2012년 숭의여대로 이전 설치되었고 2010년 안의사 광장에는 다른 동상이 세워졌다. 육사에 있는 동상은 2015년에, 국방부 앞의 흉상은 1998년에 설치됐다. 2020년 현재 전국에 있는 안중근 동상(흉상 제외)은 13개다.

찾아가는 길

겨울 추위가 매서웠던 2019년 1월 중순, 육군사관학교 안에 있는 안중근 장군 동상을 참관하기 위해 지하철 6호선 화랑대역에서 내렸다. 화랑대역에서 육사까지는 다시 버스를 타야 했다. 버스에서 내려 면회실까지 5분 정도 걸어가서 육사 공보장교에게 전화를 걸자 곧 육사 공

육사 안중근 장군 동상의 뒷모습

보장교가 가벼운 거수경례를 하며 면회실에 들어섰다. 이렇게 복잡한 절차를 거친 건 군사교육시설 특성상 출입이 자유롭지 않기 때문이다.

육사는 화요일부터 일요일까지 매일 두 차례 육사박물관-화랑연병장-야외 무기전시장-육사기념관-생도회관-제 2정문을 도는 투어코스를 운영하고 있지만 생도들의 면학 분위기를 감안해 생도 교육시설인 충무관은 개방하지 않고 있다. 마찬가지 이유로 충무관 앞 오른쪽 화단에 세워진 안중근 장군 동상도 개방 공간이 아니다. 그래서 육사 정훈공보실을 통해 안중근 장군 동상 취재 협조를 요청했다. 충무관 입구 정면에는 한국 독립운동의 영웅 김좌진·이범석·지청천·홍범도 장군, 그리고 독립군 양성기관인 신흥무관학교를 세운 이회영 선생의 흉상이 설치되어 있어 안중근 장군 동상과 함께 볼 수 있다.

의사(義士)가 아닌 장군(將軍) 안중근

육군사관학교 안중근 장군 동상은 안중근이 이토 히로부미를 저격하기 위해 막 달려 나가는 모습으로, 정적인 남산 안의사 광장이나 숭의여대에 있는 안중근 의사 동상과는 확연히 다른 느낌이다. 전체적으로 역동적이고 전투적이다. 왼발은 무릎을 살짝 굽혀 뒤로 뻗었고, 구두 뒤꿈치가 살짝 들려 있다. 정면을 바라보는 깊은 눈과 굵은 눈썹, 팔(八)자 모양 콧수염 아래 굳게 다문 입에서 거사 전의 긴박함이 느껴진다. 오른손은 주먹을 꽉 쥐고 왼손은 앞으로 살짝 뻗어 손바닥을 아래로 펴 혈서를 쓰느라 자른 손가락이 잘 보이도록 했다. 상의는 의거 당시 입었던 피코트(Pea Coat)로, 아랫단이 옆으로 살짝 젖혀져 있다. 좌대 정면에는 '안중근 장군'이라는 제호가 한자로 새겨져 있다. 많은 국민들은 안중근을 의사(義士)로 부르지만 군에서는 장군(將軍)으로 부른다. 그래서 육사 동상은 안중근 장군이다.

동상의 높이는 3미터, 무게는 2톤이며 청동으로 만들어졌다. 좌대는 2미터 높이에 넓이 1.5미터×1.8미터 사각형 화강석으로 마무리했다. 하얼빈공대 양세창 교수가 조각을 맡았다. 같은 모양의 작품을 중국에서 여러 개를 제작해 들여왔다. 그래서 육사 안중근 동상과 부천 안중근 공원, 전남 함평군 상하이 대한민국 임시정부 청사 역사관에 설치된 동상들은 생김새가 모두 같다. 육사 안중근 동상 설계는 육사 29기 출신인 이인희 대령이 담당했고 제호는 대한민국서예전람회 심사위원·전라북도 비엔날레 조직위원·한국서도인협회 회장을 지낸 김영기가 썼다.

육사 안중근 동상은 정광일 안중근 평화재단 청년아카데미 대표가 기증했다. 정광일 대표는 제막식에서 "광복 70주년과 육사 개교기념일을 맞아 군부대에 최초로 안 장군 동상을 세우게 됐다"며 "위국헌신의 정예 장교를 양성하는 육군사관학교에 안중근 장군 동상이 건립된 것은 매우 뜻깊은 일"이라는 소감을 남겼다. 좌대 뒤에는 "안중근평화재단아카데미가 육군사관학교 개교 69주년을 기념해 안중근장군 동상을 기증하다 2015. 5. 1"라고 새겨진 동판이 부착되어 있다.

육군사관학교와 안중근의 오랜 인연

정예 육군 장교를 양성하고 있는 육군사관학교는 일찍부터 안중근을 장군으로 부르며 안중근의 나라사랑 정신을 각별하게 기려왔다. 1976년 안중근 장군 충의비를 세운 데 이어 2014년 충무관 1층에 안중근 장군실을 개관했고 2015년 안중근 장군 상을 건립했다. 안중근 장군실에는 안 의사의 유묵과 공판기, 단지 혈서 엽서 등이 전시되어 있다.

육사 안중근 장군 동상 제호

안중근 동상을 교정에 세우게 된 경위도 홈페이지를 통해 명확하게 밝히고 있다. 육사는 "구국의 영웅 군인 안중근을 정예장교 육성의 요람인 화랑대에 모시고 고도의 지성과 인성을 겸비한 지인용(智仁勇)의 화신으로서 안중근 장군을 추모하고자 기념비 설립을 추진하였다"고 설명했다. 이런 취지는 좌대에 부착된 동상 '건립의 뜻'에도 그대로 드러나 있다.

건립의 뜻

광복 70주년을 기념하여 호국간성이 되기 위해 정진하는 사관생도들이 대한의군 참모중장 안중근 장군의 애국심과 군인정신을 본받기 위해 여기 장군의 동상을 세우다

2015년 5월 1일
육군사관학교장 중장 양종수

육사의 이런 오랜 전통은 육사교장을 지낸 안중근의 5촌 조카 안춘생과 무관해 보이지 않는다. 안춘생은 해방 전에는 광복군에서 활동했으며, 해방 후 중국군 경력을 인정받아 육군 장교로 임관됐다. 이승만 정부 시절인 1952년에는 육군사관학교 교장을 맡았다. 육사가 안중근을 참군인의 표상으로 삼으면서 안중근에 대한 예우는 우리 군 전체로 확대됐다. 지난 2009년 육군은 하얼빈 의거 100주년을 기해 안중근의 호칭을 의사가 아닌 장군으로 결정했다. 충남 계룡대 육군본부에는 안중근 장군실이 별도로 마련되어 있다. 해군은 안중근 의거 100주년인 2009년 12월 1,800톤급 최신예 잠수함 3번함의 함명을 안중근함으로 정했다. 1,800톤급 잠수함 1번함은 해군 창설의 주역인 손원일 제독의 이

름을 딴 손원일함, 2번함은 고려시대 왜구를 격파한 정지 장군의 이름을 딴 정지함이다. 안중근함은 독립운동가의 이름을 함명으로 사용한 첫 번째 사례다.

국방부 청사 앞 안중근 흉상

한국의 안보를 책임지고 있는 용산 국방부 청사 앞에는 안중근 흉상이 설치되어 있다. 대한제국 육군참의를 지낸 박승환, 서울역에서 사이토 총독에게 수류탄을 던진 강우규, 대한독립군 사령관을 지낸 홍범도, 중국 홍커우공원에서 일본군에 폭탄을 던진 윤봉길, 일본 도쿄에서 일왕에게 수류탄을 던진 이봉창 흉상과 함께 세워져 있다. 본관 입구를 기준으로 오른쪽과 왼쪽에 각각 3명씩 설치되어 있으며 안중근 흉상은 왼쪽 첫 번째에 위치해 있다. 국방부 안중근 흉상은 1미터 남짓 높이의 화강암 좌대 위에 상반신 일부가 있는 모습이다. 전체적인 얼굴 모습은 숭의여대 안중근 동상과 비슷하다. 오뚝한 콧날에 눈썹은 짙고 눈은 뚜렷하다. 한자로 팔(八)자 모양 콧수염을 길렀고 머리는

국방부 청사 앞 안중근 장군 흉상

국방부 앞 독립운동가 흉상

이마 뒤로 넘긴 올백 스타일이다. 의거 당시 입었던 복장인 피코트는 단추를 단정하게 잠근 형태다. 좌대 중간에 한글과 영어로 쓴 약전이 부착되어 있다.

안중근(安重根)

1879.9.2. ~ 1910.3.26.

황해 해주 출생, 구한말 의병장, 독립운동가,

1908년 7월 만주의 의병부대 참모중장으로서

일본군과 30여 차례 전투를 벌여 전과를 거둠.

1909년 2월 하얼빈역에서 이또우 히로부미를 사살함.

이듬해 3월 26일 여순 감옥에서 순국함.

건국훈장 대한민국장이 추서됨.

국방부 본관 앞 독립운동가 6명의 흉상은 1998년 당시 천용택 국방부 장관의 지시로 설치됐다. 육사 출신인 천용택 장관은 김대중 정부가 출범한 1998년 3월부터 1999년 5월까지 국방부장관을 지냈고 그 후에는 국가정보원장과 15대와 16대 국회의원을 지냈다. 하지만 어떤 이유로 흉상을 설치하게 됐는지, 작가는 누구인지 등 흉상과 관련된 기록은 남아 있지 않다.

해방 후 모든 정권이 선양한 독립운동가 안중근

초대 이승만 대통령부터 지금의 문재인 대통령에 이르기까지 역대 정권은 안중근 집안을 적극 예우했다.

이승만이 집권 기간 동안 유일하게 세운 독립운동가 동상이 안중근이었다. 육사가 1951년 10월 4년제로 재개교할 때 안중근 5촌 조카 안춘생 준장이 교장으로 발탁됐다. 박정희 전 대통령은 숭의여대에 있던 안중근 동상을 남산 안의사 광장으로 이전한 데 이어 1970년 10월 26일에는 안중근기념관을 지었다. 또 안중근이 쓴 유묵을 대거 보물로 지정하는 등 안중근 숭모사업에 많은 공을 들였다. 남산 안의사 광장에 있는 기념석비 대부분이 1980년대 중반 전국에서 옮겨진 것은 당시 집권자였던 전두환 전 대통령의 허락 내지 묵인이 있었을 것으로 보인다. 김대중 전 대통령이 집권한 첫 해에 천용택 국방부 장관은 국방부 본관 앞에 안중근 흉상을 설치했다. 낡은 안중근의사기념관을 헐고 새로 짓기로 결정한 사람은 노무현 전 대통령이었고, 새 기념관 준공 당시 대통령은 안중근기념관을 새로 짓자고 제안했던 이명박 전 서울시장이었다. 이명박 대통령은 2009년 1,800톤급 최신예 잠수함의 함명을 안중근함으로 명명했다. 2015년 육군사관학교에 안중근 장군 동상이 세워질 때의 집권자는 박근혜 전 대통령이었다. 10년 후인 2019년 3월 해사 임관식 때 문재인 대통령이 처음으로 맞은 사열함은 안중근함이었다.

대한민국 장군이 된 대한의군 중장

안중근 가문은 단일 집안으로는 가장 많은 15명의 서훈자를 배출한 대한민국을 대표하는 항일독립운동가 집안이다. 안중근은 독립유공자에게 주는 최고 훈장인 건국훈장 대한민국장을 받았고, 동생인 안정근·안공근, 사촌인 안명근·안경근·안홍근, 조카인 안원생·안낙생, 5촌인 안춘생·안봉생, 어머니 조마리아, 숙부 안태순, 매제 최익형, 안춘생의 부인인 조순옥, 여동생인 안성녀의 며느리 오향선도 서훈자다. 동생인 안정근과 안공근, 사촌 안경근, 김구의 큰며느리인 안미생 등 안중근 집안은 대부분 김구가 주도한 상하이 임시정부에서 활동했다. 안중근의 아들 준생과 딸 현생이 친일을 했고 동생 안공근의 맏아들 안우생과 사위 한기진이 북한을 선택한 것을 제외하면 안중근 일가 대부분은 대한민국의 역사와 함께했다.

이토 히로부미를 저격한 후 체포된 안중근은 "자신은 대한의군(大韓義軍) 중장(中將)으로 군인이니 전쟁포로로 대우해 달라"고 요구했으며 여순감옥에서 처형되기 직전에 안중근은 나라를 위해 몸을 바침은 군인의

본분이라는 뜻의 '위국헌신 군인본분(爲國獻身 軍人本分, 나라를 위해 몸을 바침
은 군인의 본분이다)'이라는 유묵을 썼다. 대한제국 군대는 1907년 8월 1일
에 해산됐다. 나라를 지킬 군대가 없던 대한제국은 안중근을 군인으로
임명한 적이 없었지만 안중근은 본인 스스로를 군인으로 인식했고 군인
으로서 떳떳하게 죽었다. 살아서도 군인, 죽어서도 군인이고자 했던 안
중근은 참 군인이자 민주공화국 대한민국을 탄생시킨 위대한 위인이다.
대한의군 중장으로 죽은 안중근은 민주공화국 대한민국 장군으로 다시
태어났다

제2장

남산 권역

남산공원 안의사 광장 안중근 동상
-동양 평화를 위해 총을 든 선비

찾아가는 길

　남산공원 안의사 광장에 설치된 안중근 동상을 보기 위해 2018년 가을, 2019년 봄과 여름, 2020년 4월 등 모두 5차례를 방문했다. 명동에서 중국영사관 앞, 케이블카 탑승장을 지나 광장까지 가는 길은 가파른 언덕길이다. 남산케이블카 탑승장에서 안의사 광장으로 올라가는 계단은 2006년에 MBC에서 방영되었던, 내세울 것 없는 서른 살 노처녀 김삼순과 재벌 2세의 사랑을 그린 인기 드라마 〈내 이름은 김삼순〉에 등장했던 이른바 '삼순이 계단'이다. 삼순이 계단은 일제강점기 일본인들의 정신적 지주였던 조선 신궁으로 가는 계단이었다. 계단 위에 있던 2010년 KBS 드라마 〈제빵왕 김탁구〉에 나왔던 남산분수대도 남산복원사업으로 사라졌다. 안중근 동상은 광장 끝자락에 있다.

작가와 표석이 없는 안중근 동상

　안중근 동상은 화강암 기단과 좌대, 동상을 포함해 전체 높이는 7.2미터 규모로 안중근 의사가 하얼빈 역에서 이토 히로부미를 저격한 후 태극기를 꺼내든 모습이다. 인물에 비해 상대적으로 큰 혈서 태극기로 인해 인물상이 작아 보인다. 어깨높이로 든 오른손으로는 태극기를 잡고

안의사 광장 안중근 의사 동상

있고 왼손은 손바닥을 펴고 손가락을 모두 벌린 채 옆으로 쭉 뻗었다.
아래에서 보면 왼손 약지가 확연하게 짧다. 조국 독립에 대한 의지를 보

여주기 위해 손가락을 잘라 혈서를 썼던 의사의 숨결이 느껴진다. 오른
발은 약간 구부린 채 앞으로 향하고 왼발은 뒤로 약간 뺀 자세를 취하고
있어 당장이라도 태극기를 들고 앞으로 나가려는 듯하다. 정면을 응시
하는 형형한 눈빛, 두터운 눈썹, 짧게 기른 콧수염에서 어떤 어려움에도
굴하지 않겠다는 결기가 느껴진다. 의거 당시 32세 젊은 나이의 안중근
을 생각해 머리숱도 많고 얼굴도 팽팽하게 조각되었다.

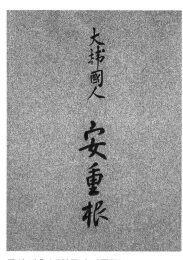

동상 제호 '대한국인 안중근'

상의는 거사 당시 복장인 좌우에
단추가 4개씩 달린 피코트, 하의는
평범한 바지 차림이다. 피코트는
영국 해군의 선원용 코트로 앞섶을
좌우 어느 쪽으로도 여밀 수 있는
게 특징이다. 권총을 숨기거나 빼
들기 쉬워 누군가를 저격할 때 자
주 애용했던 복장이다. 안중근이
오른손에 쥐고 있는 태극기는 안중
근을 상징하는 혈서 태극기다. 태
극은 기존 태극기와 같지만 4괘 자
리에는 건곤감리(乾坤坎離)대신 大韓獨立(대한독립)이라는 글자가 혈서로
쓰여 있다. 안중근, 엄인섭, 김기룡 등 12명의 단지동맹 동지들은 나라
를 위해 몸을 바치고 일심 단결하여 국권을 회복하겠다는 의지로 손가
락을 잘랐다. 이어 흐르는 피로 4괘 자리에 한자로 大韓獨立(대한독립)이
라고 썼다. 안중근은 옥중에서 집필한 자신의 자서전 〈안응칠 역사〉에

"열두 사람이 각각 왼편 손 약지를 끊어 그 피로서 태극기 앞면에 글자 넉 자를 크게 쓰니 대한독립이었다. 쓰기를 마치고 대한독립만세를 일 제히 세 번 부른 다음 하늘과 땅에 맹세하고 흩어졌다"라고 당시 상황을 기록했다.

좌대는 팔각형으로 정면에는 '대한국인 안중근(大韓國人 安重根)'이라는 글씨가 한자로 새겨져 있다. 제호 글씨는 안중근이 쓴 글씨를 그대로 새 겨 넣은 것이다.

대한의군 참모중장 안중근

정면 오른쪽 좌대에는 안중근이 하얼빈에서 이토 히로부미를 저격하 는 장면 등이 부조로 표현되어 있다. 안중근이 오른쪽에서 권총을 쏘고 있고, 왼쪽에는 총을 맞은 이토 히로부미가 오른팔을 왼팔로 감 싼 채 쓰러지고 있다. 러시아 경 비병들은 피격 사실을 모른 채 그대로 경계를 서고 있다. 부조 중간에는 만세운동을 벌이는 장 면, 혈서 태극기 아래에 있는 동 지들의 모습이 있고 윗부분은 안 중근 지휘 아래 국내 진공 작전 을 펼치고 있는 의병부대가 조각

이토 히로부미 저격 장면

되어 있다.

1879년 9월 26일 황해도에서 태어난 안중근은 독립운동가이자 교육가, 군인(의병)이었다. 아버지 안태훈은 진사로 양반 가문 출신이었다. 어려서는 안응칠(安應七)로 불렸고 천주교 신자로서 도마(多默)라는 세례명도 많이 사용했다. 어린 시절 화승총 쏘는 법을 배워 사냥을 즐겼고 16살이던 1894년에는 아버지와 함께 동학군 진압에 나섰다. 안중근은 독립의 출발은 경제적 자립이라고 봤다. 그래서 조선 황실이 일본에 진 빚을 갚는 운동인 국채보상기성회 관서지부장으로 활동하면서 일본의 침략에 저항했다. 1907년에는 무연탄 판매회사인 삼합의를 만들어 경영했으나 실패했다. 1907년 헤이그 밀사사건으로 고종이 물러나는 등 조선의 사정이 더 어려워지자, 그해 8월 간도를 거쳐 러시아 블라디보스토크로 망명했다.

안중근은 블라디보스토크에서 연해주의 지도자였던 이범윤을 만나 거병을 촉구하는 등 본격적인 독립운동을 시작했다. 1910년 무렵 연해주에는 8~9만 명의 한인이 살고 있었고 이범윤은 이주 한인, 최재형은 토착 한인을 대표하는 인물이었다. 두 사람은 1908년 총장 최재형, 부총장 이범윤, 회장 이위종을 위시로 동의회를 결성했다. 두 사람이 힘을 합치면서 블라디보스토크에서는 국외 최초의 의병 연합부대가 창설됐다. 부대장인 총독은 김두성이 맡았고 이범윤은 대장, 안중근은 중간지휘자인 우영장을 맡았다. 안중근이 거사 후 말한 '대한의군 참모중장'이라는 직책은 공식 직함이 아닌 별칭이었을 가능성이 있다.

1908년 7월 무렵 안중근은 좌영장 엄인섭 부대와 함께 국내 진공 작전에 나섰다. 전체 병력은 800~900명, 안중근이 지휘하는 병력은 300여 명이었다. 두만강을 건넌 안중근 부대는 함경북도 신아산 부근 홍의동을 공격해 수비대 병사를 사살하는 등 성과를 거뒀지만 7월 19일 영산 전투에서 대패했다. 이 과정에서 안중근은 작전 도중 만국공법에 의거해 일본군 포로를 석방했다가 역공을 당해 동료들에게 배척당하는 등 어려움을 겪었고, 간신히 탈출에 성공해 연해주로 되돌아왔다. 연해주로 돌아온 안중근은 연해주 독립운동의 대부인 최재형의 후원으로 재기를 모색했다. 식어가는 의병전쟁 분위기를 되살리기 위해 의열투쟁으로 방향을 전환했던 것이다. 김기룡 등 동지들과 단지 동맹을 맺은 안중근은 엄인섭과 함께 침략의 원흉 이토 히로부미를, 그리고 김기룡 등은 침략의 앞잡이 이완용, 박제순, 송병준 등을 처단하기로 결의했다. 안중근은 이토가 러시아 재무상 코코프체프와 만주 철도 부설권 등 만주 문제와 한반도 병탄 문제를 의논하기 위해 하얼빈에 온다는 소식을 듣고 동지들과 거사를 준비했다.

1909년 10월 26일 안중근은 코코프체프와 회담을 마치고 러시아 장교단을 사열한 뒤에 환영 군중 쪽으로 발길을 옮기는 이토 히로부미를 향해 총을 들었다. 명사수였던 안중근이 쏜 총알 3발은 이토 히로부미의 복부에 명중했고, 30여 분 뒤 이토는 열차 안에서 숨졌다. 안중근은 메이지유신과 일본 근대화의 주역, 조선 침략의 일등 공신인 이토 히로부미를 쓰러뜨리는 데 성공했다. 체포 직후 안중근은 자신을 대한의군 참모중장이라고 당당히 밝혔다. 안중근은 러시아 심문관에게 "이토는 대

한제국의 독립주권을 침탈한 원흉이며 동양 평화의 교란자"라며 "대한
의용군 사령의 자격으로 총살했다"고 말했다.

독립하기 전에는 반장(返葬)하지 말라

왼쪽 좌대에는 거사 후 체포되어 옥중에서 글을 쓰는 장면과 교육 사
업에 종사하던 안중근의 모습이 부조로 표현되어 있다. 수의를 입은 안
중근이 등받이가 있는 의자에 앉아 글을 쓰고 있다. 오른쪽에는 두툼한
원고뭉치가 쌓여 있고 왼쪽에는 유묵으로 쓸 종이가 길게 늘어져 있다.
5개의 굵은 창살이 감옥의 경비가 엄중함을 보여주고 있다. 오른쪽에는
'견리사의 견위수명(見利思義 見危授命)', 왼쪽에는 '동양대세 사묘현 유지
남아 기안면 화국미성 유강계 정략부개 진가련(東洋大勢 思杳玄 有志男兒 豈

安眠 和局未成 猶慷慨 政略不改 眞可

憐)'이라고 쓴 안중근의 유묵이
새겨져 있다.

'견리사의 견위수명'은 '이익
을 보면 의를 생각하고, 위태
로움을 보면 목숨을 바친다'는
뜻이다. '동양대세 사묘현 유지
남아 기안면 화국미성 유강계
정략부개 진가련'은 '동양대세
를 생각하매 아득하고 어둡거

옥중 집필 장면

니 / 뜻 있는 사나이 편한 잠을 어이 자리 / 평화시국 못 이룸이 이리도 슬픈지고 / 침략전쟁을 고치지 않으니 참 가엾도다'라는 의미다. 동양 평화에 대한 안중근의 소신이 드러난 글로 보물 569-2호로 지정된 유묵이다. 부조 상단에 있는 장면은 민족교육을 실시하던 안중근이다. 1906년 봄 안중근은 집안의 재산으로 진남포 삼흥학교를 개설하고 남포 돈의학교를 인수했다. 이곳에서 안중근은 학생들에게 국어를 가르치는 등 민족 교육을 실시했다.

안중근의 동양평화에 대한 생각은 옥중에서 집필한 〈동양평화론〉에 정리되어 있다. 〈동양평화론〉은 안중근이 사형당하면서 서문과 본문 일부만 남아 있다. 안중근은 〈동양평화론〉에서 "한국과 중국, 일본이 각기 독립국가로서 주권을 갖고 국제 사회에서는 서로 협력해야 하며 서구 제국주의에 3국이 공동 대처해 공동 번영을 도모하는 방안을 모색해야 한다"고 주장했다. 안중근은 자신이 이토 히로부미를 죽인 것은 이토가 동양 평화를 저해했기 때문이라고 거듭 주장했다. 안중근의 이런 정연하고 당당한 논리와 의연한 태도에 감동한 관선 변호인 미즈노는 "안중근 범죄의 동기는 오해에서 나왔다고 할지라도 이토를 죽이지 않으면 한국은 독립할 수 없다는 조국에 대한 적성(赤誠, 마음에서 우러나오는 참된 정성)에서 나온 것은 의심할 여지가 없다"고 변론하였다.

그러나 1910년 2월 14일 재판장 마나베는 안중근에게 사형을 선고했고 한 달 후인 3월 26일 10시 여순감옥에서 사형이 집행됐다. 동생인 안정근, 안공근 두 사람과의 마지막 면회에서 안중근은 "내가 죽거든 시체는 우리나라가 독립하기 전에는 반장(返葬, 타향에서 사람이 죽었을 경우에 그 시체를 고향의 선산으로 가져다가 장례를 치르는 것)하지 말라. 대한 독립의 소리가 천국에 들려오면 나는 마땅히 춤을 추며 만세를 부를 것"이라고 말했다. 또 순국 직전 "내가 한국독립을 회복하고 동양평화를 유지하기 위하여 3년 동안을 해외에서 풍찬노숙 하다가 마침내 그 목적을 달성하지 못하고 이곳에서 죽노니, 우리들 2,000만 형제자매는 각각 스스로 분발하여 학문을 힘쓰고 실업을 진흥하며, 나의 끼친 뜻을 이어 자유 독립을 회복하면 죽는 여한이 없겠노라"는 유언을 남겼다.

이토 히로부미는 서절(鼠竊, 쥐도둑)

좌대 뒤에는 안중근이 1909년 10월 26일의 거사를 앞두고 비분강개한 마음을 적은 〈장부가〉가 새겨져 있다. 첫 줄에 장부(丈夫)가 등장해 흔히 〈장부가〉로 부른다. 〈장부가〉는 당초 블라디보스토크에서 발행되는 대동공보에 보내려고 했지만 거사 직후 압수당했다. 안중근은 〈장부가〉에 대해 "장차 행할 일을 생각하며 강개한 마음을 이길 길 없어 노래 한 장을 읊었다"고 밝혔다. 〈장부가〉는 한글로 쓴 것과 한자로 쓴 게 모두 있다. 좌대에는 한글로 쓴 〈장부가〉가 새겨져 있지만 글씨가 너무 작고 휘갈겨 쓴 데다 현재는 쓰지 않는 단어가 뒤섞여 있어 쉽게 해석이 되지 않는다. 동상 옆 안중근의사기념관 2전시실에 〈장부가〉 한글본과 한자본, 그리고 이를 해석한 글이 전시되어 있다.

장부가

丈夫處世兮(장부처세혜) 其志大矣(기지대의)
장부가 세상에 처함이여 그 뜻이 크도다

時造英雄兮(시조영웅혜) 英雄造時(영웅조시)
때가 영웅을 지음이여 영웅이 때를 지으리로다

雄視天下兮(웅시천하혜) 何日成業(하일성업)
천하를 바라봄이여 어느 날에 일을 이룰꼬

東風漸寒兮(동풍점한혜) 壯士義烈(장사의열)
동풍이 점점 차가워짐이여 장사의 의기가 뜨겁도다

憤慨一去兮(분개일거혜) 必成目的(필성목적)
분개하여 한번 떠나감이여 반드시 목적을 이루리로다

鼠竊伊藤兮(서절이등혜) 豈肯比命(개긍비명)
쥐도적 일본(이토 히로부미)이여 어찌 목숨을 부지할꼬

豈度至此兮(개도지차혜) 事勢固然(사세고연)
어찌 이에 이를 줄 헤아렸으리요 일이 고연하도다

同胞同胞兮(동포동포혜) 速成大業(속성대업)
동포 동포여 속히 대업을 이루리로다

萬歲萬歲兮(만세만세혜) 大韓獨立(대한독립)
만세 만세여 대한독립이로다

萬歲萬萬歲(만세만만세) 大韓同胞(대한동포)
만세 만만세 대한동포로다

안중근 동상에 새겨진 〈장부가〉

〈장부가〉 중에 가장 관심이 가는 대목은 서절(鼠竊)이다. 한자를 풀면 '몰래 물건을 훔치는 쥐도둑'이라는 뜻이다. 이토 히로부미가 쥐처럼 몰래 들어와 조선을 집어삼킨 것을 통렬하고 따끔하게 지적한 말이다. 이토 히로부미가 살아서 이 말을 들었다면 무슨 생각을 했을지 궁금해진다.

감춰진 동상 뒤 이안기의 비밀

동상 뒤 화단에 있는 동상을 이전한 경위를 적은 동상 이안기가 남아 있다. 이안기는 사각형 모양 오석에 테두리를 둥글게 만들어 세로로 글씨를 새겼다. 앞면에는 안중근 동상을 왜 세웠는지, 그리고 언제 남산공원으로 이전했는지가 기록되어 있다.

동상 뒤 화단에 위치한 안중근 동상 이안기

안중근 의사 동상 이안기

민족이 해방되면서 가장 먼저 해야 할 일은 아무 것보다 조국광복을 위해 생명을 바친 선열들을 받드는 기념사업이었다. 그중에도 안중근 의사는 대표적인 인물이라 누구나 모두 다 추모하는 마음이 간절했으나 혼란한 시대라 뜻을 미처 이루지 못하였더니 1956년 4월에 각 방면 유지들이 모여 안중근의사기념사업협회를 창설하고서 군인 학생 및 애국 동포들의 성연금을 모아 김경승 교수의 제작으로 동상을 건립하니 1959년 5월 23일이었다. 그 뒤 협회는 해체되고 1963년 4월에 사단법인 안중근의사숭모회가 결성되어 남산마루 넓은 곳을 가려 새터를 마련하고 옛동상을 그대로 이곳에 옮겨 모시는 한편 동상 후면을 둘러 새 환경을 꾸몄다. 이 공사는 특히 박정희 대통령의 하사금과 각계 유지들의 성금에 의하여 이루어진바 처음에 온 국민의 힘으로 건립했던 것이라 이제도 국민 전체의 이름으로 옮겨 모시며 여기에 그 전말을 간략히 적는 바다.

1967년 3월 26일
안중근의사동상이안위원회

이안기 뒷면에는 안중근 의사 동상을 이전하는 데 돈을 낸 사람들 24명의 이름이 빼곡히 새겨져 있다. 당시 집권자였던 박정희 전 대통령을 비롯해 박 대통령의 조카사위였던 김종필 전 총리, 김성곤 공화당 재정위원장, 안중근 의사의 5촌 조카인 안춘생 육사교장, 구정회 금성사 사장의 이름이 올라가 있다. 또 대한금융단이 기부금을 냈고 남산 인근에 있던 숭의여자중고등학교 학생들도 성금을 보냈다. 이안기를 보면 현재 동상이 1967년 3월에 건립된 동상이라고 생각할 수 있지만 현재 있는 안의사 광장 안중근 동상과 이안기와는 전혀 관계가 없다. 이안기가 언급하는 동상은 전남 장성에 있는 상무대에 이전됐다. 상무대는 보병, 포병, 기계화, 공병, 화학학교 등 5개 전투병과학교가 있는 육군 교육시설이다. 이승만 집권기인 1959년 5월 23일 현재 숭의여대 자리에 처음 세워진 상무대 안중근 동상은 박정희 정권 시절인 1967년 3월 26일 남산 안의사 광장으로 이전됐고, 1973년 3월 5일 다시 상무대로 이전됐다. 당시 상무대는 광주에 있었지만 1994년 전남 장성군으로 이전했고 상무대 안중근 동상도 같이 이전했다.

이전한 자리에는 상무대 안중근 동상을 만든 김경승이 다시 제작한 안중근 동상이 세워졌다. 그러나 다시 만든 동상도 김경승을 둘러싼 친일작가 논란으로 2010년 철거돼 숭의여대로 이전됐다. 대신 그 자리에는 2010년 10월 26일 하얼빈 의거 100주년을 맞아 새 동상이 세워졌다. 서울대 미대 학장을 지낸 이용덕 교수가 만든 작품이다. 동상 건립은 서울대 최만린 명예교수가 위원장을 맡은 서울시 안중근의사동상위원회가 주관했다. 아쉬운 건 동상 주변에 이런 사실을 알려주는 기록이 전혀 없다는 점이다. 안중근의사기념관 소속 학예연구사조차도 철거된 동상이 어디로 갔는지 몰랐다. 학예연구사는 철거된 동상의 소재를 묻자 "과거 동상이 부식과 균열이 많아 위인의 품격을 떨어뜨리고 거사 당시 옷차림 등 고증도 잘못되어 옮긴 것으로 알고 있다"며 "철거된 동상이 어떻게 됐는지는 모른다"고 말했다. 전후 사정을 보면 김경승을 둘러싼 논란이 재연될 것을 우려해 동상 주변에 아무런 기록을 남기지 않은 것으로 보인다. 반세기 전 동상을 이전할 때는 이안기를 세워 동상을 이전하게 된 경위와 작가를 당당히 밝혔는데, 현재는 작가가 누구인지도 제대로 알리지 못하고 있다.

주차장 화단에 처박힌 안중근기념관 건립기

안의사 광장에서 100여 미터 떨어진 안중근기념관은 2010년 10월 26일 완공됐다. 이 건물은 박정희 대통령 집권기인 1970년 10월 26일 준공

된 한옥식 건물을 철거하고 새로 지은 건물이다. 새로 만든 안중근기념 관은 은은한 흰색 조명이 비치는 아름다운 건물이다. 안중근 의사의 출생과 가계도, 천주교 귀의, 의병 활동, 이토 히로부미 저격, 감옥 생활, 순국까지의 일대기를 자세히 볼 수 있는 각종 유물이 전시되어 있다. 안중근 의사 새 기념관 건립기 표석은 1970년 세워진 성연금방명기 표석과 나란히 서 있다.

안중근의사 새 기념관 건립기

2004. 8. 23 (사)안중근의사숭모회 황인성 이사장이 이명박 서울특별시장에게 새 기념관 건립을 건의, 서울시에서 적극 지원하기로 하였으며

안중근의사 새 기념관 건립기와 성연금방명기

2004. 8. 25 광복회 김우전 회장을 통해 노무현 대통령께 새 기념관 건립을 요청토록 하여 대통령이 안주섭 국가보훈처장에게 건립 계획 수립을 지시하였다. 2005. 12. 26 (사)안중근의거기념관 건립위원회가 발족되었으며 초대 위원장에 이수성 전 국무총리, 2대 박유철 전 국가보훈처장이 맡아 국고 146억 원과 각계각층의 국민성금 34억 원, 총 180억 원으로 2009. 3.26 착공하여 2010. 10. 26 준공 개관하였다.

2010. 10. 26

(사) 안중근의사숭모회 이사장 안응모

성연금방명기

안중근의사기념관은 1969년 10월 26일에 기공하여 1970년 10월 26일에 준공되었다. 박정희 대통령의 특별희사금을 비롯하여 각계각층의 유지들과 국민들의 성금으로 건립되었는바 여기에 성금을 내신 이들의 방명을 새겨 길이 전한다.

대한금융단 전국극장연합회 성공학술문화재단
대한방직협회 전국경제인연합회
김성곤 최성모 김형욱 이한원 이현수 승상배 이병철 정인욱 최태섭 김창원 설경동 신용호 심상하 조중훈 장병희 김세완 김신권 남궁연 윤치영 홍순호 이효상 정일권 오치성 안춘생 방일영 오덕영 이병호 박기석 한경직 박춘영 이은혜 최병헌 강신종 유홍 강봉진 김충현 김기창 이상

원 송생남 이약우

1971년 10월 26일

성연금방명기에는 안중근기념관 건립이 박정희에 의해 추진됐다는 사실이 기록되어 있다. 당시 집권당이던 공화당 재정위원장이었던 김성곤, 안중근 의사의 5촌 조카인 안춘생 육사교장 등 안중근 동상을 이전할 때 돈을 낸 사람들이 다시 기부를 했다. 공화당 정치인이었던 정일권, 이효상, 유력 경제인이었던 삼성 이병철, 한진 조중훈, 언론인으로는 조선일보사 방일영, 예술인으로는 서예가 김충현, 종교인으로는 안중근의사 사업추진위원회 고문을 지낸 영락교회 한경직 목사가 이름을 올렸다.

통상 건물 표석은 사람들 눈에 잘 뜨이도록 건물 입구에 세운다. 그런데 안중근 의사 새 기념관 건립기 표석은 이런 통례와 달리 안중근기념관 밖 주차장 화단에 세워져 있다. 안중근 동상에서 뒤쪽으로 10여 미터 떨어진 후미진 곳이다. 2018년 12월 첫 방문을 했을 때는 표석을 찾지 못했고 2019년 8월과 9월에는 표석 앞에 여러 대의 차가 주차되어 있어 표석을 읽을 수 없었다. 코로나 19로 찾는 사람들이 적어진 2020년 4월에야 주차된 차량이 없어서 표석을 제대로 볼 수 있었다. 표석을 찾기도 힘들고, 찾더라도 내용을 읽기 어려운 구조다. 사실상 표석을 숨겨놓은 것이나 마찬가지다.

새 기념관 건립기와 성연금방명기에는 과거 집권자였던 박정희, 노무현, 이명박 전 대통령의 이름이 나온다. 만주군 장교였던 박정희, 순탄치 않았던 노무현과 이명박의 관계를 감안할 때 이들의 이름이 함께 거론되는 게 부담스러웠는지 모를 일이다. 2010년 10월 26일 안중근 동상이 제막되고 안중근의사기념관이 준공되었을 때 서울시장은 오세훈이었다.

전두환 집권기에 집중 설치된 안의사 광장 석비

안중근 동상에서 10여 미터를 이동하면 안중근이 쓴 글과 유묵을 새긴 석비 15개가 세워져 있다. 공원에 있는 석비는 1970년대부터 들어서기 시작했고, 3분의 2는 전두환 전 대통령이 집권하던 시기인 1980년대 중반에 세워졌다. 가장 눈길을 끄는 석비는 안중근 의사가 여순감옥에 있을 때 쓴 유묵 '견리사의 견위수명(見利思義 見危授命)'이 새겨진 돌이다. 마치 양날이 있는 칼에서 손잡이 부분을 자르고 세운 것처럼 끝이 뾰족한 모양이다. 모양도 특이하고 주위에 있는 다른 석비에 비해 높이가 훨씬 높아 눈에 확 뜨인다. '견리사의 견위수명'은 '이익을 보거든 정의를 생각하고 / 위태함을 보거든 목숨을 주라'는 뜻이다. '견리사의 견위수명'은 보물 569-6호로 지정된 안 의사의 유묵 글씨를 그대로 옮긴 것이다. 뒷면에는 돌의 출처와 이를 조성하는 데 관여한 사람들의 이름이 새겨져 있다. 세움돌은 충북 단양 하선 계곡에서 옮겨 왔고 받침돌은 경기도 가평 화악산 계곡에서 가져왔다. 세움돌과 받침돌의 출처를 달리한 건 나라의 화합을 상징하기 위한 의도로 보인다. 정면 글씨는 안중근의 유묵 글씨를 그대로 가져와 각자(돌이나 비석에 글씨를 새기는 것)했고, 나머지 글씨는 서예가 김충현이 썼다. 돌에 글씨를 새긴 사람은 이약후, 석비 설치 작업은 안중근의사기념관장이던 이문욱이 총괄했다. 석비를 세운 곳과 시기는 석비 오른쪽에 새겨져 있다. 세운 곳은 안중근의사숭모회, 세운 때는 1973년 9월 2일이다.

안중근 의사 유묵 석비

〈인심결합론〉 석비

안중근이 1908년 러시아 블라디보스토크에서 발행되던 해조신문(후일 대동공보로 이름이 변경되었다)에 기고했던 칼럼인 〈인심결합론〉이 새겨진 석비도 돌의 크기와 모양이 만만치 않다. 〈인심결합론〉 석비는 1985년 9월 2일 강원도 화천군 사내면 용담계곡 용담천에서 옮겨왔다. 〈장부가〉가 새겨진 돌은 현대그룹 창업자인 고 정주영 명예회장이 1982년 9월 2일 기증했다.

보물 569-22호로 지정되어 있는 '국가안위 노심초사(國家安危 勞心焦思, 국가의 안위를 걱정하고 애태운다)' 석비도 안중근의 글씨를 그대로 새긴 것이다. 가장 최근 작품은 2012년 10월 26일 안중근의사기념관이 새로 건립된 것을 기념하기 위해 세워진 석비다. 안중근의 유묵 '인무원려 난성대업(人無遠慮 難成大業, 사람은 멀리 생각하지 못하면 큰일을 이루기 어렵다)'이 한자로 새겨져 있다. 석비가 있는 안의사 광장에는 임진왜란 당시 창덕궁에 자라고 있던 나무를 일본으로 가져간 모목(어미나무)의 후계목이자, 한국 침략에 대한 사죄의 뜻으로 400여 년 만에 환국한 뜻깊은 매화나무인 와룡매가 심어져 있어 후손들의 발길을 잡는다.

안중근과 일본인 간수의 아름다운 인연

안중근은 거사 후 여순감옥에 수감 중 모두 200여 점의 유묵을 남겼는데, 이 중 25점(1점은 2014년 지정 해제)이 보물로 지정될 정도로 글씨를 잘 썼다. 안 의사의 유묵 진품은 안중근의사기념관 기획전시실에 가면 볼 수 있다. 안중근의사기념관은 '위국헌신 군인본분', '국가안위 노심초사',

'세한연후지 송백지부조(歲寒然後知 松栢之不彫, 눈보라 친 연휴에야 잣나무가 이울지 않음을 안다)', '박학어문 약지이례(博學於文 約之以禮, 널리 글을 배우고 예법으로 몸단속을 한다)', '언충신행독경 만방가행(言忠信行篤敬 蠻邦可行, 말에 성실과 신의가 있고 행실이 돈독하고 경건하면 비록 야만의 나라에서도 이를 따르리라)', '극락(極樂)', '운재(雲齋)' 등 보물로 지정된 유묵 7점을 소장하고 있다.

보물로 제569-23호인 '위국헌신 군인본분' 유묵은 안중근 의사가 1910년 3월 15일 사형 집행일 아침 여순감옥 공판정 경호를 맡았던 일본군 헌병 지바 도시치에게 써준 글이다. 지바 도시치는 안중근의 사상과 인격에 감흥을 받아 그를 평생 스승으로 모셨다. 센다이시에서 철도원으로 근무한 지바 도시치는 사진과 영정을 모셔놓고 하루도 빠짐없이 향배를 드렸고, 지바가 사망한 후에는 부인이 이를 대신했다. 양녀인 미우라 구니코 여사가 부모의 뒤를 이어 안 의사를 모시다 나이가 들어 더 이상 관리가 어렵게 되자 1980년 8월 유묵을 기념관에 기증했다. 보물 제569-22호인 '국가안위 노심초사' 유묵도 비슷한 경로를 통해 안중근의사기념관이 소장하게 됐다. 이 유묵은 안중근이 여순감옥에 있을 때 자신을 취조한 여순 검찰청 검찰관이었던 야스오카에게 써준 것이다. 야스오카는 사망 직전 장녀 우에노에게 유묵을 물려주었고 우에노는 1976년 2월 11일 안중근의사숭모회에 유묵을 기증했다. 선각자 안중근의 큰 뜻, 그리고 그 뜻을 알아준 일본인의 정성에 마음이 따뜻해진다.

숭의여대 운동장 안중근 의사 동상

-민주공화국의 씨앗이 된 안중근

숭의여대 안중근 동상

찾아가는 길

남산 안의사 광장에 설치됐다가 숭의여대로 이전된 안중근 동상을 보기 위해 눈이 쌓여 있던 2019년 2월, 그리고 여름 더위가 한창이던 7월 두 차례 방문했다. 남산 중턱에 있는 숭의여자대학교로 가려면 4호선 명동역에서 남산 케이블카 탑승장 방향으로 올라가는 방법이 가장 일반적이다. 언덕길을 따라 7~8분을 올라가면 남산 순환길 큰 도로가 나오고 왼쪽에 숭의여대 정문이 있다. 정문을 통과해 가파른 언덕길을 따라 올라가면 운동장이다.

숭의여대 안중근 동상은 운동장 오른쪽 가장자리에 세워져 있다. 운동장이 그리 넓지 않은 데다 별다른 조형물도 없어 쉽게 찾을 수 있다.

만대에 끊어지지 않을 민족 정기의 표상

숭의여대에 있는 안중근 동상은 기백이 있고 군더더기가 없는 깔끔한 느낌이다. 안중근은 오른손으로 태극기가 걸린 깃대를 꽉 잡고 있다. 안중근이 든 태극기는 태극과 4괘가 뚜렷하고 오른팔 팔목 위를 감싸면서 휘날리는 모양이다. 왼손은 옆으로 뻗어 아래로 내렸는데, 손바닥을 모두 펴 왼손 약지가 잘려 있음을 표현했다. 굳게 다문 입 옆으로 길게 기른 콧수염이 입술 밑까지 내려왔다. 시선은 정면을 향하고 있다. 얼굴 전체에서 조국 독립에 대한 강한 의지가 느껴진다. 오른발은 앞으로 뻗어 약간 굽혔고, 왼발은 뒤로 조금 빼서 태극기를 들고 앞으로 나가려는 모습이다. 복장은 전형적인 양복에 긴 코트 차림이다. 상의 양복 단추 3개를 모두 단단히 잠갔다. 왼쪽 허벅지 밑까지 내려온 긴 코트 끝자락이 뒤로 날리고 있다. 바지 주름도 날카롭게 잡혀 있다. 이런 복장 때문에 숭의여대 안중근 동상은 거사 당시 입었던 옷과 다르다는 지적을 받았다.

남산 안의사 광장 안중근 동상은 인물에 비해 태극기가 큰 편이지만, 숭의여대 안중근 동상은 깃대에 매단 태극기가 그다지 크게 보이지 않는다. 동상 색깔은 고동색을 띠고 있고 강인한 느낌을 준다. 남산 안의사 광장에서 철거된 후 보수작업을 거쳐서인지 낡아보이지는 않는다. 좌대는 팔각형이며 정중앙에는 〈안중근 의사 상〉이라는 한글 제

동상 제호와 글

호가, 그리고 그 아래에는 동상을 세운 취지와 글을 짓고 글씨를 쓴 사람의 이름이 새겨져 있다.

조국이 기울어 갈 제 정기를 세우신 이여

역사의 파도 위에 산같이 우뚝한 이여

해달도 길을 멈추고 다시 굽어보도다

이은상 지음

손재형 씀

　나머지 좌대 7개면에는 안중근 의사의 약전이 오석에 빼곡하게 새겨져 있다. 남산 안의사 광장 동상에는 약전이 없었지만 숭의여대 동상에는 탄생부터 죽음에 이르기까지 방대한 내용이 약전에 실려 있다.

안중근 의사 약전

　조국을 건지려고 생명을 바친 수많은 선열들 가운데서도 가장 대표적인 민족정기의 발양자말로 안중근 의사다. 의사의 본관은 순흥이요 문성공 안유의 26대손으로 1879년 9월 2일에 황해도 해주읍에서 탄생하시니 조부는 진해현감을 지낸 인수공으로 덕망이 높은 이었고 부친은 성균진사 태훈공이었으며 모친은 백천 조씨인데 의사는 나면서부터 배에 검은 사마귀 7개가 박혀있어 북두칠성에 응한 것이라 하여 이름을 응칠이라 불렀다.

　그 뒤 집을 신천군 두라면으로 옮겨 산수풍경이 아름다운 천봉산 밑 청계동에 살게 되니 의사의 두 살 때 일이었고 네 살에 글을 배워 문사의 앞날을 기약하더니 일곱 살부터 말타기, 활쏘기를 익혀 무사의 기질을 엿볼 수가 있었다.

16세에 동학혁명을 빙자하여 지방 폭도들이 일어나자 부친이 모집한 장정들을 이끌고 나가 그들을 진압했었고 김홍섭공의 따님 아려양과 결혼한 뒤 천주교에 입교하여 영세를 받고 또 이어 도마라는 믿음의 이름을 얻은 동시에 홍석구 신부에게서 프랑스말과 새로운 지식을 배웠다. 10년이 지난 27세 때 을사조약이 체결된 소식을 듣고 일본의 불법 침략을 세계에 알리고자 상하이로 건너갔으나 부친의 부음을 받고 고향으로 돌아오지 않을 수 없었다. 부친을 여읜 의사는 집을 진남으로 옮기고 재산을 기울여 돈의학교를 세워 구국인재를 양성하시기에 애를 쓰는 동시에 애국지사 강연회를 열어 민심계몽에 전력을 다하다가 가슴에 끓는 피를 누를 길 없어 29세에 해삼위로 나가 대한의군참모중장 겸 특파독립대 대장 등의 이름을 띄고서 무력에 의한 치열한 항일투쟁을 전개하기 시작하였다.

30세에는 독립군 3백여 명을 이끌고 두만강을 건너와 경흥에서 일본 경찰과 교전하여 50여 명을 쓰러뜨리고 회령에서는 5천여 명의 일본 수비군과도 격전하였으며 31세에는 노령카리에서 결사동지 11명과 함께 모여 손가락을 끊어 태극기에 대한독립 넉 자를 혈서했었다. 그러자 이등박문이 러시아 대신 꼬고르프체프와 만나 동양정책을 협의하려고 북만주 시찰계획을 발표했는데 의사는 이때야말로 나라와 겨레의 원수를 갚을 때라 하고 원흉을 없애려 우덕순 동지와 함께 하르빈에 이르렀다.

마침내 역사적인 1909년 10월 26일 오전 9시 반 삼엄한 하르빈역 머리에 천지를 뒤흔드는 정의의 총소리 각국 대표의 환영과 군대의 호위 속에서 하차한 이등방문은 단신으로 달려든 의사의 벼락같은 사격 3탄에 즉사하고 계속하여 터져 나오는 4, 5, 6탄에 원흉의 수행자들인 천상준언과 삼태이랑과 전중청차랑들이 모두 쓰러지자 의사는 총을 내던지고 코리아 후라(만세)를 몇 번이나 외친 다음 "신이시여 포악한 자를 무찌르게 하시오니 감사합니다."하며 유쾌히 웃으면서 매국노 헌병의 손에 태연히 포박되었다. 이 통쾌한 소식이 전파를 통하여 세계 각국에 널리 퍼지자 우리와 중국 인민들로서는 기뻐 뛰지 않는 이가 없었는데 의사는 곧 다시 일본헌병의 손에 넘어가 여순 감옥에서 다섯 달 동안 온갖 고초를 겪으면서도 끝까지 굽히지 않고 만국의 자유평등을 외치는 동양평화론을 집필하는 한편 이듬해 2월 7일부터 14일까지 무릇 6회의 공판에서 한국의 국토국권을 침해하고 동양의 평화를 유린한 것 등 이등박문이 열다섯 가지 큰 죄목을 들어 규탄함과 아울러 의거의 이유 등을 밝히는 태도야말로 늠름할 따름이었다.

그랬으나 마침내 2월 14일 의사에게 사형을 선고하고 동지 우덕순, 조도신, 유동하에게도 각각 징역이 판결되자 의사는 2천만 동포들에게 뼈에 사무치는 유언을 남긴 뒤 새 옷을 갈아입고 여순 감옥 형장에서 조용히 순국하시니 1910년 3월 26일 오전 10시요 향년은 32세. 비록 육신의 일생은 짧았으나 정신은 천추에 길이 빛나고 혈육은 준생, 현생 오누이와 손자 웅호를 끼쳤을 뿐이로되 민족정기의 후계자는 만대에 끊어지지 않을 것이다.

이은상 짓고 신호열 쓰다

약전을 지은 이은상은 작가이자 사학자로 동아일보사 기자와 조선일보사 출판국 주간 등을 역임했으며 1942년에는 조선어학회사건에 연루되어 함흥형무소에 구금되기도 했다. 안중근의사숭모회장·이충무공기념사업회 이사장·세종대왕기념사업회 이사 등을 지내면서 선양 사업에 앞장섰다. 제호 글씨를 쓴 서예가 소전 손재형은 '서예'라는 단어를 최초로 만들었고 '소전체'라는 독창적인 문체를 창조한 인물이다. 국보 180호로 지정된 추사 김정희 선생이 그린 〈세한도(歲寒圖)〉를 일본에서 찾아온 것으로도 유명하다. 소전은 일본인 동양철학자 후지스카 지카시가 갖고 있던 〈세한도〉를 찾기 위해 3개월여 간 후지스카를 찾아갔고, 이에 감동한 후지스카는 〈세한도〉를 넘겨줬다. 당시 후지스카가 "그대의 나라 물건이고 그대가 나보다 이 작품을 더 사랑하니 가져가라"며 돈 한 푼 받지 않고 넘겨줬다는 일화가 남아 있다.

동상 뒤 화강암 부조에는 양쪽 끝에 대나무와 소나무가 양각되어 있고 중간에는 안중근 의사가 쓴 유묵과 글이 여덟 개의 오석판에 부착되어 있다. 소나무 옆은 '장부수사(丈夫雖死) 심여철(心如鐵) 의사임위(義士臨危) 기사운(氣似雲)'이라고 쓰인 유묵이 있다. "무릇 장부는 죽더라도 그 마음은 무쇠 같으며 의사는 위기에 닥치더라도 그 기운이 구름과 같다"는 의미다. 대나무 옆은 '동양대세사묘현(東洋大勢思杳玄) 유지남아기안면(有志男兒豈安眠) 화국미성유강개(和局未成猶慷慨) 정략불개진가련(政略不改眞可憐)'란 유묵이 있다. "동양대세 생각하매 아득하고 어둡거니 뜻 있는 사나이 편한 잠을 어이 자리. 평화시국 못 이룸이 이리도 슬픈지고. 정략(침략전쟁)을 고치지 않으니 참 가엾도다"라는 뜻이다. 중간에는 '장부

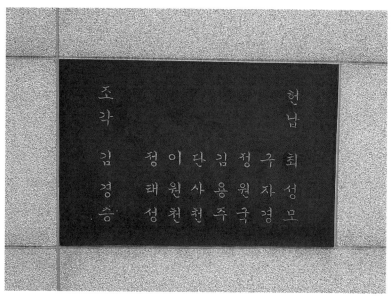

조각가와 헌납자의 이름이 새겨진 동상 뒤 벽면

가', '의거의 이유', '동포에게 고함', '최후의 유언', '이등박문(이토 히로부미)
의 죄상 15개조'가 새겨져 있다.

　화강암 부조 오른쪽 끝에는 동상을 만든 조각가의 이름과 성금을 낸
사람들의 이름을 새긴 오석판이 부착되어 있다. 조각은 김경승, 성금 기
부자로는 최성모·구자경·정원국·김용주·단사천·이원천·정태성의
이름이 새겨져 있다. 성금 기부자 중에는 구자경 LG그룹 명예회장의 이
름이 친숙하다. 구자경은 1970년부터 1995년까지 럭키금성그룹 2대 회
장을 지냈고, 1995년 1월 그룹 명칭을 LG그룹으로 바꾼 후 회장직에서
물러났다.

안중근 동상과 숭의여대와의 인연

1959년 5월 23일, 국내에서 처음으로 남산 도로변 숭의학원 입구에 안중근 동상이 세워졌다. 안중근동상건립위원회가 국민성금 등 2,300만 환을 건립비로 모금했고 부지는 이승만 정부의 협조 요청을 숭의여대가 수용하는 방식으로 마련했다. 숭의여대는 "동상건립위원회 대표 김석원 씨와 당시 내무부장관 김일환 씨가 숭의를 방문하여 교내 일각에 동상을 세우게 해달라는 요청을 하였고 숭의도 안중근 의사 동상 건립 의도에 찬성하여 학교 정문 앞에 세워지도록 장소를 마련하였다"고 밝혔다. 숭의여대 안중근 동상 주변에는 학교 내 부지를 동상 터로 내놓은 경위와, 동상이 남산 안의사 광장을 거쳐 장성 상무대로 이안된 과정을 적은 조그만 안내판을 동상 주변에 부착해 놓았다.

숭의 교문 앞에 안중근의사 동상을 세우다

해방 후 대한순국충렬기념회에서 안중근 의사 동상 건립을 추진하였다. 이때 건립 장소로 장충단공원과 남산 등의 의견이 있었다고 한다. 하지만 여러 가지 문제로 장소가 확정되지 못하다가 동상건립위원회 대표 김석원씨와 당시 내무부장관 김일환씨가 숭의를 방문하여 교내 일각에 동상을 세우게 해달라는 요청을 하였고 숭의도 안중근 의사 동상 건립 의도에 찬성하여 학교 정문 앞에 세워지도록 장소를 마련하였다. 안중근 의사가 이토 히로부미를 저격했던 50년 뒤인 1959년 5월 23일 드디어 안중근의사 동상이 건립되고 제막식을 가졌다. 그것이 안중근 의사와 숭의와의 첫 인연이 되었던 것이다. 1959년 5월 건립된 안중근 의사 동상은 1967년 4월 남산공원 안중근의사기념관 입구로 이안되었고 그 후 1973년 안중근 의사 동상이 두 번째로 건립되면서 전남 장성 상무대로 이안되었다. 2010년 세 번째로 안중근 의사 동상을 건립하면서 두 번째 동상을 철거하였으나 숭의학원 백성학 상임이사의 노력으로 2012년 최초의 위치인 숭의학원으로 이전하여 설치하게 되었다. 우리민족의 독립심과 자긍심을 상징하는 안중근 의사 동상을 다시 세웠다는 것은 역사적인 의의가 있다.

숭의학원이 안중근 동상 건립 의도에 찬성하고 학교 정문 앞에 동상을 세울 수 있도록 부지를 제공한 것은 숭의여대 터와 깊은 관련이 있다. 이곳은 과거 경성 신사(京城神社)가 있던 자리다.

대한제국 시절인 1898년 10월 3일 당시 서울에 살던 일본거류민단은 일본 이세신궁(伊勢神宮)에 있던 신체 일부를 가져와 남산 왜성대(倭城臺)에 남산대신궁(南山大神宮)을 창건했다. 1910년 일본이 조선을 병합하면서 서울 거주 일본인이 늘어나자 1916년 5월 22일 남산대신궁은 더 확장됐고 이름도 경성 신사로 바뀌었다. 경성 신사는 47년 동안 한국에 살던 일본인들의 정신적 지주 역할을 하다 1945년 8월 해방이 되면서 폐쇄됐다.

숭의여대가 해방 후에 이 터를 차지했다. 1903년 10월 평양에서 기독교 계열 미국 선교사가 세운 숭의여학교는 숭의여자대학의 전신이다. 일제의 부당한 압박에 맞선 대표적인 학교였으며 3·1 운동 때는 교사와 학생들이 평양에서 만세운동을 벌였고, 일본의 대륙침략 후 신사참배

신전 내부 모습 · 현 체육관 자리에서 바라본 당시 신사 전경 · 신사 건물 철거 모습 · 태극기를 걸고 아침조회하는 모습

경성 신사와 철거 당시 모습

강요가 거세지자 1938년에 자진 폐교했다. 숭의학원은 6·25 전쟁 후인 1954년 이승만 대통령의 도움으로 경성 신사 터를 숭의보육학교 부지로 확보했고, 이후 경내에 있던 8개의 신사 건물을 차례로 헐어 학교 건물로 사용했다. 현재 숭의여대 본관 앞에는 경성 신사 신전 주춧돌 4개와 석재 부재 등 신사의 흔적이 남아 있다. 숭의학원은 이런 연유로 안중근 의사의 동상을 세우겠다는 정부의 요청을 받아들였다.

단지(斷指)한 손을 강조한 안중근 동상

국내에 설치된 안중근 동상은 장성 상무대, 남산 안의사 광장, 숭의여대, 부천 안중근공원, 의정부 평화공원, 국회 헌정기념관, 천안 독립기념관, 광주 상무시민공원, 광주 중외공원, 함평 일강 김철선생기념관, 장흥 정남진전망대, 안성 미리내실버타운, 육사 등 흉상을 빼고도 13개에 달한다. 이중 첫 번째와 두 번째 동상인 장성 상무대와 숭의여대 동상을 조각가 김경승이 제작했다. 김경승이 만든 첫 안중근 동상인 장성 상무대 동상은 나중에 제작된 안중근 동상의 모델이 됐다. 김경승은 상무대 안중근 동상을 만들 때 혈서를 쓴 손가락이 잘 보일 수 있도록 왼손바닥을 편 모습으로 만들었다. 이렇게 손바닥을 편 모습은 남산 안의사 광장과 육사의 동상에서 공통적으로 발견된다.

조각가 김경승과 친일 논란

동상을 만든 표천(瓢泉) 김경승(金景承)은 이화여대와 홍익대 교수, 대한민국예술원 회원, 대한민국미술대전 초대추천작가회 회장을 지낸 조각계의 거물이다. 그가 남긴 동상과 기념탑만 해도 백범광장공원 김구 동상, 덕수궁 세종대왕상(세종대왕기념관으로 이건), 남산 김유신 장군 동상, 정읍 전봉준 동상, 4·19학생혁명기념탑 등 51점에 달한다.

1959년 숭의여대에 설치됐다가 1967년 4월 26일 안의사 광장으로 이전됐던 1호 동상이 상무대로 이전되고 다시 동상이 제작된 건 안중근의 모습이 실제와 다르다는 지적 때문이었다. 김경승은 안중근의 며느리 정옥녀, 조카인 콩고 대사 안진생, 5촌 조카인 국회의원 안춘생의 자문을 받아 새 동상을 만들었다. 새 동상은 1974년 9월 2일 안 의사 탄신

1959년 최초 안의사 동상 / 숭의학원
현. 전남 장성 상무대 위치

1974년 안의사 동상(2차) / 남산공원
* 2011 숭의학원 이전 보수 재설립

2010년 안의사 동상(3차) / 남산공원
현. 남산 안중근의사 기념관앞 위치

김경승은 안중근이 왼손 손바닥을 펴 단지한 모습이 보이도록 제작했다

일에 제막된 후에 36년 동안 안중근기념관 앞을 지키다가 2010년 서울시에 의해 철거되었고, 보수 과정을 거쳐 2012년 숭의여대에 이전·설치됐다. 동상이 낡고 거사 당시 입었던 옷과 다르다는 게 철거 이유였지만 실제 이유는 조각가 김경승 때문이었다. 김경승은 해방 전 대표적인 친일미술단체로 지목된 조선미술가협회에서 활동한 전력이 있었고, 2000년 이후 이런 행적이 집중적으로 논란이 됐다. 그 여파가 김경승이 만든 동상에까지 밀려오면서 안중근 동상은 철거하는 것으로 최종 결론이 났다.

민주공화국의 큰 씨앗이 된 안중근

안중근은 숭의여대를 떠난 지 45년 만에 고향인 숭의여대 터로 다시 돌아왔다. 비록 숭의여대를 떠난 동상은 남산을 거쳐 장성 상무대로 갔지만 남산 안의사 광장에서 철거돼 갈 곳이 없어 떠돌던 동상이 고향인 숭의여대로 돌아왔다는 점에서 그 의미가 작지 않다.

숭의여대 안중근 동상과 부조

안중근은 황해도 해주부 수양산 아래에서 진해현감 안인수의 손자이자 진사 안태훈의 장남으로 태어난 양반집 자손이다. 무과 벼슬을 지낸 조상이 대부분일 정도로 무인 기질을 타고났지만 그가 남긴 유묵이 보여주듯 글과 글씨에도 능한 선비의 풍모도 갖췄다. 행적을 보면 살아생

전 공화주의자는 아니었을 것이다. 안중근은 16살에 아버지와 함께 조선 정부 편에 서서 동학군을 진압했다. 이토 히로부미를 처단하기 전 러시아 블라디보스토크에서 활동할 때는 동의회 부총장 이범윤 아래 의병장으로 활동했다. 이범윤은 황제의 복권을 도모했던 복벽주의자로 분류되는 인물이다.

안중근은 1910년 3월 26일 사형당했다. 대한제국은 그해 8월 16일 한일합병조약에 의해 망했다. 안중근은 죽을 때까지 대한제국 순종황제의 통치를 받는 신민이었다. 그러나 총을 들어 침략의 거두 이토 히로부미를 처단함으로써 안중근은 한국독립운동사에 큰 씨앗이 됐다. 안중근이라는 씨앗이 크게 자라 민주공화국 대한민국이라는 열매를 맺은 것이다.

장충동 남산공원 유관순 열사 동상

-조선 독립의 횃불을 든 소녀

유관순(1902~1920)

3·1 운동을 벌이다 체포되어 서대문형무소에서 순국한 독립운동가. 선교사의 추천으로 고향인 천안을 떠나 서울 이화학당 보통과에 편입했고, 1919년 고등과로 진학했다. 3·1 운동이 일어나자 유관순은 친구인 서명학 등 5인과 함께 대한문 앞에서 고종 임금을 기리는 망곡을 했고, 이후 만세운동에 참여했다가 경무총감부에 붙잡혔다 풀려났다. 그 뒤 휴교령이 내려지자 천안으로 내려와 만세운동 소식을 알렸고, 천안 아우내장터 만세운동을 벌여 체포됐다. 경성법원에서 3년형이 확정된 유관순은 옥중 만세운동을 주도했고 그때마다 고문에 시달렸다. 아우내 만세운동 때 총검에 찔린 상처가 덧난 데다 옥중 만세운동 때마다 계속된 폭행으로 건강이 악화돼 옥에서 숨졌다. 1962년 건국훈장 국민장(2019년 대한민국장 추서)을 받았다. 박정희 정권 때인 1970년 태평로에 처음 동상이 건립됐고 1971년에 장충동 남산공원으로 이전됐다. 이화박물관 내 유관순 정원 동상은 2006년도에 건립됐다.

찾아가는 길

2019년 3월에 한 번, 8월에 두 번, 유관순 열사 동상을 합쳐서 총 세 번 방문했다. 지하철 3호선 동대입구역에서 내려 국립극장 방향으로 가는 버스를 타고 이동하면 된다. 처음 방문했을 때는 동상을 찾느라 한참을 헤맸다. 장충단공원에 들어서자 장충단비, 한국 유림 독립운동 파리장서비, 한웅 열사비, 일성 이준 열사 동상 등 석비와 동상이 계속 보였지만 유관순 동상은 보이지 않았다.

장충동 남산공원 유관순 동상

동국대 정문 왼쪽 남산 기슭에 동상으로 보이는 조형물이 있어 올라 갔지만 유관순 동상이 아니라 외솔 최현배 선생 기념비였다. 다시 장충 단공원 쪽으로 내려와 남산2호 터널 방향으로 200~300미터를 갔더니 멀리 유관순 동상이 보였다. 동상은 남산2호 터널 교차로 바로 옆의 작 은 공원에 세워져 있다. 남산 쪽은 막혔지만 교차로 쪽 세 방향이 모두 출입구여서 동상을 쉽게 볼 수 있게 설계됐다. 동상이 있는 터도 둥근 형태고 동상을 받치고 있는 좌대도 둥글게 제작됐다.

서구형 얼굴로 보이는 장충동 유관순 동상

유관순 동상은 좌대 6.8미터, 동상은 3미터로 거의 10미터에 육박하 는 높이다. 오른손을 위로 쭉 뻗어 횃불을 높이 쳐들었다. 손에 든 횃불 의 불꽃이 뒤로 휘날리고 있다. 왼손은 팔꿈치를 굽혔고 손바닥은 하늘 을 향해 있다. 오른 무릎을 약간 굽히고 왼발은 뒤로 빼서 앞으로 나아 가려는 모습이다. 치마 속 오른다리 윤곽이 희미하게 보인다. 주름이 많 은 한복 치마는 넓게 퍼졌고 옷고름은 바람에 날려 뒤로 향했다. 유관순 이 매봉에서 횃불을 들었던 걸 형상화한 것으로 보인다. 유관순은 1919 년 3월 서울에서 3·1 만세운동에 참여했다가 고향인 천안으로 돌아와 교회·학교·유림 대표들을 만나 서울의 상황을 전했고, 거사 하루 전 고 향 뒷산인 매봉에 올라 인근 고을에 봉기를 알리는 봉화를 들었다.

동상이 높아서 현장에서 동상 얼굴을 확인하기는 힘들었다. 도록에 나온 유관순 동상 얼굴은 앞가르마를 타서 이마가 모두 드러나 있었다.

눈썹이 짙고 콧날은 오뚝하며 입술이 도톰한 미인이다. 이런 이유로 비너스 얼굴과 조각상처럼 제작되어 실제 얼굴과 너무 다르다는 비판을 받고 있다. 유관순 사진은 이화학당 재학 중 사진을 비롯해 서대문형무소 수형자 기록표에 부착된 사진까지 여러 장 남아 있다. 수형자 기록표 사진을 보면 코는 조금 펑퍼짐하고 눈썹은 거의 없다. 고문 후유증으로 유관순의 얼굴이 부어 있었고 수감 중이라는 점을 감안해도 동상과 수형자 기록표 사진 속 얼굴은 달라 보인다. 그러나 동상은 사진이 아닌 만큼 동상을 만들 당시의 시대 상황, 미술계 풍조, 작가의 상상력을 존중해서 봐야 한다는 주장에 대해서도 귀를 기울일 필요는 있다.

한 갈래로 딴 댕기머리는 허리를 지나 엉덩이까지 내려왔다. 댕기머리는 유관순이 미혼이라는 걸 알려주는 상징이다. 한국의 전통 머리 형태인 댕기머리는 가르마를 타고 앞 머리카락을 양쪽 귀에서 땋기 시작해 목덜미로 연결시키는 방식이다. 세 가닥으로 땋아 댕기를 드린 머리형은 결혼하지 않았다는 뜻이다.

동상 속 또 다른 동상, 3·1 운동 인물상

좌대는 기둥을 세우고 화강암 판석을 여러 장 이어붙인 형태로 만들었다. 바닥만 3단, 몸통에 10단을 쌓았고 동상 바로 아래는 아랫단보다 조금 크게 만들었다. 좌대 상단에 동으로 만든 '류관순 상'이라는 한글 글씨를 부착했다. 특이한 점은 좌대에 남녀 각각 3명씩 모두 6명의 인물 상이 함께 조각되어 있다는 점이다. 3명의 남자는 모두 서 있고 여자는

유관순 좌대 정면과 측면 동상

모두 쪼그리고 앉아 있지만 표정과 행동은 제각각이다.

　정면 남자는 태극기를 들고 만세운동에 나서는 인물상이다. 한복 차림에 태극기를 높이 들었고 얼굴 표정이 강인해 보인다. 남자는 두 팔을 높이 들어 하늘을 향해 벌렸다. 오른손에는 태극기가 꽂힌 깃대 위쪽을 잡고 있고 왼손은 손바닥을 펴서 하늘을 향했다. 머리 뒤쪽으로는 휘날리는 태극기의 태극 모양이 선명하다. 한복 저고리가 바람에 날리고 있다. 눈은 정면을 향했지만 약간 치켜떴고 입을 굳게 다물고 있다. 턱수염이 수북하지만 노인의 얼굴은 아니다. 고무신을 신은 오른발을 굽혀 앞으로 나가려는 자세를 취하고 있다.

　태극기를 든 남자 오른쪽 인물상은 쪼그려 앉은 여자다. 오른팔은 옆으로 벌려 쭉 뻗었고 손바닥을 펴서 하늘로 향했고, 왼손은 젖가슴 쪽을 부여잡고 있다. 무릎을 넓게 벌린 대신 맨발인 두 발은 가지런하게 모았다. 주목해야 하는 건 얼굴 표정이다. 얼굴은 살짝 옆으로 젖힌 채 눈을 감고 있다. 머리카락은 그냥 뒤로 길게 날리고 있다. 가슴을 움켜잡고 눈을 감은 채 만세운동을 어떻게 할지 깊은 고민을 하고 있는 것처럼 보인다.

유관순 동상 측면 남자와 후면 여자

세 번째 남자는 학생이다. 학생복 차림에 망토를 둘렀고 오른손에는 책을 들고 있다. 살짝 왼쪽으로 젖힌 얼굴을 왼손에 기대어 눈을 감고 있다. 망토자락이 옆으로 넓게 펴져 있고 코가 뭉툭한 구두를 신었다. 일제 식민지 시절 남학생들은 교복을 입고 망토를 둘렀다. 모자에 있는 교표는 어느 학교를 다니는지 알려주는 상징이었다. 이 조각상을 보면 로댕의 조각 작품 〈생각하는 사람〉이 떠오른다. 거리로 나선 학생들도 당시 많은 고민을 했을 것이다. 3·1 운동이 전국으로 확산된 건 학생들의 참여가 있었기 때문이다. 당시 민족대표들은 독립선언식과 선언문 배포, 그리고 일본정부와 조선총독부, 미국과 파리 강화회의에 독립청원서를 전달하는 것을 가장 중요하게 생각했고 이를 완수하자 스스로일본 경찰에 나가 연행됐다. 그러나 학생들은 탑골공원에서 집회를 열어 독립선언서를 낭독하고 거리로 진출해 직접 시위를 벌였다.

네 번째 여자는 쪼그려 앉아 양손으로 얼굴을 가렸다. 그냥 가린 게아니라 양손을 얼굴 높이로 들어 입 주위만 빼고 손바닥을 얼굴 전체를덮었다. 한복 차림에 신발도 신지 않은 맨발이다. 일본이 통치하는 조선의 현실을 보고 싶지 않다는 의지의 표현은 아닐지 궁금하다.

유관순 좌대 인물상 후면 남자와 측면 여자

다섯 번째 남자는 포승줄에 묶여 있고 두 손을 움켜잡고 있다. 웃통이 벗겨져 가슴이 드러났고 맨발 차림이다. 왼팔에는 망토가 걸려 있어 학생으로 추정된다. 왼쪽으로 살짝 젖힌 얼굴은 잠자듯 눈을 감고 있다. 3·1 운동으로 체포되어 고초를 겪는 모습이다. 동상에 부착된 6명의 인물상 중에서 가장 지친 표정이다.

여섯 번째 여자도 쪼그려 앉아 있다. 치마 아래 맨발이 드러나 경황이 없어 보인다. 얼굴은 완전히 위로 젖혀 하늘로 향했다. 두 손을 모아 기도하는 것처럼 보인다. 머리카락은 뒤로 날리고, 눈을 감아 표정을 읽을 수 없지만 꽁꽁 묶인 듯한 인상이다. 마치 일본이란 포승줄에 꽁꽁 묶인 조선인처럼 느껴진다.

좌대 뒤에는 동상을 만든 사람과 단체가 적혀 있는 동판이 부착되어 있다. 조각은 김세중, 글은 서명학, 글씨는 이기우, 전면 글씨는 최준문, 동상을 세운 날짜는 1970년 10월 12일이다. 조각을 맡은 김세중은 서울대 미대 교수·한국미술협회 이사장·가톨릭미술가협회 회장·국립현대미술관 관장 등을 지냈다. 김세중은 그를 기리는 김세중조각상이 제정될 정도로 한국 현대조각 1세대를 대표하는

유관순 동상 건립에 참여한 사람들

인물이다. 광화문에 있는 〈충무공 이순신 장군 상〉, 국회 내 〈애국과 평화 상〉 등 수많은 작품을 남겼다.

글을 쓴 서명학은 유관순의 이화학당 동기로 3·1 운동 당시 유관순과 함께 이화학당 담을 넘은 5인의 결사대 중 한 명이다. 이화여고 교장을 지내면서 유관순기념관 건립 등 유관순을 기리는 데 앞장섰다. 글씨를 쓴 철농(鐵農) 이기우(李基雨)는 한국전각협회 회장·한국서예가협회 대표위원·국립현대미술관 초대작가를 지낸 서예가다. 동상 제작비는 기업가나 사회 유력층이 비용을 대는 관행에 따라 대한통운회장 최준문(崔竣文)이 헌납했다. 동아건설 설립자인 최준문은 1968년 관수물자 하역수송 및 독점권을 가진 국영기업 대한통운을 인수하는 등 당시 활발한 기업 활동을 펼쳤다. 동상은 서울신문사와 애국선열조상건립위원회가 주도해 세웠다. 1970년 남대문 뒤쪽인 태평로에 처음 세워졌다가 지하철 건설 등의 이유로 1971년 현 위치로 이전됐다.

운명을 바꾼 대한문 망곡(望哭)

유관순의 탄생과 3·1 운동 참여, 순국 과정이 자세히 새겨진 약전은 동판으로 제작돼 좌대 뒤에 부착되어 있다.

유관순 열사는 1902년 12월 16일 (음력 11월 17일) 충남 목천군 이동면 지령리(현주소: 충남 천안시 동남구 병천면 유관순생가길 18-2)에서 아버지 유중권과 어머니 이소제 사이의 3남 2녀 중 둘째 딸로 태어났다. 이화학당 보통과를 거쳐 1919년 고등과 1학년에 입학한 유관순 열사는 서명학, 김복순, 김희자, 국현숙 등과 함께 '5인의 결사대'를 결성하여 대한문 앞에서 망곡(望哭)을 한 뒤 3·1 만세운동에 참여하였다. 휴교령이 내려져 고향으로 내려온 유 열사는 학교, 교회와 유림 등을 방문하여 만세운동을 협의하고 4월 1일 아우내 장터에서 3,000여 군중에게 직접 제작한 태극기를 나누어주며 시위를 이끌었다. 이날의 시위에서 부모를 비롯하여 19명이 일본헌병에게 피살되었고 자신은 시위 주동자로 체포되었다. 유 열사는 공주에서 5년 징역형을 받는데 경성복심법원에서는 당시 소요죄의 최고형인 3년형을 선고받았다. 서대문형무소에서도 끊임없이 대한독립만세를 외치자 지하 감방에 가두고 모진 고문을 하였지만 끝까지 뜻을 굽히지 않았다. 그런데 체포 당시 당한 부상과 계속되는 고문으로 끝내 조국의 독립을 보지 못한 채 1920년 9월 28일 오전 8시 20분 서대문형무소의 어두운 감방에서 순국하였다. 아아! 대한의 딸 유관순은 이곳에 영원히 살아 있다. 겨레의 누나로 거듭나 영원히 민족의 기상을 세우고 조국을 수호하리라.

유관순이 3·1 만세운동에 뛰어든 건 대한문 망곡 때였다. 망곡(望哭)은 먼 곳에서 임금이나 부모가 상을 당해 곡을 할 자리에 가지 못할 때 임금이나 부모가 있는 쪽을 향하여 곡하는 걸 말한다. 탑골공원에서 시작된 3·1 만세운동은 고종(광무황제) 국상을 위해 상경했던 사람들이 합세하면서 불길이 붙었다. 1919년 3월 1일 오후 이화학당 학생들도 고종의 빈소가 있는 덕수궁에서 망곡을 한다며 교문으로 몰려갔다. 이화학당 프라이 교장은 학생들의 신변을 보호해야 한다며 이들이 덕수궁으

유관순 동상 인물상과 약전 모습

로 가는 걸 결사적으로 막았다. 그러자 유관순을 포함한 국현숙·김복순·김희자·서명학 등 5명은 학교 담을 넘어 만세 시위에 동참했다. 후일 이들은 5인의 결사대로 불리게 된다. 3월 5일에 다시 학생단 만세 시위에 참가한 유관순은 남산에 있는 경무총감부에 붙잡혀 갔고 선교사들의 도움으로 간신히 풀려났다. 이후 3월 10일 학교에 휴교령이 내려지자 유관순은 3월 13일 고향인 천안으로 내려왔다.

유관순은 3월 16일 예배가 끝난 후 아버지인 유중권 등 20여 명에게 서울에서 일어난 3·1 운동 상황을 설명했고, 이에 참석자들은 4월 1일 아우내에서 만세운동을 벌이기로 결정했다. 유관순은 인근 마을을 다니며 만세운동에 참여할 것을 호소하고 시위에 쓸 태극기를 제작했다. 인근 고을에 거사 소식을 알리기 위해 유관순은 거사 전날인 3월 31일 매봉산에서 횃불을 올렸고, 아우내장터 뒤 갓모봉 등 24곳에서 이에 호응

하는 횃불이 타올랐다. 4월 1일 아우내장터에서는 3,000명의 군중이 대한독립을 외치면서 헌병주재소로 향했다. 시위 도중 유관순의 아버지 유중권과 어머니 이소제는 사망했고 유관순 본인도 헌병의 총검에 찔려 큰 부상을 입었다. 이날 시위로 유관순 부모를 포함해 19명이 시위 현장에서 순국했고 30여 명이 크게 다쳤다. 유관순은 주동자 체포에 나선 수색조에 붙잡혀 공주감옥에 수감됐고 5월 9일 공주지방법원에서 5년형을 선고받았다. 1심 판결에 불복해 유관순은 서울 서대문형무소로 이감됐고 2심에서 징역 3년형을 받은 후 상고를 포기하면서 형이 확정됐다.

서대문형무소의 정원은 500명이었다. 그러나 손병희 등 3·1 운동 민족대표를 비롯해 거리 시위를 벌인 사람들이 잇따라 투옥되면서 미결수와 기결수를 합쳐 3,000명이 넘는 인원이 수감됐다. 유관순은 1920년 3월 1일 3·1 운동 1주년 서대문형무소 만세운동을 주도했다. 사전에 비밀 통신으로 1주년 기념 만세운동을 벌일 것을 17개 여자 감방 전체에 연락했다. 당일 수감자들이 외치는 만세 함성에 형무소 주위로 인파가 몰려들어 전차 통행이 마비되고 경찰 기마대까지 출동했다는 일화가 남아 있을 정도로 파장이 컸다. 유관순은 크고 작은 만세운동을 벌일 때마다 여간수인 야마사키에게 끌려가 자주 매를 맞았다. 더구나 아우내장터 만세운동 때 총검에 찔린 상처가 낫지 않으면서 몸은 계속 쇠약해져 갔다. 유관순은 오빠 유우석, 공주감옥에 함께 있던 이화학당 보육과 김현경, 지닛 월터 이화학당장(교장) 서리의 면회를 마지막으로 1920년 9월 28일 서대문형무소에서 사망했다. 사인은 고문 후유증에 따른 방광 파열이었다.

옥중투쟁과 순국, 민주공화국 탄생의 디딤돌

유관순은 아우내 만세운동의 불꽃을 일으킨 당사자였다. 유관순은 서울에서 만세운동에 참가한 후 고향에 내려와 가족 등 주위 사람들에게 만세운동 동참을 권유했고 그 말이 병천 일대로 불꽃처럼 번졌다.

유관순의 아버지와 어머니는 시위 당일 헌병의 총칼에 의해 숨졌고

유관순 동상 얼굴

오빠 유우석은 공주영명학교 만세운동 주동자로, 작은아버지 유중무는 아우내 만세운동 주동자로 각각 구속됐다. 그때 함께 구속됐던 신 씨 할머니는 "저년이 너무 잘난 체하다가 제 부모도 잡아먹고 저년 하나 때문에 몇 고을이 쑥대밭이 되고, 몇십 명이 총칼에 목숨을 잃었다"고 악담을 퍼부을 정도였다. 유관순은 1심 재판 도중 판사에 항의하면서 의자를 집어던져 법정모독죄가 추가됐다. 1심에서 이례적으로 5년형을 선고받은 이유다. 2심에서 3년형으로 감형됐지만 그래도 고등학생으

로서는 가장 높은 형량이었다. 이는 다른 민족지도자와 유관순의 형량을 비교해보면 확인할 수 있다. 3·1 운동을 주도한 민족대표 손병희와 한용운 두 사람의 형량은 징역 3년으로 유관순과 같다.

3·1 운동 때에는 서울과 천안, 제주 등에서 여학생들이 대거 참여했고 해주와 진주에서는 기생이 시위대 전면에서 일본 경찰과 일전을 벌였다. 이런 여성들의 적극적인 모습은 과거 남녀차별 및 신분 구분이 뚜렷했던 조선 후기 사회에서는 보기 어려운 장면이었다. 이처럼 여성들은 민족의 독립을 위해 3·1 운동에 당당하게 나섰다. 이는 여성들이 민주공화국 대한민국 탄생에 당당한 일원이었음을 보여준다. 그 선두에 유관순이 있다. 유관순의 아우내장터 시위, 그리고 서대문형무소에서 감행한 옥중투쟁과 순국은 새로운 세상을 여는 창이었다.

장충동 한국자유총연맹 건국대통령 이승만 박사 상

-황제정을 버린 무기수 이승만

이승만(1875~1965)

　대한민국 초대 대통령, 2대·3대 대통령 및 제헌 국회 초대 국회의장을 지낸 정치가·독립운동가. 배재학당에서 수학했고 만민공동회 최고의 연사로 독립협회 해체에 동원된 보부상들과 몽둥이를 들고 싸웠다. 고종 퇴위와 관련된 무술년 정변에 연루돼 한성감옥에서 5년 7개월간 복역하다 대미특사로 풀려났다. 조지워싱턴대 학사, 하버드대 석사, 프린스턴대 박사 학위를 갖고 있다. 우리나라 최초의 국제정치학 박사로 하와이를 중심으로 독립운동을 벌였다. 3·1 운동 후 한성정부 집정관 총재, 블라디보스토크 정부 국무총리, 상하이 정부 국무총리로 선출됐고 상하이 임시정부 초대 대통령을 지냈다. 해방정국에서 승리해 1948년 공화국 대한민국의 제헌 국회 국회의장, 초대 대통령이 됐다. 6·25 전쟁 중 체결한 한미상호방위조약(한미동맹)은 자유세계로 편입되는 결정적인 계기가 됐다. 의무교육, 농지개혁, 원자력발전 등에 공이 크지만 사사오입 개헌, 독립운동가 홀대, 3·15 부정선거로 비판을 받고 있다. 1960년 4·19 혁명으로 대통령에서 물러났다. 1948년 8월 건국훈장 대한민국장을 받았다. 대통령 재임시절인 1956년 남산과 탑골공원에 동상이 건립됐으나 4·19로 철거됐고 2000년 국회 본관, 2011년 남산 자유총연맹에 다시 동상이 건립됐다.

찾아가는 길

　서울 장충동에 있는 남산공원 한국자유총연맹 건국 대통령 이승만 박사 상을 보기 위해 2019년 5월과 9월 두 차례 방문했다. 서울 지하철 3호선 동대입구역에서 내려 남산 순환 버스를 타고 반얀트리호텔 앞에서

내려 자유센터로 가는 방법이 가장 빠른 길이다. 9월 방문 때는 시간이
없어 버스를 이용했다. 시간이 넉넉하면 지하철역에서 내려 장충체육관

한국자유총연맹 건국대통령 이승만 박사 상

을 거치며 나무계단-반얀트리호텔-국립극장-N서울타워-백범광장까지 가는 한양도성 순례 남산 구간을 이용해도 된다.

5월 첫 방문 때 이용한 한양도성 순례길에는 철쭉과 싸리꽃이 막 지고 있었다. 남산성곽길은 남산의 아름다운 경치, 그리고 아기자기하고 때로는 운치 있는 단독주택을 볼 수 있는 곳이다. 동대입구역에서 신라호텔 뒤 남산성곽은 높이가 10여 미터에 달할 정도로 위세가 당당하다. 성곽길을 따라 남산 정상 방향을 향해 걷다가 반얀트리호텔을 통과해 국립극장 앞에서 자유센터로 들어가면 동상이 나온다.

정부 수립 선포 하루 전날 이승만이 쓴 민위방본(民爲邦本)

건국대통령 이승만 박사 상은 자유총연맹 정문을 지나면 왼쪽에 있다. 이승만 동상은 높이 3미터, 폭 1.5미터의 청동상으로 제작됐고 좌대와 기단은 2.2미터의 화강암으로 조성됐다. 동상 뒤에는 청동 부조, 좌우에는 이승만 연보와 이승만의 글씨가 새겨져 있다. 이승만은 손바닥을 편 오른손을 쭉 뻗어 얼굴 높이로 들고 연설하는 자세를 취하고 있다. 가슴 쪽으로 굽힌 왼손에는 대한민국 헌법을 들고 있다. 이승만이 들고 있는 대한민국 헌법은 이승만이 대한민국의 초대 국회의장이자 대통령이라는 걸 상징적으로 보여준다. 정면을 응시하고 있는 눈은 작은 편이고 입은 굳게 다물었다. 얼굴 전체로 보면 부드러운 인상이지만 동시에 단호한 느낌을 준다. 이승만은 미국에 살던 젊은 시절 연미복에 중절모를 갖춰 입는 등 옷차림에 상당히 신경을 썼다. 동상에서도 그런 이승만의 모습을 찾아볼 수 있다. 양복을 입은 이승만은 조끼에 단정하게 맨 넥타이, 그리고 바지 주름이 선명하다. 좌대 상단에는 '건국대통령 이

민위방본 표석

승만 박사 상'이라는 글씨가 가로로 새겨져 있다. 건국대통령 이승만 박사 상은 2011년 8월 25일 제막됐다.

이승만 동상 앞 오른쪽에는 민위방본(民爲邦本) 표석이 있다. 표석에는 민위방본이라는 글씨와 함께 이승만의 호인 우남(雩南), 뜻을 풀이한 글, 글씨를 쓴 경위가 새겨져 있다. 민위방본 표석은 이승만 대통령이 대한민국 정부 수립을 선포한 1948년 8월 15일을 하루 앞둔 8월 14일 정부 수립 선포 전에 마음을 다지면서 쓴 글을 돌에 새긴 것이다. 민위방본은 '국민이 나라의 근본'이라는 뜻이다. 중국 국가통치의 거울로 삼는 중요한 서적인 서경 제2편 하서(夏書) 제3장 오자지가(五子之歌) 중에 나오는 "민가근(民可近) 불가하(不可下) 민위방본(民爲邦本) 본고방령(本固邦寧)"에서 인용했다. "백성은 가까이 할 수는 있으나 얕보아서는 안 된다. 백성은 나라의 근본이고, 근본이 굳건하여야 나라가 편하다"는 뜻이다.

건국대통령 이승만 박사 연보

동상 앞 3~4미터 지점에는 남

산N타워가 보이는 시원한 풍경 아래 건국대통령 이승만 박사 연보 표석이 설치되어 있다. 사각형 오석에는 이승만이 1875년 3월 황해도 평산군 마산면에서 태어나 배재학당에서 수학하고 독립협회 활동으로 종신형을 선고받은 사실이 새겨져 있다. 또 조지워싱턴대 학사·하버드대 석사·프린스턴대 박사 학위를 받은 연도, 상하이 대한민국 임시정부 초대 대통령·제헌 국회 국회의장·초대 대통령과 2·3대 대한민국 대통령을 지낸 연도를 새겼다. 마지막으로 4·19 혁명으로 대통령직에서 하야해 1965년 7월 하와이에서 숨졌다는 내용이 들어가 있다.

이승만의 영원한 고향 하와이

동상 뒤에는 이승만을 상징적으로 보여주는 미국 하와이 독립운동, 대한민국 초대 대통령 취임, 미국 상하원 합동회의 연설 장면을 조각한 청동 부조 3개가 설치되어 있다. 미국 하와이 독립운동 부조에는 이승만 박사가 하와이 독립운동 시절에 지지자들과 함께 한국의 독립을 기원하는 모습이 새겨져 있다. 왼쪽 끝에 있는 이승만은 주먹을 불끈 쥔 오른손을 높이 들었고 허리 부근 왼손도 주먹을 꽉 쥐고 있다. 입을 꽉 다문 이승만의 표정이 결연하다. 부조에는 "이승만 박사가 하와이 독립운동 시절 한국 교민들 앞에서 독립운동에 동참할 것을 호소하고 있다"(1940년대)는 설명이 새겨져 있다.

이승만 지지자들은 남성 7명, 여성 3명 등 모두 10명으로 정장을 입고 있고 당시 유행하던 테두리가 있는 모자를 썼다. 남성과 여성 각각 1명이 큰 태극기를 땅에 세워 놓고 깃대를 굳게 잡고 있고, 키가 큰 다른 남성 1명은 작은 태극기를 하늘 높이 흔들고 있다. 또 다른 남성도 태극기를 흔들고 있고 긴 코트 차림의 남성과 여성은 태극기를 쥐고 있다. 하와이는 이승만이 조국의 독립을 위해 독립운동을 펼쳤던 곳이자 4·19 혁명 이후 대통령

미국 하와이 독립운동 부조

에서 물러나 숨질 때까지 살았던 사실상 이승만의 고향이다.

이승만은 이른바 무술정변에 연루돼 체포됐다. 무술정변은 고종을 퇴위시키고 일본에 있던 의친왕 이강을 황제로, 갑신정변의 주역 박영효를 내각 수반으로 삼으려 한 역모사건이다. 이승만은 투옥 후 탈옥을 시도하다 붙잡혀 무기징역을 선고받고 5년 7개월간 한성감옥에서 복역하다 조선 정부가 대미 외교밀사로 임명하면서 풀려났다. 조선 정부는 만민공동회 최고의 연사로서 영어 실력이 출중한 이승만을 밀사로 미국에 보냈다. 인천을 출발한 이승만은 일본에서 미국행 선박 시베리아호로 바꿔 탄 후, 1904년 11월 호놀룰루에 도착해 교민들의 환영을 받았다. 이승만과 하와이의 첫 만남이었다. 하와이를 떠나 미국에 도착한 이승

만은 T. 루즈벨트 대통령을 만나 조선을 도와줄 것을 호소했으나 실패했다. 귀국을 포기한 이승만은 공부를 시작해 조지워싱턴대에서 학사, 하버드대에서 석사 학위를 취득했다. 이어 프린스턴대에서 국제정치학을 공부했고 한국인 최초의 국제정치학 박사가 됐다. 조선을 떠난 지 6년여 만인 1910년 10월 11일 조선으로 돌아온 이승만은 YMCA 학감으로 일하면서 젊은이들을 가르쳤다. 하지만 1911년 데라우치 총독 암살 음모 사건, 일명 105인 사건이 터지면서 일제의 탄압이 가중되자 1912년 3월 다시 미국으로 떠났다.

이승만은 1913년 2월 3일 한성감옥 수감 당시 의형제를 맺었던 박용만의 초청으로 하와이에 와서 살기 시작했다. 하와이는 사탕수수와 파인애플 농장 노동자로 온 한인이 총 7,226명에 달해 해외에서 독립운동을 할 수 있는 최적의 장소였다. 박용만은 하와이 교포 사회를 독립운동의 기지로 만들기 위해서는 이승만 같은 관록이 있는 지도자가 필요하다고 판단했다. 하와이 생활 초창기에 협력관계였던 두 사람은 후일 독립운동 노선 차이로 완전히 결별하게 된다.

호놀룰루에 도착한 이승만은 교육자·언론인·전도사로서 교포들을 계몽하고 애국심을 고취시키는 일에 주력했다. 감리교단이 운영하던 한인기숙학교를 인수한 이승만은 학교명을 한인중앙학원으로 바꾸고 남녀공학제를 도입해 9월 15일 문을 열었다. 한인중앙학원은 개교 6개월 만에 학생수가 36명에서 120명으로 늘어나는 등 성공적으로 안착했다. 그러나 한국어와 역사를 가르치는 이승만의 교육 방침은 미국 사회에 동화되는 교육을 원했던 감리교 재단과 갈등을 가져왔고 3년 후 이승만은 학교 운영에서 손을 떼야 했다. 하지만 이승만은 한인여자대학과 한인기독학원 등을 다시 설립하는 등 교육 사업을 계속했다. 이때 길러낸 대표적인 인물이 양유찬 전 주미대사다. 후일 한인기독학원 재산은 이승만이 대통령이 된 후 국내로 반입돼 인하대학교 설립자금으로 사용됐다.

이승만은 교육사업과 함께 하와이 교민 계몽과 교육을 목적으로 언론사를 설립해 운영했다. 1913년 9월 20일 순한글 월간지인 「태평양 잡지」를 창간한 이승만은 직접 기사를 쓰고 편집을 맡았다. 이승만은 누구보다 언론의 중요성을 잘 알고 있던 인물이다. 이승만은 배재학당 재학 중 독립신문을 창간한 서재필로부터 언론을 배웠고 배재학당을 졸업한 직후인 1898년 1월 협성회 회보를 창간해 주필로 활동했다. 그해 4월에는 한국인이 만든 최초의 일간지인 매일신문 주필 겸 사장, 8월에는 후일 3·1 독립선언서를 인쇄한 이종일과 함께 제국신문을 만들어 주필 겸 논설자로 활동했다. 그런 경력을 가진 이승만이 만든 「태평양 잡지」는 곧 하와이 한인사회의 여론을 좌우하는 중요한 언론으로 성장했다. 「태평양 잡지」는 17년간 발간되었다가 1930년대 말 「태평양 주보」로 이름을 바꿔 발행을 이어갔다.

하와이 한인들은 이승만이 하와이를 떠났다가 다시 돌아오기를 반복했어도 그를 꾸준히 지지했고 물질적으로도 후원했다. 이승만이 상하이 임시정부와 미 본토 구미위원회에서 활동할 때 쓴 돈은 하와이 한인들이 1년에 5달러씩 냈던 인두세와 특별세였다. 주민 한 사람당 일률적으로 부과되는 세금인 인두세는 이승만의 든든한 정치적 기반이었다. 이승만은 1920년 11월 네덜란드 시체운반선을 타고 상하이 임시정부 대통령으로 취임하기 위해 중국으로 밀항했다가 1921년 6월에 다시 왔다. 1932년 12월 스위스 제네바로 가서 국제연맹에서 한국의 독립을 호소했고 이때 만난 부인 프란체스카 여사와 함께 1934년에 돌아왔다. 하와이 한인들은 프란체스카와의 결혼에 대해 처음에는 강력하게 반대했지만 이승만이 프란체스카와 함께 호놀룰루에 도착하자 1,000여 명이 부두에 나와 환영했다. 1941년 임시정부 구미외교위원장으로 하와이를 떠나 워싱턴에 정착한 이승만은 해방이 되자 1945년 10월 16일, 33년 만에 한국으로 귀국했다. 해방정국에서 승리해 대한민국 초대·2대·3대 대통령을 지낸 이승만은 4·19 혁명으로 1960년 5월 3일 대통령직에서 물러났다. 그해 5월 29일 19년 만에 다시 하와이로 간 이승만은 1965년 7월 19일 호놀룰루 요양원에서 사망했고, 유해는 국내로 운구돼 7월 27일 동작동 국립묘지에 안장됐다. 하와이는 독립운동을 시작할 때부터 대통령에서 물러나 숨질 때까지 이승만의 영원한 고향이었다.

초대 대통령 선거, 196표 중 180표로 승리한 이승만

두 번째 부조는 '대한민국 초대 대통령 취임'이다. 아래 설명에는 "이승만 박사가 서울 중앙청 광장에서 거행된 초대 대통령 취임식에서 취임 선서를 하고 있다"(1948년 7월 24일)는 내용이 새겨져 있다. 두루마기 한복 차림인 이승만 대통령이 왼손에 선서문을 들고 오른손을 들어 취임 선서를 하고 있다. 당시 취임 선서문의 내용은 "나 이승만은 국권을 준수하며 국민의 복리를 증진하며 국가를 보호하여 대통령의 직책을 성실히 수행할 것을 국민에게 엄숙히 선언합니다"였다. 눈은 아래 선서문을 향하고 있고 연단에는 마이크 3개가 설치되어 있다. 지금은 철거되어 없는 중앙청

대한민국 초대 대통령 취임
이승만 박사가 서울 중앙청 광장에서 거행된 초대 대통령 취임식에서 취임 선서를 하고 있다 (1948년 7월 24일)

초대 대통령 취임 부조

에는 '대한민국 대통령 취임'이라는 글씨가 쓰인 현수막이 걸려 있고 옆에는 대형 태극기가 세로로 걸려 있다. 연단 아래에는 행사에 참석한 내빈들이 이 대통령의 취임선서를 듣고 있고 기자나 청와대 직원으로 보이는 사람들이 수첩을 들고 기록하고 있다. 이승만은 해방정국에서 치열한 권력투쟁을 거쳐 대한민국 초대 대통령이 됐다.

8·15 해방 직후 국내 주도권은 중도좌파인 여운형에게 있었다. 여운형은 8월 15일 해방이 되자 건국동맹을 만들어 위원장에 취임했고 8월 말까지 전국에 145개의 건준 지부를 설치했다. 그러나 여운형은 모스크바에서 유학한 정통 공산주의자 박헌영에게 주도권을 빼앗겼다. 박헌영은 9월 조선인민공화국을 선포하고 이승만을 주석, 김구를 내무부장

으로 발표했다. 미군이 상륙하기 전 인민공화국 수립을 기정사실화하고 임시정부 인사들의 귀국에 앞서 대한민국 정국을 장악하기 위한 목적이었다. 이승만은 귀국을 서둘렀으나 미 국무부가 제동을 걸면서 10월 4일이 되어서야 워싱턴을 떠날 수 있었다. 10월 10일 일본에 도착한 이승만은 한국 군정 책임자인 하지 중장, 그리고 맥아더 사령관과 3자 회동을 갖고 맥아더가 내준 전용기 바탄호를 타고 한국에 도착했다. 이승만이 귀국하자 해방정국은 또 다시 출렁였다. 이승만은 왕족이라는 출신 배경, 미국에서 취득한 박사 학위, 평생을 독립운동에 투신한 경력을 갖춘 70살의 노회한 정치가였다. 이승만은 10월 23일 좌익과 우익을 망라한 50여 개 정당과 사회단체대표 200명이 참여한 독립촉성중앙협의회를 발족해 좌우합작정부 구성을 시도했다. 이승만 세력이 커지자 박헌영은 친일파 처단 후 건국을 요구하며 이승만에게 미제의 앞잡이라는 비난을 쏟아붓고 결별했다.

중국에 있던 대한민국 임시정부 주석 김구와 그의 측근들이 11월 23일 귀국하자 정국은 다시 한번 흔들렸다. 24년 만에 다시 만난 이승만과 김구의 관계는 협조와 반목의 연속이었고 최종적으로는 반목이었다. 이승만과 주한미군사령관 하지 중장은 김구에게 독립촉성중앙협의회 참여를 권유했으나 김구는 독자적인 특별정치위원회 구성으로 맞섰다. 이승만이 해방정국에서 결정적으로 주도권을 잡고 후일 대통령이 된 건 신탁통치였다. 1945년 12월 미국과 소련에 의한 신탁통치가 거론되자 국내 여론은 신탁통치 반대가 압도적이었다. 이승만은 강력한 반탁주의자이자 반공주의자였다. 1946년 5월 전국을 도는 대중 집회를 시작한 이승만은 70~80만 명의 국민들을 끌어내는 대중동원력을 과시했다. 우익인사였던 김구나 김규식도 대중 집회를 열었지만 구한말 만민공동회 최고의 연사였던 이승만의 대중 연설을 따라올 수 없었다.

이승만은 1946년 6월 3일 최초로 전북 정읍에서 남한 단독정부 수립을 주장하는 승부수를 던졌다. 이승만은 신탁통치 반대 여론이 거세지고 있는 데다 신탁통치문제를 논의한 1차 미소공동위원회가 결렬되면서 남북한 통일정부 수립이 어려워졌다고 판단했다. 당초 신탁통치에 반대하던 조선공산당은 1946년 1월 소련의 지시를 받고 신탁통치 찬성으로 돌아서서 거센 역풍을 맞았다. 이는 남한에서 공산세력이 쇠퇴하는 결정적 계기가 됐다. 이들은 열세를 만회하기 위해 미군정을 비난하면서 철도와 전신 파업, 대구 10월 폭동 등 총력투쟁으로 맞섰다. 1946년 2월, 북한 단독정부인 북조선인민위원회가 출범하면서 미군정이 시도한 좌우 합작정부 구성은 1947년 초 명백하게 실패로 드러났다. 그러자 정국의 흐름은 이승만이 주장했던 남한 단독정부 수립으로 빠르게 넘어갔다. 1947년 10월 그동안 논의됐던 신탁통치안이 폐기됐다. 이어 1948년 2월 19일 유엔은 남한에서만 총선거를 실시하는 안을 다수결로 통과시켰다. 이에 반대하던 김구가 남북협상론을 주장하며 4월 19일 평양을 다녀왔으나 흐름을 되돌리기는 역부족이었다.

제헌의원을 뽑는 1948년 5월 10일 선거는 북한의 후원과 사주를 받은 남조선로동당(남로당)이 총선 저지를 위한 파업과 교란 행위를 펼치는 방해 속에서 진행됐다. 이들의 방해로 선거 직전 5주 동안 무려 589명이 목숨을 잃었다. 제주도는 남로당 제주도당의 무장봉기와 미군의 진압이 격화된 4·3 사건으로 선거를 치르지 못했고 1년 후에야 국회의원 2명을 선출할 수 있었다. 당초 200명으로 정했던 제헌 국회 의원 수가 198명인 이유다. 그러나 공산 진영의 반대에도 불구하고 총선과 정부 구성은 순조롭게 진행됐다. 총 유권자 983만 4,000명 중 700만 명이 투표에 참여해 198명의 제헌의원을 뽑았다. 무소속 출신이 85명으로 42.5%를 차지했고 이승만이 이끄는 독립촉성중앙협의회(독촉)가 27.5%인 55명, 한민당이 14.5%인 29명을 차지했다. 이승만은 동대문 갑구에 출마해 무투표 당선됐다. 이후 정국은 이승만의 무대였다. 이승만은 무소속과 한민당의 도움을 받아 전체 의석의 69%인 137석을 확보했고 5월 31일 열린 제헌 국회에서 초대 국회의장으로 선출됐다. 신익희와 김동원은 제헌 의회 국회부의장이 됐다. 7월 17일 대한민국 헌법을 선포한 국회는 대통령과 부통령 선거를 실시했다. 대통령 선거에는 재적 198명 중 196명이 투표했다. 이승만은 196명 중 180표라는 압도적인 표를 얻어 초대 대통령에 당선됐다. 나머지 16표는 한국독립당 김구 13표, 무소속 안재홍 2표, 서재필 1표였다.

부통령에는 임시정부 출신 독립운동가인 무소속 이시영 133표, 한국독립당 김구 62표로 이시영이 선출됐다. 선거라는 현실정치에 참여하지 않았던 김구는 세력이 크게 약화됐고 끝내 만회하지 못했다. 이승만은 7월 24일 초대 대통령으로 취임했고 8월 15일 대한민국 정부수립을 선포했다.

로마 개선장군 개선식이 연상되는 뉴욕 카 퍼레이드

세 번째 부조는 미국 상하 양원 합동회의에서 연설하는 장면이다. 부조에는 '이승만 박사가 미국 상하양원 합동회의에서 대한민국 대통령으로 연설하고 있다(1954년 7월 28일)'는 설명이 새겨져 있다. 양복을 입은 이승만 대통령이 단상에서 연설을 하고 있고 뒤에는 상원과 하원 의장으로 보이는 인물 두 명이 앉아 있다. 오른쪽에는 5

미 상하원 합동연설 부조

명의 의원들이 연설을 듣고 있고 벽 쪽에는 의회 관계자로 보이는 사람 6명이 이를 지켜보고 있다. 당시 79세인 이승만은 입 주변이 처진 노인의 모습으로 조각됐지만 얼굴 표정은 당당하다. 연설을 듣는 미국 국회의원들의 얼굴은 꽤나 심각하다. 미국 상하양원 합동회의 연설 부조는 이승만이 1954년 정치적으로 국내외에서 최전성기를 구가할 때의 모습이다. 이승만은 6·25 전쟁 휴전 1년 뒤인 1954년 5월 20일 실시된 선거에서 압승을 거두면서 행정부, 국회, 당을 완벽하게 장악했다. 집권당인 자유당은 이승만의 개인적 인기에다 경찰, 관료조직을 적절히 활용해 203석 가운데 114석을 차지했다. 무소속은 67석, 야당인 민주당은 겨우 15석을 얻는 데 그쳤다. 이승만은 무소속을 적극 영입해 전체의석의 3분의 2인 136석을 확보해 개헌을 추진할 수 있는 동력을 얻었다. 6·25 전쟁 중 이승만을 제거하려고 했던 미국도 전쟁이 끝난 후에는 이승만을 전폭적으로 밀어주면서 한미관계도 최고로 좋아졌다.

　미국은 전쟁 직후 이뤄진 이승만의 국빈방문을 각별하게 준비했다. 방문 첫날밤 이승만을 백악관에 묵게 했고 뉴욕에서는 브로드웨이 환영 카 퍼레이드를 실시했다. 카 퍼레이드는 로마시대 개선장군 개선식과 유사하다는 평을 받았다. 미국이 이승만에게 제2차 세계대전과 인천상륙작전의 영웅 맥아더 장군과 비슷한 규모의 카 퍼레이드를 실시한 것

1954년 미 상하의원 합동연설 실제 장면(이승만기념사업회 소장)

은 극히 이례적이었다. 미 상하의원 합동연설도 이승만에 대한 각별한 배려였다. 이승만은 의회연설에서 "미국이 한국에서 대(對) 공산주의 전쟁을 벌벌 떨면서 그만두었다"며 "소련과 중국이 더 강해지기 전에 일전을 벌여 중국을 되찾아야 한다"고 주장했다. 이승만의 연설은 한국인들에게는 시원하게 느껴졌지만 제2차 세계대전과 6·25 전쟁으로 지친 미국 내 여론은 좋지 않았다. 유력지인 뉴욕타임스는 사설을 통해 "이승만이 미국에 대해 전쟁을 충동질하고 있다"고 이승만을 공개 비판했다. 한미정상회담도 아이젠하워 대통령의 한일국교정상화 요구를 이승만이 거부하면서 냉랭하게 진행됐다. 아이젠하워와의 이런 악연은 4·19 때 미국이 이승만 지지를 철회하면서 이승만이 실각하는 결과로 돌아왔다.

6·25 전쟁과 강화된 이승만의 권력

이승만은 제헌 국회에서부터 의회의 강력한 도전에 시달렸다. 1948년 5·10 총선 후 지주계급 출신이 주축인 한민당은 대통령을 상징적 차원으로 두고 총리를 수반으로 하는 의원내각제 헌법안을 마련했다. 그러나 의원내각제 헌법안은 대중 동원력이 뛰어난 이승만의 강력한 반대에 부딪혔고, 결국 의회에서 대통령을 뽑는 간선제 대통령제로 결론이 났다. 2차 충돌은 대통령 임기 1년을 남긴 1952년에 피난 수도 부산에서 이승만의 선공으로 시작됐다. 이승만은 의원내각제를 주장하는 한민당 의원들이 장악한 국회에서 직선제 개헌안이 부결될 것을 알면서도 개헌안을 제출했다. 예상대로 개헌안이 부결되자 자유당과 조선민족청년당 등 이승만 지지 세력은 내각제를 주장하는 의원들을 공격해 이들을 무력화시켰고, 1952년 7월 4일 대통령 직선제를 골자로 한 발췌개헌안이 국회를 통과했다. 이승만은 그해 8월 5일 2대 대통령에 무난히 당선됐다. 이승만이 이런 강공을 펼칠 수 있었던 건 그가 6·25 전쟁을 이끄는 전쟁 지도자였기 때문이다.

1950년 6·25 전쟁이 터지자 이승만은 5월 26일 새벽 3시 일본에 있는 맥아더 사령관에게 전화를 걸어 미국의 참전을 이끌어냈고, 맥아더 장군의 인천상륙작전 후에는 북진통일론으로 국론을 통일시켰다. 전쟁이 계속되고 있는 상황에서 대통령을 바꾸자는 목소리는 나오기 어려웠다. 1953년 6월 18일 휴전협상 도중 단행한 반공 포로 석방은 이승만이 권력을 강화한 또 다른 승부수였다. 이승만은 미국에서 오래 생활해 고급 영어로 자유롭게 대화할 수 있는 어학 실력을 갖췄고, 40여 년의 독립운동 과정에서 미국 정치의 구조를 터득하고 있었다. 한국에 파병된 유엔 군사령관과 미 본토에 있는 행정부나 의회의 의중을 정확하게 읽고 있던 이승만은 반공 포로 석방이라는 벼랑 끝 전술을 구사했다. 반공 포로 석방은 야당에서 조병옥이 유일하게 반대할 정도로 여야는 물론 국민들의 광범위한 지지를 받았다. 미국 아이젠하워 대통령은 "전우가 적으로 변했다"며 격노했지만 이승만을 달래기 위해 한미상호방위조약 카드를 내밀었다. 그 후 한미상호방위조약은 한국의 방위를 지키는 가장 강력한 무기가 됐다.

국부에서 독재자로의 추락, 사사오입 개헌

'사사오입' 개헌은 이승만이 미국 국빈방문 등 최고 권력을 누리던 1954년 이뤄졌다. 집권당인 자유당은 1954년 9월 6일 "현재의 대통령에 한해 중임조항을 철폐한다"는 개헌안을 제출했다. 재적 203석 중 개헌선인 136석을 확보하고 있어 무난하게 통과될 것으로 봤으나 누군가의 실수로 찬성이 135표가 나오면서 개헌안은 1표 차이로 부결됐다. 그러자 자유당은 "재적의원 3분의 2가 135.33명이라는 건 자연인으로 존재할 수 없는 만큼 소수점 이하는 삭제한다"는 수학의 '4사5입론'을 동원해 개헌안을 통과시켰다. 이승만은 1956년 대통령선거에서 '사사오입' 개헌 덕에 3대 대통령에 당선됐지만 그동안 누려왔던 국부로서의 이미지는 크게 훼손됐다. 정치적으로는 민주주의를 파괴했다는 비난과 함께 선명야당의 등장이라는 정치적 손실을 감수해야 했다. 이승만은 1960년 3월 15일 실시된 대통령 및 부통령 선거로 촉발된 4·19 혁명으로 대통령 자리에서 물러났다. 사실 이승만은 경쟁자였던 조병옥이 병사하면서 4대 대통령으로 선출되는 데 전혀 지장이 없었다. 문제는 부통령 선거였다. 당시 이승만은 85세의 고령이었다. 그래서 여야 모두 대통령보다 대통령 승계권을 가진 부통령이 누가 되느냐가 선거의 관심이었다.

1956년 선거에서 야당인 민주당 장면에게 부통령 자리를 빼앗겼던 이기붕은 3·15 선거에서 승리하기 위해 경찰과 행정조직을 동원하는 등 무차별적인 관권선거를 벌였다. 이기붕이 부통령에 당선됐다는 발표가 나오자 이를 규탄하는 시위가 경남 마산에서 시작됐고 시위는 서울로 확대되었다. 4월 19일 경무대와 이기붕 공관으로 돌진하던 시위대를 향해 경찰이 총을 쏘면서 전국에서 186명이 사망하고 6,259명이 부상하는 참극이 벌어졌다. 참극을 확인한 이승만은 경찰에게 추가로 강경 진압을 지시하거나 군을 동원하지 않았다. 이승만은 청와대에서 학생대표를 면담한 자리에서 이들이 대통령직에서 물러날 것을 요구하자 "국민이 원해, 국민이 원한다면 물러나야지. 이 나라 국민이 원한다면 물러나야지"라는 말을 남기고 하야했다. 4월 26일 대통령직에서 물러난 이승만은 사저인 이화장에 체류하다 5월 29일 하와이 교포가 마련해준 전세기를 타고 하와이로 떠났다. 출국할 때 이승만 대통령과 프란체스카 여사가 가지고 간 건 옷이 든 트렁크 2개, 식료품이 든 가방 1개, 타자기가 전부였다. 이승만은 하와이 양로원에서 1965년 7월 14일 향년 90세의 나이로 숨졌다. 하지만 4·19 혁명을 계기로 이승만에 대한 평가는 독립운동가이자 건국의 아버지에서 독재자로 추락했다.

남산 이승만 동상의 영욕

51년 전 남산에는 거대한 크기의 이승만 동상이 있었다. 현재 남산 백범광장 자리에 있던 이승만 동상은 높이 81척(동상 7미터, 기단까지 25미터)에 달하는 거대한 규모였다. 조성 당시 동양 최대라는 평을 들었다. 3,000평 대지 면적에 좌대는 270평이었고 팔각의 좌대에는 각 면마다 이승만 대통령의 생애를 조각했다. 동상의 중앙에는 대통령의 상징인 봉황 문장을 부조로 새겼다. '이승만 대통령 80회 탄신축하위원회'의 발의로 1955년 10월 3일 개천절에 착공식을 가졌고 10개월 후인 1956년 8

뒤에 철거된 이승만 동상이 보인다
(대통령기록관 소장)

월 15일 광복절에 맞춰 완공
했다. 그러나 4·19 혁명으로
집권한 민주당이 1960년 7월
동상 철거를 결정했고 8월 19
일 철거가 시작됐다. 당시 국
회의원이던 김두한 등은 중
장비를 동원해 이승만 동상
을 철거했고 이승만 동상은
제막 4년 만에 사라졌다. 그
래서 이승만 동상은 국민들
에게 의해 끌려 내려왔다는
오욕의 역사, 그리고 다시 동
상이 세워졌다는 기록을 갖
고 있다.

　2011년 남산 한국자유총연맹 부지에 동상을 세운 사람은 15·16·17
대 국회의원을 지낸 경북 포항 출신인 박창달 전 의원이다. 이명박 정부
가 출범한 후 한국자유총연맹 회장이 된 박창달 전 의원은 이승만 동상
건립을 강력하게 추진했다. 박창달 회장은 동상 제막식에서 현대사를
다시 세우기 위해 이승만 동상을 다시 만들게 됐다고 밝혔다.

　이승만 박사는 민족사상 처음으로 대한민국 헌정질서를 만들고 북한의
침략으로부터 자유민주주의 체제를 지켜냈으며 오늘날의 발전과 번영

을 가능하게 했던 인물이다. 건국 대통령 이승만 박사의 업적을 폄하하고 음해하는 것은 대한민국의 역사적 정통성과 국가정체성을 부정하는 것이다. 철거 51년 만에 역사적 의미가 있는 남산에 다시 세워지는 이승만 동상이 대한민국 현대사를 바로 세우고 자유와 번영의 통일시대를 준비하는 국민적 상징이 되기를 바란다.

박창달 제막식 기념사

동상 건립비는 자유총연맹이 자체 예산에다 박진 의원 등 33명이 성금을 냈고 한일시멘트가 후원했다. 조각은 김세중조각상과 문신 미술상 대상을 수상하고 홍익대학교 미술대학장을 지낸 김영원 교수가 맡았다. 1998년 대한민국 정부 수립 50주년을 기념해 제작한 3대 국새, 해군사관학교 교정에 설치된 이순신장군상, 광화문 세종대왕상이 그의 작품이다. 2009년 광화문 세종대왕상을 조각한 후 불우이웃돕기를 위해 서울시에 저작권을 무상으로 기증했다. 이후 박원순 서울시장이 신 광화문 광장 조성을 위해 세종대왕상 이전을 거론하자 공개적으로 반대하기도 했다. 조경은 황용덕, 석공 작업은 이종호가 맡았다.

고종에 맞선 투사, 독립운동가, 건국 대통령, 그리고 전쟁 지도자, 독재자

이승만은 20대 젊은 시절 독립협회가 주관한 만민공동회에서 외세의 침략에 저항했다. 당시 전제군주제였던 고종에 맞서 입헌군주제를 주장하는 건 목숨을 내놓는 일이었다. 이승만은 고종 치하에서 무기징역을 선고받고 5년 7개월을 한성감옥에서 복역한 투사였다. 이승만은 한학과 국제정치에 밝은 실력 있는 인물이자 독립운동가로서 명성이 자자했다. 이승만은 한국인으로는 처음으로 미 프린스턴대학에서 국제정치학 박사 학위를 받았다. 여러 차례 과거시험에 응시한 선비로 한성감옥 수감 중에 쓴 체역집(替役集) 등에 160여 편의 한시(漢詩)를 남길 정도로 한시에 뛰어났고 글씨와 난초 그리기에도 일가견이 있었다. 이승만은 미국 하와이와 워싱턴, 중국 상하이에서 해방이 될 때까지 40여 년을 독립운동에 투신했다. 해방 직후 남로당 총수였던 박헌영조차도 이승만을 새 정부의 주석으로 추대할 정도로 독립운동사에 중요한 위치를 차지하는 인물이다. 귀국 후에는 미국과 소련이 실시하려던 신탁통치에 강력하게 저항하면서 1948년 8월 대한민국 정부를 탄생시킨 주역이었다.

대통령이 된 후 이승만은 6·25 전쟁이 발발하기 직전 지주세력이었던 한민당의 반대를 물리치고 농지개혁을 통해 농민들에게 토지를 분배했다. 이승만의 농

건국 대통령 이승만 박사 상

지개혁은 6·25 전쟁 때 북한 공산당이 주장하는 '무상 몰수 무상 분배' 토지개혁에 농민들이 휩쓸리지 않도록 한 원동력이 됐다. 6·25 전쟁 당시 반공포로 석방이라는 벼랑 끝 승부수를 통해 한국 방위의 근간이 된 한미상호방위조약을 이끌어냈다.

평소 교육에 관심이 많았던 이승만은 대통령이 된 후 초등학교 의무교육을 실시했고 대학교육에도 관심을 기울였다. 해방 후 7,800명이던 대학생 수는 임기 말 10배인 76,500명으로 늘어났다. 미래의 에너지원인 원자력에 일찍 눈을 돌려 1956년 정부에 원자력과를 설치했고 1959년 7월에는 원자로 설치공사에 착수했다. 이런 조치는 후일 원자력을 통한 에너지 자립의 토대가 됐다. 이런 업적에도 불구하고 이승만은 민주주의를 훼손시켰다는 비판에서 자유로울 수 없다. 1954년 대통령 중임제를 폐지하고 대통령 3선을 가능하도록 한 사사오입 개헌은 지울 수 없는 멍에로 남아 있다. 이기붕의 3·15 부정선거로 촉발된 4·19 혁명으로 186명이 사망하고 6,259명이 다친 것도 이승만의 노욕이 빚어낸 민족사의 비극이다. 초대 농림부 장관으로 농지개혁을 성공시켰던 조봉암을 사형시킨 것도 대통령 선거 경쟁자 제거를 위한 사법살인이었다는 비난을 피하기 어렵다.

황제정을 버린 무기수 이승만

이승만은 1948년 8월 14일 대한민국 정부가 출범하기 전날 민위방본을 자신의 좌우명으로 썼다. "국민이 나라의 근본"이라는 뜻이다. 민위방본 앞에 있는 글은 '민가근 불가하'다. "백성은 가까이 할 수는 있으나 얕보아서는 안 된다"는 뜻이다. 그는 말년에 '민가근 불가하'가 주는 경고를 잊었다. 이승만은 고종에 맞선 투사, 독립운동가, 대한민국 건국의 아버지, 초대 대통령, 대한민국을 위기에서 구한 전쟁지도자, 남북 분단을 가져온 원흉, 민주주의를 파괴한 독재자 등 다양한 평가를 받고 있다. 이승만이 역사에 남긴 공은 공대로, 과는 과대로 평가해야 한다. 과거시험에 번번이 떨어졌던 이승만, 황제정에 저항했던 조선의 선비 이승만의 가장 큰 공은 국민이 주인인 나라, 민주공화국 대한민국을 유산으로 우리에게 남겼다는 점이다.

회현동 백범광장공원 김구 동상

-과거시험에 낙방했던 대한민국 임시정부 주석

김구(1876~1949)

상하이 임시정부 주석을 지낸 정치가·독립운동가. 한학을 공부했고 조선의 마지막 과거시험에 응시했으나 낙방했다. 동학에 입교해 동학군 접주로 관군과 싸웠으나 패했다. 일본인 밀정 스치다를 처단한 혐의로 사형 선고를 받고 인천에서 복역 중 탈옥하여 공주 마곡사 승려가 되었으나, 이후 환속하여 기독교에 입교했다. 안악 사건으로 체포돼 15년형을 선고받았지만 복역 중 특사로 풀려났고, 3·1 운동 직후 상하이로 망명했다. 이후 이봉창·윤봉길 의거를 지휘하고 대일선전포고를 하는 등 일본이 망할 때까지 독립운동에 투신했다. 해방 후에는 이승만과 함께 반공노선을 견지하면서 미국과 소련의 신탁통치에 반대했고, 남북분단을 막기 위해 평양에서 김일성을 만나는 정치 협상을 시도했으나 실패했다. 1949년 포병 소위 안두희에게 암살당했다. 1962년 건국훈장 대한민국장을 받았다. 박정희 정권의 도움으로 1969년 조선 신궁(현 백범광장공원)이 있던 자리에 동상이 건립됐다.

찾아가는 길

2018년 11월부터 2019년 11월, 2020년 4월까지 김구 동상을 수차례 찾았다. 남산 케이블카가 출발하는 남산순환도로를 따라 올라가기도 했고 힐튼호텔 뒤쪽 남산공원을 따라 올라가는 코스를 택하기도 했다. 김구 동상이 세워진 백범광장공원은 일제 당시 조선 신궁 자리였고, 1956년부터 1960년까지는 이승만 대통령 동상이 서 있던 곳이다. 김구 동상은 백범광장공원 북쪽 끝자락에 자리 잡고 있다.

백범광장공원 백범 김구 선생 상

광장을 중심으로 오른쪽에는 백범 김구 동상, 왼쪽에는 이승만 정부 초대 부통령이자 상하이 임시정부에서 법무총장과 재무총장을 지낸 이시영 선생 동상이 세워져 있다. 김구 동상 오른쪽에는 광장의 주인이 누구인지 알려주는 '백범광장'이라고 새긴 석비가 놓여 있다.

태산교악(泰山喬嶽, 큰 산과 웅장한 봉우리)의 자세

김구 동상은 기단과 좌대를 합쳐 높이만 10미터에 달하는 큰 동상이다. 김구는 오른팔을 앞으로 쭉 뻗어 올리고 왼팔은 자연스럽게 내린 채 주먹을 쥐고 당당히 서 있다. 눈은 작고 특유의 광대뼈가 튀어나와 있

김구 동상 앞 표석 〈백범선생의 동상을 세운 뜻〉

다. 김구를 상징하는 동그란 안경이 인상적이다. 입은 굳게 다물었고 이마에는 주름살 몇 가닥이 선명하다. 전통 두루마기 한복은 발목과 무릎 중간까지 내려올 정도로 길고, 옷고름도 길게 늘어져 무릎 아래 엉덩이 방향으로 휘날리고 있다. 왼발을 앞으로 조금 내밀어서 좌대 밖으로 신발이 삐져나와 있다. 뒤로 젖혀진 두루마기 한복의 질감이 울퉁불퉁 거칠어 보인다.

동상 앞에는 〈백범선생의 동상을 세운 뜻〉이라는 표석이 설치되어 있다. 검은 돌 오석에는 동상을 세운 취지와 동상을 세운 이를 알려주고 있다. 늦가을 동상 앞에는 노란 국화가 위인을 기리고 있다.

한국의 독립운동을 일으킨 무수한 애국지사 중에 백범 김구선생은 어두운 밤하늘에 별을 거느리신 북두칠성이요. 서리산 눈보라 속에 낙락장송을 이마에 인 태산교악(泰山喬嶽: 큰 산과 웅장한 봉우리)의 자세였다. 선생은 나라가 광복된 후에 두 동강으로 끊어진 남북을 통일하려고 노력하셨다. 그러나 통일대업을 이루지 못하신 채 1949년 6월 26일 정오 철천의 한을 품고 순국하시니 우리들의 슬픈 마음 그지없다. 백범김구선생 기념사업회는 선생의 순국 20주년을 맞이하여 만대의 사표이신 선생의 위대한 모습을 동상으로 하여 이곳에 세운다. 백대의 후생들에게 그 의로운 기풍을 본받게 하려는 뜻이다.

1969년 8월 23일 백범김구선생 기념사업협회

동상은 김경승, 민복진 두 사람이 함께 만들었다. 김경승은 숭의여대에 있는 안중근 의사 상과 독립공원 서재필 동상을 만든 인물이다. 만약 김구 동상도 친일인사로 비판을 받고 있는 김경승이 단독으로 만들었다면 철거 위기에서 자유로울 수 없었을 것이다. 민복진(1927~2016)은 고려대 4·18 의거 기념탑, 어린이대공원 남강 이승훈 선생 상, 충남 예산군 충의사 매헌 윤봉길 의사 상, 서울대공원 단재 신채호 선생 상을 만든 작가다. 한국 구상조각 1세대 작가로 가족의 사랑과 정감을 부드럽고 따뜻한 감성으로 표현한 작품을 많이 제작했다.

첫째도 독립 둘째도 독립, 백범광장공원 김구 동상

황해도 해주에서 태어난 김구는 서당에서 공부를 시작했고 1892년 조선의 마지막 과거시험에 응시했다가 낙방했다. 18세인 1893년 동학에 입교해 '창수'로 이름을 바꿨고 그 다음해 황해도 동학농민군 선봉장으로 해주성을 공격했으나 패배했다. 이후 1896년 안악 치하포에서 명성황후 시해에 대한 복수로 일본인 밀정 스치다를 처단했다가 잡혀 사형 선고를 받았다.

인천감옥에 수감 중이던 김구는 고종 황제의 특사로 극적으로 사형을 면했고, 1898년 탈옥에 성공해 삼남 지방으로 도피한 뒤 마곡사에서 '원종'이라는 법명을 받고 출가했다. 이듬해 환속한 김구는 기독교에 입문한 후 서명학교 교사·해석교육총회 학무총감·재령 보강학교 교장으로 일하면서 민족 교육 사업에 주력했다. 1911년 안명근이 주도한 안악 사

백범 김구 선생 약전과 석조 부조

건으로 다시 체포돼 15년형을 선고받고 서대문형무소에서 5년을 복역
했다. 투옥 중이던 1915년 이름을 '구', 호를 '백범'으로 바꿨다.

김구가 중국으로 망명한 건 3·1 운동 직후인 1919년 3월 29일로 당시
나이는 44세였다. 임시정부에서 경무국장으로 업무를 시작한 김구는
1922년 내무총장, 1926년 국무령, 1930년 재무장을 맡는 등 임시정부를
실질적으로 지휘했다. 1931년에는 한인애국단을 만들어 이봉창, 윤봉
길 의사의 의열투쟁을 이끌었고 이를 계기로 1933년 중국 장제스(장개석
蔣介石)와 만나 중국 군관학교에 한국독립군 훈련반을 설치하기로 합의
했다.

1937년 중일전쟁이 발발하자 김구는 임시정부를 상하이에서 진강·장사·광주·유주·기강·중경으로 옮기면서 대일투쟁을 주도했다. 김구가 임시정부 주석직을 맡은 건 65세인 1940년 10월이었다. 1943년 장제스에게 카이로회담에서 한국의 독립을 거론해줄 것을 요청했고 1945년 8월에는 미국과 국내진공작전을 협의했다. 1945년 8월 15일, 해방이 되자 석 달 뒤인 11월 23일에 귀국하면서 26년 만에 조국의 땅을 밟았다. 귀국 후 김구는 한국독립당을 결성해 미국과 소련의 신탁통치반대운동에 나섰다. 김구는 제헌 의회 선거에 반대하고 1948년 4월 김규식과 함께 평양으로 가서 김일성을 만났으나 성과는 없었다. 1948년 5월 10일 제헌 의회 선거를 계기로 정국은 대한민국 정부 수립을 위한 일정으로 급속하게 바뀌었다. 김구는 조국통일을 위한 남북협상을 희망했지만 총선에 참여하지 않았던 탓에 역할은 계속 축소됐다. 1949년 6월 26일, 경교장에서 74세의 김구는 육군 장교 안두희에게 암살당했다. 이승만 사주설 등 배후를 놓고 여러 말이 많았지만 안두희는 끝내 입을 열지 않고 사망했다.

김구의 일생을 적은 약전은 동상 뒤에 별도로 설치되어 있다. 오석으로 된 판석 4개를 연이어 붙여 조성했고 『백범일지』에 나오는 「나의 소원」으로 시작된다. 약전의 글은 시인이자 소설가인 노산(鷺山) 이은상이 썼다.

박정희 대통령과 장제스 총통의 휘호

동상 좌대 정면에는 '대한민국임
시정부주석 백범김구선생 상'이라
는 글씨가 있고 왼쪽에는 한국을 18
년간 통치한 박정희 전 대통령의 휘
호가, 오른쪽에는 대만의 국부로 일
컬어지는 장제스 전 총통의 휘호가
각각 새겨져 있다. 박정희는 동상
건립에 결정적인 도움을 줬고 장 총
통은 김구와의 각별한 인연이 있기
때문에 김구 동상에 두 사람의 휘호

박정희 전 대통령 휘호

가 있게 된 것이다. 박정희는 김구선생기념사업협회가 김구 서거 20주
년을 맞아 동상 건립을 추진하자 이승만 동상이 철거돼 비어 있던 자리
에 세울 수 있도록 했다. 박정희가 금일봉을 전달하자 쌍용그룹 사주이
자 당시 집권당인 공화당 사무총장 김성곤 씨가 500만 원을 내는 등 동
상 건립비 2,100만 원도 순조롭게 모금됐다.

동상 건립문을 쓴 소설가인 월탄(月灘) 박종화(1901~1981), 약전(略傳)을
쓴 노산 이은상(1903~1982), 동상 제호를 쓴 김충현도 모두 박정희와 가까
운 인물이다. 오석으로 만든 휘호 판석에는 '위국성충은 일월과 같이 천
추만대에 기리 빛나리, 백범 김구 선생 동상 건립에 즈음하여 대통령 박
정희'라는 글씨와 함께 '정희'라는 낙관이 찍혀 있다. 위국성충(爲國誠忠)

은 나라를 위한 충성, 일월(日月)은 해와 달, 천추만대(千秋萬代)는 후손 만대에 이르기까지의 긴 시간을 말한다. 즉, "나라를 위한 백범김구의 충성은 해와 달과 같이 대대손손 영원히 빛날 것"이라는 뜻이다. 동상이 세워질 즈음에는 한글전용이 강조되던 시기였다. 위국성충, 일월, 천추만대는 한자어지만 특별한 설명 없이 한글로만 썼다.

장제스 총통의 휘호는 박정희 대통령 휘호보다 글자 수도 많고 빽빽하다. 오석판에 '백범 김구 선생 동상 건립 기념'이란 제목으로 '爲國家求獨立爲民族爭 自由爲哉斯人興滅繼絶 取義成仁見大節於顚沛 昭正氣於天秋(위국가구독립위민족쟁 자유위재사인흥멸계절 취의성인견대절어전패 명정기어천추)'라 쓰고 '中華民國 總統 蔣中正(중화민국 총통 장중정)', 그리고

중화민국 장제스 총통 휘호

낙관을 찍었다. '장중정(蔣中正)'은 장제스 총통의 본명이다. 휘호 내용은 "국가독립과 민족자유를 위해 헌신하신 이 위인, 대의를 위해 생명을 잃는 것도 불사한 위대한 인품이 영원히 후세에게 전할 수 있다(구한승 역)"는 뜻이다. 장 총통은 동상 제막 당시 이 휘호와 함께 총리급인 쑨커(孫科) 전 행정원장을 특사로 보냈다.

김구와 장제스는 김구가 중국에서 독립운동을 할 때 인연을 맺었다.

두 사람이 만나게 된 계기는 1933년 4월에 있었던 윤봉길 의사의 홍커우공원 의거였다. 김구 선생이 주도한 한인애국단 소속 윤봉길 의사가 홍커우공원에서 일본군 사령관 등 20여 명을 살상하자 중국인들은 한국인들의 대일투쟁을 지원하게 됐다. 백범은 그해 5월 국민당 주석이던 장제스에게 기병학교 설립을 제안하는 서한을 보냈고 석 달 뒤인 8월 난징에서 첫 회담이 이뤄졌다. 이후 중국 정부는 한국인 무관학교 설치 등 김구와 임시정부를 물질적·정치적으로 지원하는 후원자가 됐다. 중일전쟁으로 상하이가 일본에 점령당한 후에는 장제스의 도움으로 장사·광주·중경으로 임시정부가 이동할 수 있었다. 장제스는 장사에서 김구가 조선혁명당 출신 이운한의 총격 테러로 목숨이 위태롭게 되자 병원을 알선하고 치료비를 대줬다. 장제스는 1943년 11월 미국 루즈벨트 대통령, 영국 처칠 수상, 그리고 자신이 참석한 카이로회담에서 "조선의 독립"이라는 문구가 들어갈 수 있도록 노력했고 광복군의 국내정진작전을 위한 곤명 주재 OSS(미군 전략 특수공작대) 본부와 한미 군사합작 합의 과정에도 도움을 줬다. 하지만 장제스는 1941년 11월 광복군의 모든 행정과 작전은 중국군사위원회의 통할 지휘를 받아야 한다는 내용의 '한국광복군 9개 행동 준승'을 맺도록 압박을 가하는 등 광복군을 지속적으로 자신의 통제 아래 두기 위해 김구에게 압력을 행사하기도 했다.

남산과 김구, 안중근의 인연

남산은 265.2미터의 높지 않은 산이다. 하지만 조선 태조가 한양을 도읍으로 정할 때 안산(案山) 겸 주작(朱雀)에 해당되는 중요한 산이었고, 그 이후에도 우리 역사에서 빠질 수 없는 현장이었다. 특히 남산은 일본과의 역사에서 중요한 자리를 차지하고 있다. 임진왜란 당시 왜군은 현재의 웨스턴조선호텔 자리인 남별궁에 지휘부를 설치하고 예장동 일대에 1,500명을 1년 간 주둔시켰다. 300년 후인 구한말과 일제 강점기에는 통감부와 총독관저, 병영, 신사, 공원 등 일제 통치에 필요한 각종 시설을 설치했다. 현재 애니메이션센터 자리에는 통감부, 서울유스호스텔로 가는 은행나무 앞 길목에는 통감 관저, 남산 백범광장과 안중근기념관 자리에는 조선 신궁, 숭의여대 자리에는 경성 신사, 리라초등학교 자리에는 노기 신사가 있었다.

통감부에서 시작해 조선 신궁까지 이어지는 남산자락은 당시 서울을 대표하는 한양공원이었다. 특히 조선 신궁은 조선을 상징하는 신사였다. 1925년 5월 남산 중턱 일대 12만여 평의 넓은 부지에 일본 개국신으로 불리는 천조대신과 메이지 일왕의 신주를 봉안했다. 이곳에서는 1931년 만주사변, 1937년 중일전쟁, 1941년 태평양전쟁 등 전쟁에 희생된 군인들을 위한 기원제가 열렸다. 일본인들은 을미사변 때 숨진 충신과 열사들을 기리는 장충단에는 벚꽃을 심었고 현재 신라호텔 자리에는 이토 히로부미를 기리는 사당인 박문사를 지어 추모했다. 용산 쪽 남산 자락은 1904년부터 실질적인 일본군 주둔지였다. 1882년 임오군란으로 진입한 청나라 군대 3,000명이 주둔했지만 곧 청일전쟁에서 패배하면서 물러났고 그 자리를 일본이 차지했다. 일본은 1904년 러일전쟁에서 승리한 후 연차적으로 용산 일대 300만 평을 군사기지로 확보했다. 이후 그곳은 1910년부터 1945년까지 일본군 조선군주둔사령부 및 20사단 주둔지가 됐다. 남산에서 타고 내려온 산줄기인 경리단길 주변은 일본군 사격장이었다.

　일제가 패망한 후 이런 흔적을 지우기 위한 작업이 시작됐다. 1956년 8월 이승만 대통령은 자신의 동상을 조선 신궁 자리에 세웠고 1959년에는 경성 신사 자리였던 숭의여대에 안중근 동상을 건립했다. 하지만 남산에 본격적으로 독립운동가와 선열들의 동상이 세워지기 시작한 것은 박정희가 정권을 잡은 후다. 김구·안중근·이준 등의 애국지사, 삼국시대의 영웅인 김유신 장군, 조선의 대학자 다산 정약용과 퇴계 이황, 그리고 가장 최근 인물로는 재일본거류민단 의장을 지낸 김용환 지사의 동상이 박정희 시대에 세워졌다. 이들 중에서 핵심적인 인물은 김구와 안중근이다. 김구와 안중근 집안은 우리 독립운동사에 중요한 비중을 차지하고 있다. 김구는 동학농민전쟁 때인 1895년 동학군 진압군으로 나섰던 안중근의 부친 안태훈에게 잠시 몸을 의탁한 걸 계기로 안중근 집안과 3대에 걸쳐 깊은 인연을 맺었다. 김구는 1909년 안중근이 이토 히로부미를 저격하자 연루를 의심한 일본 경찰에게 끌려갔고, 안중근의 사촌 안명근이 서간도에 무관학교를 설립하기 위해 자금을 모금하다가 검거됐을 때도 다시 구속됐다. 인연은 중국에서도 이어졌다. 1919년 4월 상하이 대한민국 임시정부에서 김구는 임시정부 경무국장, 안중근의 둘째 동생 안정근은 내무차장이었다. 안중근의 셋째 동생인 안공근은 '김구의 오른팔'로 불린 최측근으로 김구가 비밀리에 운영하던 한인애국단의 실질 책임자였다. 김구는 안공근의 장남 안우생을 비서로 썼고 안중근의 조카 안미생을 큰며느리로 맞았다. 20대 젊은 나이로 중국에서 요절한 김구의 큰아들 김인이 안미생의 남편이다.

이승만과 김구, 애증의 57년

김구와 이승만은 일생 동안 수차례 만났다가 헤어졌고 협력과 갈등 관계가 계속됐다. 김구는 1892년 조선의 마지막 과거시험에 응시했다 떨어졌다. 이승만은 열세 살 때부터 계속해서 과거를 봤고 과거시험에 떨어진 후 배재학당에 진학했다는 기록이 남아 있다. 그래서 1892년 과거시험장이 두 사람이 만난 첫 장소였을 가능성이 있다.

김구와 이승만이 직접 만난 건 중국 상하이였다. 이승만은 1919년 4월 대한민국 임시정부 국무총리에 이어 1919년 9월 대통령에 추대됐다. 하와이에서 온 이승만은 1920년 12월부터 약 6개월 동안 상하이에 머물면서 대통령직을 수행했다. 당시 김구는 임시정부 경무국장이었다. 김구와 이승만이 다시 만난 건 해방 후였다. 두 사람은 미군정에 맞서 미국과 소련의 신탁통치안에 반대하고 반공주의자라는 공통점이 있었다. 김구는 『백범일지』에서 "나의 정치 이념은 한마디로 표시하면 자유"라고 밝혔다. 그러면서 조선을 지배했던 주자학, 북한이 신봉하는 마르크스 독재에 반대하는 입장을 분명하게 드러냈다. 통일을 지향했지만 허술한 통일지상주의는 철저히 배격했다. 김구의 생각은 그의 저서 『백범일지』 발간사, 그리고 「나의 소원」에 명확하게 드러나 있다.

「나의 소원」이 새겨진 판석

일부 소위 좌익(左翼)의 무리는 혈통(血統)의 조국(祖國)을 부인(否認)하고 소위 사상(思想)의 조국을 운운(云云)하며, 혈족의 동포를 무시하고 소위 사상의 동무와 프롤레타리아트의 국제적(國際的) 계급(階級)을 주장하여, 민족주의(民族主義)라면 마치 이미 진리권(眞理圈) 외에 떨어진 생각인 것같이 말하고 있다. 민족의 행복은 결코 계급투쟁에서 오는 것도 아니요, 개인의 행복도 이기심에서 오는 것이 아니다. 계급투쟁은 끝

없는 계급투쟁을 낳아서 국토에 피가 마를 날이 없고, 내가 이기심으로 남을 해하면 천하가 이기심으로 나를 해할 것이니, 이것은 조금 얻고 많이 빼앗기는 법이다.

「나의 소원」은 김구의 정치철학과 사상을 밝힌 논문으로 1947년에 발표되었다. 우파 민족주의자이자 자유주의자로서의 김구의 정치적 이념과 사상을 잘 드러낸 글이다. 김구는 당시 친미파와 친소파가 날뛰면서 사상적 혼란이 가중되자 자주적 민족철학과 사상을 정립하는 데 참고와 자극을 주기 위해 자신의 자서전인 『백범일지』 뒤에 「나의 소원」을 부가했다. 「나의 소원」은 1947년 12월 15일 '국사원본'이 간행될 때 처음 수록되었다. 김구 동상 뒤 왼쪽에는 「나의 소원」이 오석판에 새겨져 있다.

나의 정치 이념은 한마디로 표시하면 자유다. 우리가 세우는 나라는 자유의 나라라야 한다. 자유와 자유 아님이 갈리는 것은 개인의 자유를 속박하는 법이 어디서 오느냐 하는 데 달렸다. 자유 있는 나라의 법은 국민의 자유로운 의사에서 오고, 자유 없는 나라의 법은 국민 중의 어떤 일 개인 또는 일 계급에서 온다.

일 개인에선 오는 것을 전체 또는 독재라 하고 일 계급에서 오는 것을 계급독재라 하고 통칭 파쇼라고 한다. 모든 계급독재 중에서도 가장 무서운 것은 철학을 기초로 한 계급독재다. 수백 년 동안 이씨 조선에 행하여 온 계급독재는 유교, 그중에서도 주자학파의 철학을 기초로 한 것이어서, 다만 정치에 있어서만 독재가 아니라 사상, 학문, 사회생활, 가정생활, 개인생활까지도 규정하고 마는 독재였었다. 시방 공산당이 주장하는 소련식 민주주의란 것은 이러한 독재정치 중에도 가장 철저한 것이어서, 독재정치의 모든 특징을 극단으로 발휘하고 있다. 만일 이러한 정치가 세계에 퍼진다면 전 인류의 사상은 마르크스주의 하나로 통일될 법도 하거니와, 설사 그렇게 통일이 된다 하더라도 그것이 불행히 잘못된 이론일진대 그런 큰 인류의 불행은 없을 것이다. 언론, 투표, 다수결의 복종이라는 절차만 밟으면 어떠한 철학에 기초한 법률도 정책도 만들 수 있으니, 이것을 제한하는 것은 오직 그 헌법의 조문뿐이다. 그런데 헌법도 결코 독재국의 그것과 같이 신성불가침의 것이 아니라 민주주의의 절차로 개정할 수가 있는 것이니, 이러므로 민주, 즉 백성이 나라의 주권자라 하는 것이다.

이를 두고 손세일은 김구와 이승만의 공통점을 "항일독립, 반공반탁, 보수우파 민족주의, 기독교 믿음"이라고 정리했다. 김구와 이승만이 갈라선 결정적 이유는 단독정부 수립이었다. 이승만은 남한만의 단독정부 수립을 추진했지만 김구는 영구 분단이 우려된다며 반대했다. 이승만은 1948년 8월 15일 초대 대통령으로 대한민국 최고 지도자의 자리를 차지했고 김구는 그 다음 해인 1949년 6월 암살됐다. 이승만이 집권 후에도 백범 김구의 존재를 의도적으로 무시하면서 두 사람의 관계는 끝내 회복되지 못했다.

우파에서 중도좌파의 상징이 된 김구

이승만 시대에 철저히 무시됐던 김구가 다시 살아난 건 박정희 전 대통령이 집권하면서부터다. 박정희는 김구가 상하이 임시정부 경무국장을 시작으로 주석직에 오를 때까지 한국의 독립을 위해 헌신한 점을 주목했다. 이 시기에 남산에 백범광장이 조성됐고 김구 동상이 세워졌다. 김구는 전두환, 노태우, 김영삼 대통령 시절에도 우파의 민족지도자였다. 김구가 좌파를 상징하는 인물처럼 바뀌기 시작한 건 2000년 전후였다.

백범광장 김구 동상

좌파 역사가들은 김구가 상하이 임시정부에 좌우 연합정부 수립을 시도하고 해방정국에서 민족의 통일을 주장하며 남한 단독정부 수립에 끝까지 반대한 것에 주목했다. 이승만은 반공을 주장했고 남한에서 총선을 통해 대한민국을 수립한 장본인이다. 좌파 역사가들은 이런 이승만을 반(反)민족·반통일 친미주의자로 공격했고 김구를 대항마로 내세웠다. 해방정국에 이승만과 김구의 대립, 특히 암살로 끝난 김구의 비극적 죽음은 이런 경향을 부추기는 충분한 소재가 됐다. 그러나 김구에 대한 좌파의 애정은 2017년 문재인 정권이 탄생하면서 식었다. 대신 1944년 임시정부에서 군무부장을 지낸 김원봉이 부상했다. 김원봉은 의열단을 조직해 국내의 일제 수탈 기관 파괴, 요인 암살 등 무정부주의적 투쟁을 전개한 독립투사다.

하지만 중국에서 임시정부 합류 전에 지휘했던 조선의용군 병력의 3분의 2는 그와 결별해 화북으로 북상했고 중국공산당에 배속됐다. 이들 부대원 중 일부는 후일 북한군의 주역으로 6·25 전쟁 때 남침 선봉부대가 됐다. 김원봉 또한 1948년 남북협상 때 월북해 노동상, 최고인민회의 상임위원회 부위원장 등의 고위직으로서 북한 정권을 위해 일했다. 해방이 될 때까지 김구와 김원봉 두 사람 모두 독립투쟁에 헌신했지만 같은 반열에 둘 수 없는 이유가 여기에 있다.

과거시험에 낙방한 대한민국 임시정부 주석

김구는 1892년 조선의 마지막 과거시험을 봤던 조선의 선비였다. 1896년 당시 명성황후 살해의 죄를 물어 밀정 스치다를 처단한 행적과 그 주장을 보면, 그 당시까지만 해도 김구는 전제왕권의 나라 조선을 지키겠다는 존왕주의자였을 가능성이 농후하다. 그러나 1911년 안악 사건으로 5년 간 복역한 후, 1919년 3·1 운동 직후 상하이로 망명한 김구는 철저한 공화주의자로 변신했다. 1987년 개정된 현행 9차 개헌 헌법 전문에는 "대한국민은 3·1 운동으로 건립된 대한민국 임시정부의 법통"이라는 문구가 들어가 있다.

유구한 역사와 전통에 빛나는 우리 대한국민은 3·1 운동으로 건립된 대한민국 임시정부의 법통과 불의에 항거한 4·19 민주 이념을 계승하고, 조국의 민주개혁과 평화적 통일의 사명에 입각하여 정의·인도와 동포애로써 민족의 단결을 공고히 하고, 모든 사회적 폐습과 불의를 타파하며, 자율과 조화를 바탕으로 자유민주적 기본질서를 더욱 확고히 하여 정치·경제·사회·문화의 모든 영역에 있어서 각인의 기회를 균등히 하고, 능력을 최고도로 발휘하게 하며, 자유와 권리에 따르는 책임과 의무를 완수하게 하여, 안으로는 국민생활의 균등한 향상을 기하고 밖으로는 항구적인 세계평화와 인류공영에 이바지함으로써 우리들과 우리들의 자손의 안전과 자유와 행복을 영원히 확보할 것을 다짐하면서 1948년 7월 12일에 제정되고 8차에 걸쳐 개정된 헌법을 이제 국회의 의결을 거쳐 국민투표에 의하여 개정한다.

-9차 헌법 전문

대한민국 임시정부는 대한민국 정통성의 뿌리다. 그런 대한민국 임시정부를 상징하는 인물이 김구다. 민족의 역사라는 큰 무대에서 김구가 했던 가장 큰 역할은 민주공화국을 탄생시킨 주역이라는 점이다. 조선의 마지막 과거시험에서 낙방한 선비 김구는 전제정으로 돌아가지 않았다.

제3장
명동·서울역 권역

명동 나석주 열사 동상

-식민지 수탈의 본산 동양척식회사에 울린 총성

나석주(1892~1926)

나석주는 조선식산은행과 동양척식회사에 폭탄을 투척하고 일본 경찰 3명과 4명에게 부상을 입힌 후 자결한 독립운동가이다. 보명학교와 김구가 설립한 양산학교에서 수학한 뒤, 북간도로 망명하여 동림무관학교에서 군사교육을 받았다. 3·1 운동 후에는 대한독립단 특파대원으로 활동했다. 김원봉이 만든 의열단 단원이었으나 상하이 임시정부에서 김구 산하 병인의용대 대원으로 활동하는 등 김구 계열 인물로 분류된다. 유림 독립운동가 김창숙에게 무기를 건네받고 1926년 12월 마중덕이란 가명으로 국내에 들어와 그달 28일 식산은행과 동양척식회사에 폭탄을 던졌다. 그러나 폭탄이 불량이라 폭발하지 않자 진압에 나선 일본 경찰과 싸우다 산화했다. 1962년 건국훈장 대통령장이 추서됐다. 서영훈 전 대한적십자사 총재가 위원장을 맡은 나석주열사동상건립위원회가 1999년 동양척식회사 자리인 명동 하나은행 앞에 동상을 세웠다.

찾아가는 길

나석주 동상이 세워져 있는 곳은 KEB하나은행(구 외환은행 본점) 건물 앞 명동 쪽 출구 부근이다. 서울 지하철 2호선 을지로입구역 2번 출구로 나와 10여 미터를 이동하면 된다. 사무실 근처에 있는 동상이라 따로 찾을 필요가 없어 수시로 동상을 방문했다. 나석주 열사는 일제 침략의 선봉인 조선식산은행과 동양척식회사에 폭탄을 던지고 자결한 인물이다. 늦가을에 나석주 동상을 찾았더니, 일본인 서너 명이 호기심을 보이며 사진을 찍고 있었다.

이들이 나석주가 조선식산은행과 동양척식회사에 폭탄을 던진 사람

나석주 열사 동상

이란 걸 알고 있는지 궁금해진다. 그들과 달리 명동을 오가는 수많은 사람들은 나석주 동상을 무심히 지나치고 있다. 대신 동상 뒤에는 살아 천년, 죽어 천년이라는 주목나무가 병풍처럼 그를 호위하고 있었다.

명동에서 가장 멋진 신사가 된 나석주

나석주 동상은 '義烈團(의열단)'이라고 쓴 두루마리 원고를 오른손에 쥐고 왼손은 주먹을 꽉 쥔 채 정면을 보고 서 있는 브론즈 전신상이다. 높이는 2.3미터로 부담을 주지 않는 적당한 크기다.

나석주 열사의 상 제호

동상을 받치고 있는 좌대는 2단 구조로 되어 있다. 아래에는 마름모꼴 석재가 설치되어 있고, 그 위에 오석을 올린 후 동상을 세웠다. 마름모꼴 석재에 〈나석주 열사의 상〉이라는 금속으로 만든 글씨가 부착되어 있다. 오석에도 〈나석주 열사의 상〉이라는 글씨를 새겨 넣었다. 동상의 색깔은 푸른빛으로 청동의 느낌이 살아 있다. 단정하게 빗은 머리카락, 부릅뜬 눈, 굵은 눈썹, 굳게 다문 입술이 열사의 결연한 의지와 굳은 심지를 잘 보여주고 있다. 당시에 최신식인 쓰리 버튼 정장에 바지는 턴업(커프스 바지 밑단을 접어서 모양을 내는 것)을 했으며 끈이 있는 정장 구두를 신고 있다.

나석주는 조선에서 가장 번화한 곳인 명동에서 폭탄을 던지기 위해 멋진 신사로 변신했다. 당시 '메이지마치'로 불린 명동은 '혼마치(本町)'로 불렸던 충무로와 함께 대표적인 일본인 거주지였다. 이 거주지는 남산을 중심으로 충무로·명동·을지로·회현동·남대문·태평로까지 이어졌다. 공공기관이나 금융기관 등 각종 상업시설에 유곽과 각종 술집 등 유흥시설도 즐비해 식민지 조선에서 가장 번화한 곳이었다. 일본인의 정신적 지주였던 조선 신궁이 있는 남산으로 가는 길목이기도 했다. 나석주가 폭탄을 던진 조선식산은행은 현재 소공동 롯데호텔 자리에, 동양척식회사는 중구 을지로2가에 있는 현 명동 하나은행 자리에 있었다. 동양척식회사는 한반도 토지잠식의 총본산으로 조선 농민들에게는 원망의 대상이었다. 조선식산은행은 1918년 10월 설립된 특수은행으로 산업자금을 대출해 일본의 경제 침략에 큰 역할을 수행했으며, 동양척식회사의 실질적인 지배를 받으며 성장했다.

'대한독립단' 단원에서 임시정부 경호국 경호원으로

나석주 열사의 생애를 적은 약전은 오른쪽은 한글, 왼쪽은 영어로 작성돼 동상 양쪽에 동판으로 부착되어 있다.

나석주 열사의 생애와 의거

나석주 열사(1892~1926)는 우리나라가 일본에 강탈당한 주권과 자유와 경제를 되찾기 위하여 1926년 12월 28일 경제 침략의 본거지인 조선식산은행과 동양척식회사에 폭탄을 던지고 장렬하게 자결하여 우리 겨레에게 민족혼을 일깨우고 세계만방에 일제의 수탈을 고발하였다. 나 열사는 최후의 순간 "나는 조국의 자유를 위해 투쟁하였다. 2천만 민중아 쉬지 말고 분투하라"고 절규하였다고 전한다.

나 열사는 황해도 재령에서 태어나 3·1 운동과 독립군 군자금 모금에 가담한 뒤 망명하여 임시정부의 의열단에 참여했고 김구, 김창숙 선생으로부터 사명을 받아 거사를 결행하여 마침내 애국혼이 되었다. 나석주열사기념사업회와 민족정기회는 우리 민족의 독립과 행복을 위한 역사의 장거를 기려 그 현장에 동상을 세운다.

1999년 11월 17일 나석주열사동상건립위원회

나석주는 1892년 황해도 재령에서 태어나 보명학교에서 공부했다. 1910년 일제가 조선을 병탄하자 주권 회복에 신명을 바칠 것을 맹세했고, 3년 뒤인 1913년 무렵 북간도로 떠나 이동희가 설립한 동림무관학교에 입학해 8개월 간 군사교육을 받았다. 3·1 운동이 1919년에 시작되자 황주군에서 동지들과 함께 태극기를 만들어 겸이포 시민들에게 나누어 주고 만세운동을 선도하다 경찰에 구금됐다.

3·1 운동 후에는 '대한독립단' 국내 특파대 대원으로 활동했다. 대한 독립단은 만주에서 군대 양성과 함께 조선에 단원을 파견해 일제 기관을 습격하고 군자금 모금 활동을 벌인 단체다. 나석주는 1921년 1월 4일 최세욱 등 동지 5명과 함께 황해도 사리원 갑부 최병항의 집에 침입했다. 나석주는 절을 한 뒤, "저희는 일반 강도가 아닙니다. 조국의 독립을 꾀하고자 군자금을 마련하려는 젊은이들입니다"라고 말했다. 최병항은 "너, 석주로구나. 그 복면을 쓰고 있을 필요가 없다. 그래 춘부장 어른께서도 편안하신가?"라며 630원이라는 거액을 내놨다. 나석주 등 6명은 황급히 절을 하고 "저희가 떠나면 즉시 왜경에게 연락하십시오" 하고 떠났다. 사리원경찰서가 발칵 뒤집혔고 형사들이 나석주의 집을 급습했으나 이미 몸을 피한 뒤였다. 그 후에도 안악의 부호 김응석, 원형락 등의 집에 들어가 군자금 모금활동을 벌였다. 수사망이 점점 좁혀오자 나석주는 1921년 10월 중국으로 망명해 대한민국 임시정부 경무국 경호원이 됐다. 당시 경무국장은 백범 김구였다.

의열단(義烈團) 소속임을 알려주는 두루마리

동상에서 가장 눈길을 끄는 건 펼쳐진 두루마리에 쓰인 義烈團(의열단)이다. 의열단은 1920년대 일본 고관(高官) 암살과 관공서 폭파 등의 활동을 펼친 항일 무력독립운동 단체다.

의열단은 1919년 11월 9일 중국 길림성에서 김원봉, 윤세주 등 13명이 모여 결성하였다. 이들은 조선총독 이하 고관과 군부 수뇌·대만

총독·매국노·친일파 거두·적탐(밀정)·반민족적 토호를 처단하고 조선총독부·동양척식주식회사·매일신보사·경찰서·기타 왜적의 중요 기관을 파괴하는 등의 무장투쟁을 전개했다. 나석주는 1925~1926년 무렵에 의열단에 가입했다. 일본이 작성한 '재외불령선인 정보보고서'에는 나석주가 1925년 2월에 의열단원이었다고 기록되어 있다. 반면 의열단 간부였던 류자명의 회고록에는 나석주가 1926년 5월 의열단에 가입했다고 적혀 있다. 나석주의

'의열단'이 새겨진 동상 두루마리

의열단 가입 시기를 놓고 두 기록 사이에 1년 이상 차이가 나지만, 어느 내용이 맞는지는 확인하기 어렵다.

나석주는 김원봉이 주도해 만든 의열단 단원이기는 했지만 백범 김구 쪽 사람으로 분류된다. 나석주는 1908년 무렵 김구가 교장으로 있던 양산학교를 다닌 김구의 제자였고, 김구가 1924년 상하이 임시정부 경무국장으로 일할 때 그 밑에서 병인의용대 대원으로 활동했다. 병인의용대는 임시정부의 권위를 훼손시키는 친일파 관리와 밀정 처단을 목적으로 만들어진 일종의 임정 보위 결사대였다. 나석주는 각각 1924년 9월 11일과 1925년 7월 28일 김구에게 편지를 보내 자신의 의열투쟁 계획과 함께 서울로 들어가기 위해 기다리고 있다는 소식을 알렸다. 그리고

1926년 봄, 운명을 바꿀 만남이 상하이에서 이뤄진다. 유림을 대표하는 독립운동가 김창숙 선생은 상하이에서 김구 선생 등과 만나 청년결사대를 국내로 보내서 친일파를 박멸하고 적의 심장부를 격파하자고 제안했다. 이를 받아들인 김구는 나석주와 함께 의열단원 이화익을 적임자로 추천했다. 나석주에게 무기와 자금을 건네준 사람은 유림 출신 독립운동가 김창숙이었다. 김창숙은 1926년 4월 무렵 의열단 간부 류자명과 함께 천진에서 나석주를 만나 폭탄 3개를 전달했고 7월에는 거사자금 1,000원을 지급했다. 그와 동시에 경제 침탈의 총본산인 조선식산은행과 동양척식주식회사를 파괴해 일제의 침탈을 응징하라는 지시를 주었다.

나석주는 1926년 12월 24일 마중덕이란 중국인 노동자로 위장해 권총 1정과 폭탄 3개를 들고 인천으로 들어오는 데 성공했다. 서울로 잠입한 나석주는 12월 28일 오후 2시 조선식산은행에 폭탄을 던졌고, 이어 동양척식회사로 이동해서 폭탄을 투척했다. 그러나 동양척식회사와 식산은행에 던진 폭탄 두 개는 불량으로 터지지 않았다. 나석주는 포위망이 좁혀오자 권총으로 경기도 경찰과 경부보였던 경감 다하타 유이치 등 3명을 죽이고 4명에게 부상을 입힌 후 자결했다.

나석주와 김상옥, 그리고 서영훈 대한적십자사 총재

나석주 동상은 나석주열사동상건립위원회가 건립했다. 동상 옆에는 위원회 명단 26명의 이름이 새겨진 동판이 부착되어 있다. 나석주 동상

명동 나석주 열사상

을 세우는 과정에서 재정적으로 큰 도움을 준 사람은 대구에 사는 우종목 선생이었다.

나석주열사동상건립위원장 서영훈(1920~2017) 전 대한적십자사 총재는 2004년 한국일보에 "민족 사업에 뜻이 있던 우종목 선생과 그의 계씨 등이 돈을 모아 동상 건립비로 1억 2,000만 원을 희사했다. 여기에 모금한 약간의 돈을 합쳐 나석주 의사 의거 장소인 동양척식회사가 있던 현 명동입구 외환은행 뒤뜰에 1999년 가을, 동상을 건립하고 제막식을 가졌다"고 기고했다. 특이하게 서영훈 총재는 비슷한 시기에 세워진 김상옥열사동상건립위원회 위원장도 맡고 있었다.

　동상 조각은 어린이대공원 소파 방정환 동상, 교보문고 앞 소설가 염상섭 동상 등을 만든 김영중이 담당했다. 글은 김도현, 글씨는 이동익이 썼다. 동상 옆에는 '1926년 12월 나석주 의사가 일제 동양척식회사에 투탄하고 일본 경찰과 총격전 중 자결한 곳'이라고 쓰인 작은 표석이 있다. 처음 동상을 세울 때는 의사(義士)였으나 2015년 1월 열사(烈士)로 바뀌었다.

식민지를 수탈하는 동양척식회사에 울린 총성

　1926년 거사 직전 나석주는 조선일보에 자신의 의거를 알리는 글을 보냈다. 이 글은 의거 당시에는 보도되지 못하고 사진 촬영본으로 보관되어 있다가 해방 후인 1947년 12월 조선일보 지면에 게재됐다.

조선일보사 귀중

계자 본인은 우리 2천만 민족의 생존권을 찾아 자유와 행복을 천추만대에 누리기 위하여 의열남아가 희생적으로 단결한 의열단의 일원으로서 왜적의 관·사설기관을 파괴하려고 이번에 서울에 도착한바 휴대물품을 동척회사·식산은행에 선사하고 힘이 남으면 본정 1, 2, 3, 4정까지 출두하여 시가전을 하고 자살하겠기로 맹세코 실행 전에 동포동족에게 보고하오니 본인의 의지를 가급적 귀보에다 소개하여주심을 바랍니다. 그런데 본인이 자살하려는 이유는 저 왜적의 법률은 우리에게 정의를 주려고 만들어놓은 것이 아닌데 불행히 왜경에게 생포되면 본인의 전투력은 다 빼앗긴 후에 소위 심문이니 무엇이니 하면서 세계에 없는 야만적 악행을 줄 것이 명백하기로 이에 불복하는 뜻으로 현장에서 자살하기로 결심하였습니다. 더 쓰지 않고 그만둡니다.

12월 28일 희생자 나석주 올림

나석주는 조선에 입국할 때 이미 조국을 위해 목숨을 버릴 것을 결심하고 들어왔고 그대로 행했다. 나석주는 조국 광복을 위해, 그리고 대한민국을 위해 모든 것을 버리고 스스로를 불살랐다. 나석주는 자결하기 전 "나는 조국의 자유를 위해 투쟁하였다. 2,000만 민중아 쉬지 말고 분투하라"고 말했다. 나석주의 절규는 1945년 조선이 해방되고 1948년 대한민국이 건국되면서 현실이 됐다.

명동 YWCA 빌딩 앞 우당 이회영 선생 흉상

-4조 원 명동 땅을 독립운동에 바친 조선의 노블레스 오블리주

이회영(1867~1932)

이회영은 현재 시세로 4조 원이 훨씬 넘는 명동 일대 땅을 팔아 중국에서 독립운동을 한 독립운동가이며, 명문귀족 출신으로 백사 이항복의 10대손이다. 조선이 국권을 빼앗길 위기에 처하자 해외에 조선독립의 당위성을 알리는 헤이그 밀사사건을 주도했다. 1910년 12월에는 명동 일대 집과 땅을 팔아 만주로 망명해 신흥무관학교 설립자금 등으로 사용했다. 1918년에 고종을 베이징으로 망명시켜 독립운동의 중심으로 삼고자 계획했으나 고종이 죽으면서 무산됐다. 3·1 운동 전까지 이회영은 황제의 복권을 바란 보황주의자였지만 이후 아나키스트로서 중국 북부에서 일본을 대상으로 한 테러 등 독립운동을 벌였다. 1932년 윤봉길 의거로 자극을 받은 이회영은 일본 관동군 사령관 무토를 처단하기 위해 이동하다 붙잡혀 뤼순감옥에서 순국했다. 이회영이 양성한 신흥무관학교 출신의 인재로는 지청천과 이범석이 있다. 지청천은 후일 광복군의 수장이 됐고 이범석은 대한민국 초대 국방장관을 역임했다. 1962년에 건국훈장 국민장을 받았다. 이회영 흉상은 2014년 집터인 명동 YWCA 앞과 우당기념관에 설치됐다.

찾아가는 길

우당 이회영 선생 흉상은 서울의 중심지 명동 YWCA 빌딩 앞 작은 공터에 있다. 명동성당 앞에서 로얄호텔 골목을 따라 을지로입구 전철역 방향으로 20여 미터를 걸어가면 도착하는 곳이다. 정면에는 은행연합회 빌딩과 로얄호텔, 뒤쪽에는 대신증권과 IBK 은행이 있으며 오른쪽

에는 중국건설은행과 유안타증권, 향린교회, 왼쪽으로는 조금 올라가면
명동성당이 있다. 은행과 증권사가 다수 있는 금융의 중심지이자 한국
천주교의 심장인 명동성당, 그리고 향린교회와 기독교 여자청년회의인
서울 YWCA가 있는 종교의 성지 중간에 흉상이 자리 잡고 있다. 사무
실에서 큰 도로 하나를 건너면 되는 멀지 않은 곳이라 수차례 방문했다.
이회영 흉상이 이곳에 세워진 것은 이 일대가 이회영 일가의 집이 있던
곳이기 때문이다.

YWCA 앞 우당 이회영 선생 흉상과 집터 표석

작은 소공원 형태의 공터에는 이회영 흉상과 이회영·이시영 6형제의
집터 표석이 나란히 설치되어 있다.

YWCA 앞과 우당기념관 앞의 쌍둥이 이회영 흉상

이회영 흉상은 두꺼운 목도리를 목 전체를 둥글게 감싸고 한쪽 끝을 겹쳐 아래로 내린 형태로 매고 있다. 이회영은 독립운동을 위해 추위가 매서운 만주와 베이징, 블라디보스토크 등 북쪽 지방을 자주 오고 갔다. 그래서 목도리는 이회영의 트레이드마크 같은 물건이다. 짙은 눈썹과 팔(八)자 모양 콧수염이 눈에 띈다. 둥근 눈은 정면을 향하고 있고 입을 굳게 다물었다. 이마는 완전히 벗겨져 옆머리만 남아 있고 눈가에는 굵은 주름살이 여러 겹이다. 벗겨진 머리와 눈가의 주름살을 볼 때 흉상속 이회영은 노년의 얼굴이다.

흉상 아래 조각된 무궁화 여섯 송이는 마치 구름을 타고 하늘로 날아오르는 것처럼 보인다. 통상적으로 흉상을 설치할 때는 기단과 좌대의 높이를 흉상보다 높게 둔다. 그런데 YWCA 이회영 흉상은 특이하게도 좌대가 흉상보다 낮아서 옆에 있는 집터 표석과 높이가 거의 같다. 그러다 보니 누군가가 꽂아놓은 작은 태극기 2개와 꽃다발이 제호를 가리고 있다. 좌대를 조금만 높게 만들었어도 이런 일이 생기지 않았을 텐데 하는 아쉬움이 든다. 화강암으로 만든 좌대에는 '우당 이회영(友堂 李會榮)'이라는 글씨가 한자로 새겨져 있다. 제호는 1925년 1월 25일 동아일보에 이회영이 기고한 글에 있는 걸 가져와 새긴, 본인의 글씨다. 표지석에는 명동 일대에서 일가가 살았으며 독립운동에 투신했다가 중국에서 순국한 사실이 새겨져 있다. 표지석은 2012년 12월 설치됐다.

이회영·이시영 6형제 집터

독립운동가 이회영(1867~1932)과 이시영(1869~1953)은
1910년 건영·석영·철영·호영 등 나머지 4형제와 함께
서간도에 신흥무관학교를 세워 독립군 지도자를 양성하였다.
이회영은 1932년 일본군 사령관 사살을 계획하다가
체포되어 고문으로 순국하였고,
이시영은 상하이 대한민국임시정부의 국무위원에 재임한 후
대한민국 초대 부통령을 역임하였다.

흥상은 2014년 2월 24일 서울 중구청이 우당기념관의 기증을 받아 세웠다. 서울시 종로구 서울맹학교 정문 앞에 있는 우당기념관은 이회영의 손자인 이종찬 전 국정원장이 설립한 개인 기념관이다. 우당기념관에도 이회영 집터에 있는 것과 똑같은 모양의 흥상이 세워져 있다. 다만 생김새는 같지만 우당기념관 흥상은 전체 높이가 220센티미터, 폭 100센티미터로 YWCA 앞 흥상보다 훨씬 높다. 또 YWCA 앞 흥상 제호는 가로지만 우당기념관 흥상 제호는 세로로 제작됐다.

아쉬운 건 흥상을 만든 작가가 누구인지 모른다는 점이다. 우당 이회영 선생 기념사업회는 "이회영 선생이 주로 중국에서 활동하다 순국했다는 점, 그리고 제작비용 등을 감안해 중국에서 흥상 2개를 만들어서 가지고 왔지만 작가가 누구인지, 또 어떤 곳에서 제작됐는지는 모른다"고 밝혔다.

우당기념관 이회영 흉상

명동 일대 4조 원의 땅을 팔고 조선을 떠난 이회영 일가

이회영 일가는 백사 이항복의 후손으로 10명의 재상을 배출한 조선의 명문가 집안이다. 소위 대대로 문벌이 높은 집안을 뜻하는 삼한갑족(三韓甲族)이었다. 이회영의 아버지 이유승은 이조판서를 지냈고 어머니 정씨는 이조판서를 지낸 정순조의 딸이다. 또 명동 일대를 비롯해 전국에 막대한 재산을 소유하고 있었던 부자였다. 우당기념사업회가 펴낸 자료집 〈우당 이회영, 애국의 길을 묻다〉를 보면 이회영 6형제가 명동에 갖고 있던 땅은 6,000여 평에 달한다. 서울 YWCA 빌딩 주변, 길 건너 서울 백병원, 영락교회, CPBC 빌딩 등 명동 일대가 대거 포함된다. 우당 이회영 선생 기념사업회 황원섭 이사는 "현재 흉상이 있는 서울 YWCA와 은행연합회 자리는 장남 이건영, 길 건너 서울 백병원 자리는 4남 이회영, CPBC(가톨릭평화방송)와 영락교회 땅은 5남 이시영, 현재 명동예술극장 자리는 6남 이호영이 살던 집터"라고 설명했다. 2020년 1월 명동 네이처리퍼블릭의 표준지 공시가격은 1제곱미터당 1억 9,900만 원으로 평당 가격으로 환산하면 6억 5,600만 원이다. 이회영 일가는 요즘 시세로 따지면 명동 일대에만 4조 원에 가까운 땅을 갖고 있던 대부호였다.

영의정을 지낸 이유원의 양자로 들어간 2남 이석영도 큰 부자였다. 황현이 쓴 〈매천야록〉에는 "양주에 별장이 있는데, 서울에서 왕래하는 80리 길이 모두 이유원의 밭두렁이라 다른 사람 땅은 단 한 평도 밟지 않고 다녔다"고 쓰여 있다. 이유원의 양자였던 이석영이 그 땅을 모두 상속했다. 1910년 8월 29일 조선이 망하자 이회영 형제와 가솔 등 60여 명은 일본의 식민지 백성이기를 포기하고 망명을 택했다. 만주로 망명하기 전 이유원의 양자였던 2남 이건영을 포함해 이회영 형제는 재산을 급히 처분했다. 하지만 갖고 있던 집과 땅이 많은 데다 일본의 눈을 피해서 팔아야 했기에 제값을 받기가 어려웠다. 우당 이회영의 부인 이은숙이 1966년에 펴낸 자서전 〈서간도 시종기西間島始終記〉에는 재산을 헐값에 넘긴 사실이 기록되어 있다. 이은숙은 "여러 형제분이 비밀리에 전답과 가옥, 부동산을 팔았는데 여러 집이 일시에 급매하다 보니 제값을 받을 수 없었다"고 적었다. 이회영 일가가 망명을 위해 급히 재산을 팔아 만든 돈은 40만 원이었다. 당시 쌀 1섬(144kg) 가격은 3원, 40만 원이면 쌀 13만 3,300석을 살 수 있었다. 현재 쌀값(1kg당 3,500원)으로 환산하면 대략 670억 원에 달하는 엄청난 액수다.

이회영 일가는 총독부가 자신들의 망명 사실을 알아낼 것을 우려해 재산 전부를 팔지 않고 그대로 두거나 다른 사람들이 관리하도록 했다. 하지만 시간이 지나면서 이런 재산은 총독부에 빼앗기거나 관리를 맡았던 사람들이 자기 이름으로 등록하면서 대거 남에게 넘어갔다. 대표적인 것이 현재 서울 한국 YWCA 부지다. 우당 이회영 선생 기념사업회 황원섭 이사는 "6형제가 만주로 망명하면서 일제가 실시한 토지조사에 응할 수 없었고, 소유주가 없다는 이유로 총독부가 이를 국유지로 만들어 일본 애국부인회에 넘겼다"고 말했다. 이어 "일본 애국부인회가 일본 YWCA 경성본부에 땅을 기증함으로써 해방 후 현재의 한국 YWCA 소유로 넘어가게 됐다"고 설명했다. 같은 이유로 이회영 일가가 개성과 장단 등에 소유하고 있던 인삼밭, 양주와 충주에 흩어져 있는 금싸라기 땅도 총독부 토지조사를 거쳐 몰수되거나 다른 사람 소유가 됐다.

독립운동가의 산실 신흥무관학교

이회영 일가는 칼바람이 몰아치는 1910년 12월 30일 썰매를 타거나 마차를 타고 압록강을 건넜다. 1911년 봄 만주로 망명한 이회영은 독립운동가 이동녕, 안동 출신 김대락, 이상룡, 김동삼 등과 함께 만주 유하현 횡도촌 대고산 자락에 무장독립운동의 전초기지인 신흥무관학교를 설립했다.

이상룡 등 다른 사람들도 돈을 보탰지만 서울에서 재산을 팔아서 망명한 이회영 일가의 돈이 절대적이었다. 신흥무관학교는 10년 동안 3,500여 명의 독립운동가를 길러냈다. 일본 육군을 탈출한 김경천, 일본

신흥무관학교 전경(우당기념관 소장)

육사 출신인 지청천, 중국 운남육군강무학교 기병과를 수석 졸업한 젊은 교관 이범석이 학생을 가르쳤다. 지청천과 이범석은 1920년 6월 봉오동 전투와 그해 10월 일어난 청산리 전투의 주역이었다. 폭렬투쟁을 이끈 의열단 단장 김원봉을 비롯해 단원 상당수도 신흥무관학교에서 공부한 졸업생이었다. 후일 지청천은 상하이 임시정부 무력의 총책임자인 광복군총사령관이 되었고 이범석은 참모장이 됐다. 해방 후 이범석은 1948년 대한민국이 탄생하면서 이승만 정권에서 1대 국방부 장관을 맡았다.

고종의 복위를 꿈꾸다

이회영은 구한말과 3·1 운동 직전까지 조선을 통치했던 고종 황제를 통해 조선의 독립을 꿈꾼 인물이다. 첫 시도는 1907년 헤이그 밀사 사건이었다. 네덜란드 헤이그에서 만국평화회의가 열린다는 사실을 들은 이회영은 비밀리에 내시 안호영을 통해 헤이그에 특사를 파견해 일제가 외교권을 강탈했다는 내용을 알릴 것을 고종 황제에게 건의했다. 또 밀사단 정사(正使, 사신 중 우두머리)로는 성균관 교수 겸 관장이던 이상설을, 부사(副使)로는 한성재판소 재판관을 지낸 강직한 인물인 이준과 러시아 주재 한국 공사 이범진의 아들로 외국어에 능통한 이위종을 각각 추천했다. 이회영의 건의를 받고 고종 황제는 미국인 측근 헐버트를 통해 자신의 수결이 찍힌 백지 위임장을 보냈다. 하지만 헤이그 밀사 사건은 실패로 끝났고, 이를 계기로 고종 황제는 강제로 퇴위 당했다. 조선이 일본에 합병된 후에 이회영은 고종을 중국 베이징으로 망명시켜 망명정부를 수립하고 그곳을 독립운동의 구심점으로 삼아 거국적인 독립전쟁을 전개하는 방안을 추진했다.

1913년 조선으로 돌아와 국내에 체류하던 이회영은 1918년 무렵 고종의 사위인 조정구 등을 통해 베이징 망명 추진의 뜻을 고종에게 전하고 승낙을 받았다. 하지만 망명 계획은 3·1 운동 직전인 1919년 1월 21일 고종이 갑자기 숨지면서 무산됐다. 망명 움직임을 눈치 채고 일제가 고종을 독살했다는 설이 제기됐지만, 사실관계는 확인되지 않았다. 이회영과 고종의 이런 관계 때문에 이회영은 나라를 되찾고 왕정을 다시 세우자는 '복벽주의자'로 분류됐다.

대표적인 복벽주의자는 유림 출신 의병의 대표 격인 유인석, 그리고 신한혁명당을 이끌던 이상설이었다. 두 사람은 러시아 블라디보스토크에서 활발히 활동했다. 하지만 복벽주의는 유인석이 1915년에, 이상설이 뒤이어 1917년에 사망한 데다 3·1 운동을 계기로 독립운동가 대부분이 공화주의자를 자처하면서 세력을 잃고 소멸됐다.

조카의 밀고로 처형된 아나키스트

이회영은 3·1 운동 후 1919년 4월 대한민국 임시정부가 상하이에 수립되자 임시의정원 초대 의원이 됐다. 그러나 임시정부 내 분란이 계속되어 이를 사임하고 베이징으로 돌아왔다. 이후 이회영은 만인의 자유와 권리를 외치는 아나키스트로 변신했다. 주로 베이징과 만주, 텐진 등 중국 북부에서 일본을 대상으로 테러 등 무장투쟁을 전개했다. 1924년 4월 베이징에서 재중국조선무정부주의자연맹, 약칭 '무련'을 결성했고 1931년에는 한·중·일 아나키스트들과 함께 독립운동단체인 항일구국 연맹을 만들어 활동했다. 대표적인 무정부주의자인 신채호·유자명·이을규·이정규·백정기·정화암 등과 평생 동안 동지로 지냈고 중국 아나키스트의 정신적 지주로 불리는 루쉰과도 교류했다. 항일구국연맹 행동단체인 흑색공포단이 톈진에서 일본 기선과 일본 영사관 폭파를 기도하면서 이회영은 일본군과 경찰이 주목하는 요시찰 대상이 되었다

이회영의 최후는 어이없게도 믿었던 주위 사람들의 배신으로 인해 비극적으로 끝났다. 1932년 상하이에 있던 이회영은 윤봉길의 홍커우공원 거사 성공에 자극을 받아 만주에서 일본 관동군 사령관 무토 노부요시를 암살하겠다는 결심을 굳혔다. 임시정부 수반이었던 김구와 국무위원이었던 동생 이시영은 변한 베이징 사정과 고령의 나이를 감안해 만류했지만 이회영의 고집을 꺾을 수 없었다. 이회영은 1932년 11월 거사를 위해 상하이 황포강에서 다롄으로 가는 배를 탔지만 배에서 내리자마자 경찰서 형사대와 관동군 헌병에게 체포되어 수감됐다. 이회영이 일본 군경에 체포된 후 상하이에서 전후사정을 파악한 결과, 이회영이 베이징으로 간다고 밀고한 사람은 둘째 형 이석영의 아들인 조카 이규서와 김구의 측근으로 임시정부 주석 판공실 비서·임정 선전부장을 지낸 엄항섭의 처조카 연충렬이었다. 결국 사건은 이회영 가의 비극적인 가족사로 번졌다. 이회영의 아들 이규창은 밀고자인 사촌 형 이규서를 처단했고, 그로 인해 조선으로 압송되어 서대문형무소에서 11년을 복역

했다.

이회영은 안중근이 순국한 여순감옥에서 고문의 후유증으로 11월 17일 66세의 나이로 순국했다. 한 줌의 재가 된 이회영의 시신은 딸 이규숙이 고국으로 가져와서 1932년 11월 28일 경기도 개풍군(파주) 선영에 묻혔다. 후일 부인 이은숙과 함께 서울 동작구 동작동 국립현충원 애국지사 묘역에 합장됐다.

삼한갑족(三韓甲族)의 이단아

조선의 사대부였던 이회영은 혁신적 유학사상인 양명학의 영향을 받았고, 문약한 유교문화를 극복하기 위해 무관의 중요성을 강조한 이례적인 인물이었다. 평생의 동지였던 이상설과 동생 이시영이 과거를 통해 조선의 관료로 진출했지만 이회영은 고종이 주는 관직도 마다했다. 이른바 대대로 문벌이 높은 집안인 삼한갑족 출신이었지만 숯장수 아들이던 남대문 상동교회 전덕기 목사와 가까웠고, 강고한 유교문화가 지배하던 조선말 새로운 문화를 받아들이는 데도 적극적이었다.

이회영은 상동교회 내 상동청년학원을 설립하고 2년 간 학감을 맡았고, 을사늑약으로 1905년 조선의 외교권이 박탈당하자 전덕기 목사와 함께 교회 내 청년조직을 동원해 무효투쟁운동을 벌였다. 이회영은 과부가 된 여동생을 죽은 것처럼 장사지낸 후 먼 곳으로 보내 재가시켰고, 자신이 이은숙과 재혼할 때는 한국 최초로 교회에서 신식 결혼식을 올렸다. 이회영은 국민계몽과 외교노선으로는 일본제국주의를 축출할 수 없다며 무력투쟁을 전개했지만, 동시에 일본과 선린·평화를 모색하는 동아시아 평화공동체를 꿈꿨다. 임시정부 내에서는 갈등과 분열을 극복하기 위해 지위와 감투를 사양하고 화합과 포용정신을 발휘했다.

우당 이회영 흉상 얼굴

노블레스 오블리주를 실천한 진정한 조선의 선비

서울 우당기념관 초입에는 2018년 3월 6일 육군사관학교가 수여한 이회영 애국지사 명예졸업증서가 놓여 있다. 사후 86년 만에 이회영은 대한민국의 당당하고 자랑스러운 군인으로 되살아났다.

졸업증서

　　　　　　　　　　　　　　　　　　　이회영 애국지사

귀하께서는 독립군을 양성한 독립전쟁 지도자로서
조국의 자주 독립을 위해 고귀한 희생을 다하셨으며,
특히 독립전쟁 중 몸소 보여주신
숭고한 애국심과 투철한 군인정신은
위국헌신 군인본분의 길을 걷고자 하는 사관생도들에게
참다운 군인의 귀감이 되었으므로,

이에 육군사관학교 학칙에 따라 명예졸업증서를 드립니다.

2018년 3월 6일

대한민국 육군사관학교장

중장 김완태

이회영은 구한말 조선의 많은 명문가 출신들이 일제에 협력하고 부와 권세를 누릴 때 만주로 가서 신흥무관학교를 세우고 독립군을 기르는 고난의 길을 택했다. 국가와 민족이 위기에 처했을 때 모든 기득권을 버리고 목숨을 바쳐 나라를 구하려는 지도자의 길을 걸은 것이다. 그는 삼한갑족으로서 사회적 신분에 따르는 도덕적 의무와 책임을 다했다. 그는 노블레스 오블리주를 실천한, 진정한 조선의 선비였다.

만리동 손기정 체육공원 손기정 동상
-올림픽을 제패한 영원한 한국인 마라토너

손기정(1912~2002)

베를린올림픽 마라톤 대회에서 우승해 금메달을 딴 마라토너이다. 양정고보와 일본 메이지대학을 졸업했으며, 이후 일본 마라톤 대표로 베를린 올림픽에 출전해 2시간 29분 19초 2라는 세계신기록을 세우며 우승했다. 손기정이 우승하자 조선의 모든 신문은 호외를 발행했고 콜롬비아 레코드 제패 기념 취입·연극·축전·축하회·축하시가 이어졌다. 그러던 중 동아일보가 손기정의 가슴에 있던 일장기를 지운 사진을 보도하면서 일제 치하에 있던 조선이 발칵 뒤집어졌다. 하지만 그만큼 손기정의 마라톤 우승은 식민지 조선인들에게 일본인을 이길 수 있다는 꿈과 희망을 줬던 것이다. 해방 후 손기정은 마라톤 및 체육계 지도자로 활동했다. 베를린 올림픽에서 부상으로 받은 그리스 청동제 투구는 독일의 결단으로 1986년 손기정에게 돌아왔고, 손기정은 이를 국립박물관에 기증했다. 1988년 서울올림픽에서는 성화 최종주자를 맡기도 했으며, 2011년에는 대한민국 스포츠영웅으로 선정됐다. 동상은 손기정기념재단에서 2016년 손기정 체육공원에 설치한 것이다.

찾아가는 길

손기정 체육공원을 처음 방문하던 2019년 3월 중순은 꽃샘추위가 한창인 데다 날씨까지 잔뜩 찌푸린 상태였다. 지하철 5호선 애오개역을 나와 손기정 체육공원으로 방향을 잡았다. 소의초등학교와 만리동 고갯길을 지나 서울역 센트럴자이 앞까지 한참을 걷자 손기정 체육공원 안

청동 투구를 든 손기정

내 표지판이 나왔다. 지하철 역에서 걷기에는 꽤 먼 거리였다. 9월 방문
때는 버스를 이용했다. 공원 입구 서울역 센트럴자이 버스정류장에서

내려서 3~4분만 걸으면 손기정 체육공원이다.

손기정 체육공원에는 손기정기념관과 함께 축구장, 테니스장, 족구장 등 다양한 운동시설이 설치되어 있다. 나지막한 언덕길을 오르면 처음 만나는 붉은 벽돌 건물이 손기정기념관이다. 손기정 선수가 졸업한 양정고보 건물을 보수해 기념관 겸 체육·문화 강의시설로 사용하고 있다. 손기정기념관을 지나 오른쪽으로 5~6미터 이동해 정원 안쪽으로 들어가면 손기정 동상이 있다.

청동 투구를 든 당당한 24살 청년 대한민국 마라토너

손기정 동상은 1936년 베를린 올림픽 남자 마라톤 우승 당시 손기정이 시상대에 선 모습을 하고 있다. 동상 높이는 2.4미터로 좌대 겸 시상대의 높이는 낮게 하고 기단 면적은 넉넉하게 잡았다. 좌대 높이는 금메달 수상자인 손기정이 서 있는 부분이 가장 높고, 그 다음에는 은메달 자리인 왼쪽, 마지막으로는 동메달 자리인 오른쪽 순으로 높이가 낮아진다. 좌대 왼쪽에는 'Marathon k. son 손기정 korean 1936 8 15'라는 글자가 새겨져 있다. 손기정이 베를린 올림픽에서 우승을 하고 베를린에서 한국에 보냈던 엽서에 썼던 글씨를 그대로 가져와 새긴 것이다. 바뀐 건 월계수 묘목과 일장기다. 84년 전 베를린 올림픽 시상대 위 손기정은 가슴에 일장기, 그리고 손에는 월계수를 든 일본 청년 '기테이 손'이었다. 동상 속 손기정은 태극기를 가슴에 달고 청동 투구를 든 당당한 24살 청년 대한민국 마라토너로 변신했다. 운동복 상의에 있던 일장기는 태극기로 바뀌었고 손에 받쳐 든 것 또한 월계수 묘목이 아니라 청동 투구로 바뀌었다.

손기정은 약간 고개를 숙인 채 두 손은 앞으로 모으고 있다. 마른 얼굴에 코는 큰 편이고 입술은 굳게 다물었다. 마라톤 선수 특유의 군살이 전혀 없는 모습이다. 짧게 깎은 머리와 이마 위에 세 줄기 주름살이 선명하다. 우승을 상징하는 월계수관이 뒤통수를 휘감고 내려와 양쪽 눈썹 끝부분에 닿아 있다. 상의와 하의 모두 긴 운동복을 입었고 상의를 하의 속

손기정기념관에 전시된 '지카다비'

으로 집어넣었다. 신발은 일반인들에게는 낯선 '지카다비(地下足袋, じかたび)'를 신고 있다. '지카다비'는 베를린 올림픽 당시 손기정 선수가 신고 뛰었던 신발이다. 엄지발가락이 따로 갈라진 모양을 하고 있는 지카다비는 일본 사람들이 양말 대신 즐겨 신던 '다비(足袋, たび)'에서 착안한 것이다. 고무신보다 훨씬 가볍고 상처도 생기지 않아 마라톤 선수들이 즐겨 신었다. 1936년에 생산된 실물이 손기정기념관에 전시되어 있다. 손기정이 신의주 약죽초등학교에 다닐 때 매일 달리기를 하는 아들을 위해 어머니가 선물로 사줬다는 일화가 남아 있다. 1912년 신의주 태생인 손기정은 마라톤이 인생의 전부였다. 초등학교에 다닐 때에는 고무신을 묶고 학교까지 뛰어갔고 중국 단둥에 있는 회사에 취직한 후에는 신의

주에서 압록강철교를 건너 단둥까지 20리를 매일 달릴 정도로 마라톤에 매진했다. 1935년에는 제8회 메이지신궁 대회에 출전해 2시간 26분 42초로 비공인 세계최고기록을 세웠다. 조선과 일본에서 최고의 마라토너였다. 이런 기록 덕분에 손기정은 베를린 올림픽에 참가할 수 있었던 것이다.

손기정 동상은 2016년 12월 20일 손기정기념재단에서 1억 4,000여 만 원의 예산을 들여 설치했다. 여류조각가 배형경 씨가 만든 작품이다. 배씨는 국제조각페스타, 경기미술프로젝트-경기도의 힘 등 다수의 그룹전에 참여했다. 작품으로는 서울시립미술관 야외에 전시되어 있는 좌상 3개와 입상 4개로 구성된 〈생각하다 think〉 등이 있다. 동상 주변에는 동상을 소개하거나 작가가 누구인지 알려주는 표석은 설치되어 있지 않다. 전신상이 세워지기 전에는 손기정의 대형 두상이 이곳에 있었다.

제우스 신전에서 발굴된 손기정의 청동 투구

동상에서 가장 주목할 만한 건 가슴에 있는 태극기와 일체형 청동 투구다. 투구는 베를린 올림픽 마라톤 우승자에게 수여된 부상으로, 실물은 보물 제904호로 지정돼 현재 국립중앙박물관이 소장하고 있다.

기원전 6세기 무렵 제작된 청동 투구는 양쪽 귀 부분이 잘록하게 들어 갔고 복 주위는 나팔처럼 퍼져 있는 일체형이다. 머리와 얼굴을 보호할 수 있도록 눈과 입 부분만 뚫려 있다. 국립중앙박물관은 이 청동 투구가 고대 그리스 올림피아 제전 경기 때 승리를 기원하고 신에 대한 감사의 뜻으로 바치기 위해 고대 그리스 코린토에서 제작된 것으로 추정하고 있다.

국립중앙박물관이 소장 중인 청동 투구

손기정이 투구를 받은 과정도 흥미진진하다. 청동 투구는 1875년부터 7년 동안 그리스에서 발굴 작업을 실시하던 독일의 고고학 교수인 쿠르티우스가 이끄는 발굴팀이 발굴한 것이다. 그리스 서남단 페르포니소스섬에서 올림포스 제우스 신전을 발굴하던 중 발견되었다. 그 후 그리스 최대 신문사인 브라디니사는 국제올림픽위원회(IOC)에 베를린 올림픽 마라톤 우승자에게 부상으로 줄 것을 요청하며 투구를 맡겼다. 손기정은 베를린올림픽에서 2시간 29분 19.2초로 신기록을 세우고 우승했다. 청동 투구는 우승자인 손기정의 소유가 됐지만 "메달 이외의 부상을 수여할 수 없다"는 올림픽 규정이 걸림돌이 됐다. 투구를 주고받는 행위는 올림픽 정신인 아마추어리즘에 어긋난다는 지적에 따라 손기정은 투구를 받을 수 없었다. 때문에 청동 투구는 〈마라톤 우승자 손기정〉이란 이름만 새긴 채 베를린 샤로텐부르크 박물관에 50년 간 보관되어 있었다.

변화가 생긴 건 1986년이었다. 독일 정부가 베를린 올림픽 50주년을 맞아 청동 투구를 원래 주인에게 돌려주기로 결정하면서 손기정에게 돌아온 것이다. 손기정은 청동 투구를 돌려받은 후 "이 투구는 나의 것이 아니라 우리 민족의 것"이라며 국립중앙박물관에 기증했다.

조선을 뒤흔든 손기정의 올림픽 마라톤 우승

손기정의 마라톤 우승은 식민지 조선 사람들에게 희망과 기쁨을 주는 쾌거였다. 조선의 언론들은 호외를 연발하며 우승 소식을 전달하기에 여념이 없었다. 11일 동아일보는 지면의 절반을 마라톤 우승 기사로 실었다. 조선중앙일보와 조선일보도 마찬가지였다. 열광했던 것은 신문사뿐이 아니었다. 축전과 축문, 축하회, 연설회가 개최됐고 '콜롬비아 레코드 제패 기념 취입', 동양극장의 '마라손왕 손기정 군 만세' 연극으로 이어졌다. 올림픽 마라톤 우승자 손기정은 조선 민족의 자랑이자 세계적인 스타였다. 이런 열기는 소설가 심훈(1901~1936)이 1936년 8월 10일 새벽 손기정 선수의 금메달 낭보가 실린 조선중앙일보 호외 뒷면에 실린 〈오오 조선의 남아여!〉라는 즉흥시에 그대로 나타나 있다.

오오 조선의 남아여!
-베를린 마라톤에서 우승한 손기정, 남승룡 양군에게

그대들의 첩보(捷報)를 전하는 호외 뒷등에
붓을 달리는 이 손은 형용 못할 감격에 떨린다!
이역의 하늘 아래서 그대들의 심장 속에 용솟음치던 피가

〈오오, 조선의 남아여〉 시비 뒤로 손기정 동상이 보인다

2천 3백만의 한사람인 내 혈관 속을 달리기 때문이다.

〈이겼다〉는 소리를 들어보지 못한 우리의 고막은

깊은 밤 전승(戰勝)의 방울소리에 터질 듯 찢어질 듯.

침울한 어둠속에 짓눌렀던 고토(故土)의 하늘도
올림픽 거화(炬火)를 켜든 것처럼 화다닥 밝으려 하는구나!

오늘 밤 그대들은 꿈속에서 조국의 전승을 전하고자
〈마라톤〉 험한 길을 달리다가 절명한 〈아테네〉의 병사를 만나 보리라.
그보다도 더 용감하였던 선조들의 정령이 가호하였음에
두 용사 서로 껴안고 느껴 느껴 울었으리라.

오오, 나는 외치고 싶다! 마이크를 쥐고
전 세계의 인류를 향해서 외치고 싶다!
인제도 인제도 너희들은 우리를
약한 족속이라고 부를 터이냐!

　심훈의 시에는 독일 베를린 올림픽 마라톤 경주에서 우승한 손기정과 3위를 차지한 남승룡이 식민지 조선 사람들에게 얼마나 큰 기쁨을 줬는지 절절하게 표현되어 있다. 심훈은 이 시를 마지막으로 한 달 후인 9월 장티푸스로 갑자기 사망했다.

　심훈이 쓴 시는 현재 손기정 동상 앞에 세워져 있는 석비에 새겨져 있다. 그러나 정작 올림픽 우승 후 손기정이 독일에서 조선의 지인에게 보낸 엽서에는 선명한 오륜기 밑에 '슬프다 !! ?'라는 글씨가 남아 있다. 평생 동안 꿈꿨던 올림픽 마라톤 경기에서 우승을 했는데도 손기정은 슬펐다. 올림픽 우승으로 기쁘기도 했지만 한국인이 아닌 일본인으로서 태극기가 아닌 일장기를 달고 우승했다는 심적인 괴로움을 이렇게 표현한 것으로 보인다.

손기정 일장기 말소사건의 주역 이길용 기자

손기정의 베를린 올림픽 마라톤 우승이라고 하면 빠질 수 없는 인물이 동아일보 이길용 기자다. 일장기 말소사건이 없었으면 손기정이 국민들의 마음속에 깊숙하게 자리 잡기는 어려웠을 것이다. 이길용은 손기정의 마라톤 우승을 보도하면서 손기정 가슴에 있던 일장기를 지운 이다.

손기정기념관에 있는 이길용 기자 흉상

동아일보 체육주임이었던 이길용 기자와 사진과장 신낙균은 1936년 8월 27일자 동아일보 2면에 게재된 '조선의 아들 손기정' 시리즈 기사에서 손기정이 올림픽 시상대에 있는 동판 사진 중 일장기 부분을 청산가리 농액으로 말소시켰다. 동아일보에 일장기가 없는 사진이 보도되자 조선 전역이 발칵 뒤집어졌다. 동아일보는 8월 27일부터 무기한 정간을 당했고 이길용 기자와 현진건 사회부장 등 8명은 종로경찰서로 연행되어 구속됐다. 동아일보는 9개월 후 다시 신문을 발행할 수 있었지만 이길용은 해방이 될 때까지 복귀할 수 없었다.

손기정기념관 안에는 이길용 흉상이 있다. 흉상은 가로 60센티미터, 세로 40센티미터, 좌대를 포함한 전체 높이는 1.9미터다. 얼굴과 가슴 위상체가 있는 흉상으로 눈과 인중, 그리고 굳게 다문 입이 인상적이다. 눈썹은 굵고 머리는 올백 스타일로 뒤로 넘겼다. 정장 양복 차림에 조끼, 넥타이를 갖춰 입었다. 정면에는 〈건국훈장 애국지사 이길용〉이라는 글자가 있고 측면에는 약력과 흉상을 세우게 된 과정이 새겨져 있다.

일장기 말소, 애국 투혼을 기리다.

1936년 8월 베를린올림픽에서 손기정이 올림픽신기록으로 당당히 우승, 만천하에 배달겨레의 기백을 떨쳤을 때 동아일보는 그의 가슴에 새겨진 일장기를 지우는 항일투쟁에 앞장섰다. 언론을 통한 독립운동의 최대사건으로 평가되는 이른바 '일장기 말소사건'이다.

이 사건의 주역 이길용(1899~?) 기자는 인천 영화학교를 거쳐 서울 배재학당에 진학하면서 민족의식을 일깨웠고 이후 도시샤대학에 진학했다. 그는 3·1운동에 자극받아 중도에 학업을 포기하고 귀국, 철도국에 다니면서 상하이임시정부와 연결하는 지하조직망에 참여한 사실로 2년 6개월간의 옥고를 치른 다음 1925년 동아일보 기자가 됐다. 1930년대

들어 스포츠기사의 가로쓰기와 전문용어의 한글표기 등 새로운 영역을 개척해나간 그는 일장기 말소사건으로 기자직에서 해직됐다.

광복과 함께 동아일보에 복직한 그는 근대 한국체육사 집대성을 위한 자료수집과 집필에 힘쓰다 1950년 6.25 전쟁 와중에 납북되어 종적을 확인할 수 없는 비운을 맞았다. 정부는 1991년 납북인사 진상조사를 계기로 이길용 기자를 국가유공자 인정, 건국훈장 애국장을 추서했다.

이길용은 해방 후 동아일보에 복직했지만 기자 생활은 6·25 전쟁으로 인해 비극적으로 끝났다. 이길용은 1950년 7월 북한에 납치된 후 생사를 알 수 없다. 일본은 이길용을 동아일보 기자직에서 쫓아냈지만 북한은 그의 목숨을 앗아갔다. 이길용 흉상에 나온 생몰연도가 ?로 남아 있는 이유다.

흉상은 사단법인 한국체육언론인회와 한국체육기자연맹이 문화체육관광부·국민체육진흥공단·대한체육회 등의 후원을 받아 제작했고 2017년 8월 25일 일장기 말소사건 81주년을 맞아 제막됐다. 동상은 서울시 미술장식 심의위원 등을 역임한 조각가 이용철 씨의 작품이다.

식민지 조선인에게 꿈을 심어준 손기정

손기정은 1945년 해방 후 육상 지도자가 되면서 태극기를 달고 싶어

했던 평생의 꿈을 이뤘다. 그는 1947년 서울 안암동 자택에 마라톤 선수 합숙소를 개설해 유망주를 키웠다. 그해 손기정의 제자 서윤복이 보스턴 마라톤에서 우승했다. 손기정은 1948년 런던 올림픽과 1952년 헬싱키 올림픽에서는 기수를 맡았으며, 1966년 방콕 아시아경기대회에서는 한국선수단 단장을 맡았다.

청동 투구를 들고 있는 손기정 동상

손기정에게 청동 투구는 돌아왔지만 국적과 이름은 돌아올 수 없었다. IOC 금메달리스트 역사에 남아 있는 손기정의 국적과 이름은 여전히 '일본 국적(JPN) 기테이 손'이다. 손기정의 동료인 베를린올림픽 동메달리스트 남승룡도 '일본 국적(JPN) 쇼류 난'이다. 과거에 있는 공식 기록을 바꿀 수 없다는 IOC의 방침이 바뀌지 않는 한 손기정은 '기테이 손'으로 남아 있을 수밖에 없다.

그래서 손기정 동상을 보면 한편으로 아쉽다. 가슴에 태극기를 달고 청동 투구를 들었지만 손기정은 웃고 있지 않다. 동상에서 우승자의 표정을 찾아볼 수 없다. 그러나 IOC의 방침이 무엇이든 손기정은 식민지 조선인에게 기쁨과 자부심을 줬던 조선인 마라토너였고 지금도 마찬가지다. 손기정은 환한 얼굴로 이 땅에서 우승의 기쁨을 누려도 충분한 자격을 가진 사람이다.

봉래동 구 서울역 앞 왈우 강우규 의사 동상

-사이토 조선총독 척살을 시도한 64세 노인

강우규(1859~1920)

강우규는 조선 3대 총독으로 부임하는 사이토 마코토에게 폭탄을 던진 독립운동가이다. 서당에서 공부한 뒤 한의학을 익혀 한의사로 일했다. 1911년에는 북간도로 이주하여 한인촌인 신흥동을 개척했다. 광동학교를 지어 민족의식을 고취했으며 3·1 운동 후에는 러시아 블라디보스토크로 가 노인동맹단에 가입했다. 1919년 9월, 러시아에서 폭탄을 지니고 국내에 잠입하여 부임차 경성역에 도착한 사이토 총독에게 폭탄을 던졌다. 37명의 사상자가 발생했으나 사이토 총독 암살에는 실패했다. 강우규는 현장에서는 무사히 빠져 나왔으나 은신처에서 체포되어 1920년 2월 서대문형무소에서 사형을 당했다. 1962년 건국훈장 대한민국장이 추서됐다. 구 서울역 앞 동상은 강우규의사기념사업회가 2011년 건립한 것이다.

찾아가는 길

서울역은 전국에 거미줄처럼 뻗은 철로를 따라 하루 유동인구 30만 명, 이용객 10만 명을 자랑하는, 한국 철도를 상징하는 곳이다. 서울역에 가면 유리로 외부를 화려하게 마감한 현대식 서울역과 유럽풍의 구 서울역을 볼 수 있다. 구 서울역은 승객 수송이라는 본연의 임무는 새로 지은 서울역에 넘기고 '문화역서울 284'라는 이름을 얻어 복합문화공간으로 이용되고 있다.

강우규 의사 동상은 한국 철도 120년의 역사가 면면히 흐르는 서울역 광장 오른편, 문화역서울 284 근처에 세워져 있다. 약간 오른쪽 앞에 위

왈우 강우규 의사 동상

치해 있는데, 동상 뒤로는 여행 장병의 편의를 돕고 전시에는 군수물자 수송을 맡는 국군수송사령부 예하 부대인 TMO 사무실이 있고 그 옆에는 경의선 전철을 타는 승강장 출입구가 보인다. 옛 서울역사 앞은 새 서울역사에 비해 유동인구가 적다. 동상 근처에는 평소 노숙자가 많은 편이다. 그런 이유 때문인지 강우규 동상을 유심히 살피거나 찾아오는 사람은 생각보다 많지 않다. 서울역은 따로 시간을 내서 갈 필요가 없을 정도로 자주 지나가는 곳이지만 겨울 추위가 한창인 2019년 2월 말에, 그리고 이후 7월과 10월에 강우규 동상만을 보기 위해 따로 찾았다.

수류탄을 든 60대 노인 강우규

동상에서 가장 눈에 띄는 건 오른손이다. 손가락 마디 하나하나에 힘이 느껴질 정도로 수류탄을 강하게 쥐고 있다. 수류탄은 미국과 영국 등에서 주로 사용했던 파인애플 모양이다. 왼발은 무릎을 약간 굽혀 정면을 향했고, 뒤로 뺀 오른발은 발바닥을 옆으로 벌려 균형을 잡았다. 왼발에 힘을 실어 중심을 잡고 오른손으로 수류탄을 던지려는 자세다. 안전핀은 이미 뺐는지, 당장이라도 사이토 총독에게 수류탄이 날아갈 것 같다. 두터운 눈썹 아래 있는 눈은 정면 상단을 응시하고 있고 입은 굳게 다물었다. 머리는 짧게 깎았고 벗겨진 이마에 주름살이 굵게 잡혀 있다. 굵은 주름살이 있는 이마를 보면 의거 당시 강우규의 나이가 60대였다는 게 짐작된다. 긴 두루마기 한복은 아랫단이 무릎 아래까지 내려왔고, 오른쪽 가슴 위에 단단히 동여맨 옷고름은 허리를 지나 등 쪽으로 넘어갔다.

좌대는 오석을 둥글게 해서 만들었다. 정면에는 '왈우 강우규 의사'라는 제호가 한글로 새겨져 있고 아래에는 작은 글씨로 한자가 병기되어 있다. 제호 아래에는 강우규가 쓴 유시와 이를 해석한 설명이 새겨져 있다. 시는 사형을 언도받은 강우규에게 검사가 "감상이 어떠냐?"고 묻자 남긴 것이다. 짧지만 나라 없는 안타까움이 강하게 느껴진다.

단두대 위에 올라서니
(斷頭臺上 단두대상)

오히려 봄바람이 감도는구나
(猶在春風 유재춘풍)

봄은 있으나 나라가 없으니
(有身無國 유신무국)

어찌 감회가 없으리오
(豈無感想 기무감상)

-1920년 11월 29일 서대문형무소 형장에서
강우규 의사가 순국 직전에 남긴 유시

강우규 동상은 사단법인 강우규의사기념사업회가 2011년 8월 8일에 세웠다. 역사가 채 10년이 되지 않은 동상이다. 좌대 뒤에 작가인 심정

수가 '강우규 의사 2010 심정수'란 글씨를 남겼다. 심정수는 서울조각
회회장·민족미술인협회 고문·도자엑스포야외조각 이사 등을 역임한
작가다.

유럽까지 이어진 조선 철도의 심장 경성역

서울역은 한국 철도를 상징하는 역이다. 서울역이 처음 만들어진 것
은 1900년 7월 경인선이 개통될 때로, 당시 역명은 '남대문정거장'이었
다. '남대문정거장'은 경부선이 완공된 1905년 '남대문역'으로 이름이 변
경됐다. 일본의 만주 경영과 중국 침략이 본격화된 1923년 '경성역'으
로 이름이 다시 바뀌었고, 1945년 해방 후에는 '서울역'으로 변경됐다.
1919년 9월 강우규가 폭탄을 던질 당시 역 이름은 '남대문역'이었다. 남
대문역은 식민지 조선의 물자와 인력이 집중되는 곳으로 조선 총독이
경성에 부임하기 위해서는 반드시 내려야 하는 역이었다. 강우규가 이
곳에서 사이토 총독에게 폭탄을 던지기로 결심한 것도 이런 이유였다.
1900년 경인선이 개통될 당시 10평에 불과한 목조건물이었던 남대문정
거장은 러일전쟁, 일본의 만주침략 등을 거치며 아시아를 대표하는 역
으로 발전했다.

러일전쟁으로 일본 본토에서 만주까지 군수물자를 수송할 필요성이
커지자 일본은 1905년 1월 1일에는 경부선을, 다음해인 1906년 4월 1일
경의선을 개통했다. 이로써 일본-부산-서울-신의주를 연결하는 철도망
이 구축됐다. 10년 뒤인 1915년에 늘어나는 승객과 물자 수요를 감안해

강우규가 1919년 폭탄을 던진 남대문역사

다시 신 역사와 승강장, 부대시설 등을 새로 지었다. 그렇지만 몇 년 후 일본의 만주 침략이 본격화되면서 물동량이 급증해 다시 시설을 확충해야 했다.

남만주철도회사(만철)는 1922년 신 역사 공사에 착수하여 3년 4개월만인 1925년 9월 30일에 완공했다. 이 역사가 현재 '문화역서울 284'로 바뀐 경성역이다. 스위스 루체른역을 모델로 삼은 경성역은 지상 2층, 지하 2층 구조의 르네상스 양식의 붉은 벽돌 건물이다. 당시 아시아 최고라는 일본 도쿄역과 비교될 정도로 잘 지어진 건물이었다. 대합실로 사용된 1층 중앙홀 바닥에는 전부 화강암을 깔았고, 귀빈실 바닥에는 박달나무를 사용해 고급스러움을 더했다.

경성역 2층에 있던 조선 최고의 레스토랑 '그릴'은 음식값이 너무 비싸 총독부 관리나 일본 기업가, 지주들이나 갈 수 있었던 식당으로 유명했다. 시설을 대대적으로 확충하고 철로를 개선하면서 경성역은 만주나 유럽까지 연결되는 대륙 철도의 중간 기착지이자 조선 철도의 심장으로 변신했다. 도쿄에서 출발하는 국제열차는 시모노세키-부산-경성-안동-봉천-신경-하얼빈-모스크바를 거쳐 파리까지 갔다. 도쿄에서 파리까지 15일이면 도착했던 것이다. 서울에 부임하는 일제 식민지 관료나 만주·중국·유럽으로 가는 일본인과 조선인이 경성역을 이용했다. 손기정은 국제열차를 타고 독일로 가서 베를린 올림픽에 참석했고, 조선 최초의 여성 화가인 나혜석도 철도를 이용해 유럽으로 떠났다. 대한민국 초대 대통령 이승만은 미국에서 공부를 마치고 1910년 유럽-러시아-만주를 거쳐 서울로 돌아왔다.

러시아에서 폭탄을 들고 서울로 잠입한 강우규

좌대 뒤 약전에는 강우규 의사의 생애와 사이토 총독에게 폭탄을 던지게 된 과정 등이 기록되어 있다.

왈우(曰愚) 강우규(姜宇奎) 1859.6~1920.11 의사(儀士)

강우규 의사는 1859년 6월 5일 평안남도 덕천군 무릉면 제남리에서 가난한 농가의 4남매 중 막내로 태어났다. 1883년 함경남도 홍원군 용원면 영덕리로 이주하여 함경도 일대에서 민족교육과 기독교 전도 사업을 통하여 독립운동의 역군을 양성하셨고, 1910년 8월 경술국치로 국권이 상실되자 독립운동에 헌신할 것을 결심하셨다.

그 후 1915년 길림성 요하현 신흥동으로 이주, 광동학교를 설립하여 청소년의 민족의식 고취와 기독교 전도 사업을 통한 민족계몽운동을 펼치셨다. 1919년 3·1 운동이 일어나자 동료들을 이끌고 만세운동에 앞장섰으며 이후 노인동맹단의 요하현지부장을 맡아 활동하셨다. 1919년 8월 5일 폭탄을 품은 채 삼엄한 경계망을 뚫고 서울에 도착, 9월 2일 남대문 역두(현 서울역)에서 새로 부임하는 신임 총독 사이토를 향하여 폭탄을 투척, 세계만방에 대한의 독립정신을 알리었다. 이듬해 서대문형무소에서 순국하셨다.

평남 덕천군에서 태어난 강우규는 어린 시절 서당에서 공부를 했고, 어깨너머로 배운 한방 지식을 이용해 환자를 진료했다. 30세이던 1885년 함경남도 홍원군으로 이주해 잡화상을 운영하면서 재산을 모았고 1910년에 한일합방이 이루어지자 1911년 봄에 북간도 두도구로 이주했다. 1917년에는 북만주 길림성 요하현 벽촌으로 이주해 신흥동이라는 한인촌을 개척했다. 거주자가 100여 호로 늘어나면서 신흥동은 점차 러시아와 북만주를 무대로 활동하는 독립군의 근거지 역할을 하게 됐다. 강우규는 이곳에 광동학교를 지어 청소년들에게 민족의식을 고취하였다.

또한 강우규는 3·1 운동 소식이 알려진 1919년 3월 4일 신흥동 동포

들과 함께 독립을 선포하고 만
세운동을 전개했으며, 그해 4
월 블라디보스토크로 건너가
'대한국민 노인동맹단'에 가입
했다. 노인동맹단은 3·1 운동
확산을 위해 5명으로 결성된
결사대를 국내에 보내는 등 행
동에 돌입했다.

이를 전후해 조선 총독 하세
가와 요시미치가 3·1 운동 발
발에 책임을 지고 떠난 뒤 후
임 총독이 부임한다는 사실이
전해졌다. 이에 노인동맹단이
후임 총독을 처단하자고 모의
하자 강우규가 자원했다. 블
라디보스토크를 출발한 강우

강우규 동상 좌대에 새겨진 약전

규는 폭탄을 기저귀처럼 다리 사이에 차고 들어오는 방법으로 6월 14
일 원산항에 무사히 도착했다. 지인들의 도움을 받아 거사 자금을 마련
한 강우규는 23세의 청년 독립운동가 허형과 함께 8월 5일 서울로 잠입
하는 데 성공했다. 강우규는 신문을 통해 8월 12일 신임 총독에 사이토
마코토(齋藤實)가 임명됐으며 9월 2일 경성에 부임한다는 사실을 확인하
고, 8월 28일 거처를 남대문역 부근의 여인숙으로 옮겼다. 사전에 지형

지물을 파악한 강우규는 9월 2일, 부임 환영행사를 마친 뒤 마차를 타고 관저로 향하는 사이토 총독에게 폭탄을 던졌다. 강우규가 던진 폭탄이 폭발하면서 경기도 순사인 스에히로가 숨지고 철도관리국장 구보가 다치는 등 37명의 사상자가 발생했다. 목표였던 사이토 총독은 혁대에 파편이 튀었을 뿐 신체에는 이상이 없었다. 일본 경찰은 현장을 봉쇄하고 범인 색출에 나섰으나 64살 노인이었던 강우규는 의심을 받지 않고 현장을 빠져나왔다. 요즘과 달리 100년 전 평균 수명과 사회 분위기를 감안하면 강우규의 나이는 완전 노인의 나이였다. 그러나 뒤늦게 범인이 노인임을 파악한 경찰은 강우규를 은신 중이던 서울 종로 하숙집에서 체포했다. 그를 체포한 경찰은 애국지사 탄압으로 악명이 높았던 경기도 경찰 소속 형사인 김태석이었다. 1920년 2월 25일 경성지방법원은 강우규에게 사형을 선고했고, 11월 29일 서대문형무소에서 사형이 집행됐다.

조선 총독 척살을 시도한 64세 노인

강우규 의사는 순국 직전 면회를 온 아들에게 짧은 유언의 글을 남겼다. 그의 말 한 마디 한 마디마다 나라와 조국의 장래에 대한 걱정과 새로운 세대에 대한 기대가 묻어나온다.

내가 죽는다고 조금도 어쩌지 말라.
내 평생 나라를 위해 한 일이 아무것도 없음이 오히려 부끄럽다.
내가 자나 깨나 잊을 수 없는 것은 우리 청년들의 교육이다.

서울역 광장 강우규 동상

내가 죽어서 청년들의 가슴에 조그마한 충격이라도 줄 수 있다면
그것은 내가 소원하는 일이다.

언제든지 눈을 감으면 쾌활하고 용감히 살려는
전국 방방곡곡의 청년들이 눈앞에 선하다.

3·1 운동을 계기로 일제가 무단통치를 완화했지만, 강우규는 이를 우
리나라와 민족을 영구히 식민지화하기 위한 술책이라고 봤고 검사 취조
와 재판 과정에서 이런 입장을 당당하게 밝혔다. 남대문역을 뒤흔든 강
우규의 폭탄은 독립을 염원하는 민족의 외침이었다. 강우규의 폭탄 의
거는 안중근의 이토 히로부미 저격, 윤봉길의 상하이 의거와 더불어 가
장 인상적인 의열투쟁으로 손꼽힌다. 강우규의 투쟁은 김원봉의 의열
단, 김구의 한인애국단 투쟁으로 이어졌다. 그는 자신의 목숨과 재산을
조국의 독립을 위해 바친 진정한 위인이었다.

제4장

종로 광화문 권역

신문로 1가 한글회관 주시경 선생 흉상

-백성의 글 훈민정음을 국민의 글 한글로 바꾼 스승

주시경(1876~1914)

　주시경은 '한글'이라는 말을 처음 사용하는 등 한글의 대중화와 근대화에 기여하여 한글을 국민의 글, 국민의 말로 만든 한글학자이자 독립운동가이다. 한학을 배우다가 배재학당과 선원 양성기관인 관립이운학교, 흥화학교 등 다양한 곳에서 수학했다. 이후 조선어강습원, 상동청년학원에서 국어교육을 실시했고 숙명학교 등 10여 개 학교에서 조선어와 지리 등을 가르쳤다. 독립신문을 통해 처음으로 한글 표기법을 개발했으며 국문연구소에서 한글을 연구해 수많은 연구서를 펴내기도 했다. 1908년, 주시경은 국어연구학회를 설립했다. 차후 이 학회는 한글학회로 발전한다. 주시경과 그의 제자들로 이루어진 한글학회는 최초의 한글사전 편찬을 위한 '말모이'를 시작해 후일 한글사전 발간의 토대를 닦았다. 그 밖에 배재학당 동료인 이승만이 역모사건으로 사형 위기에 처하자 감옥으로 권총을 밀반입해 탈옥을 돕기도 했다. 1980년 건국훈장 대통령장에 추서됐다. 한글회관 앞 흉상은 1993년 주시경 선생 기념사업회가 세웠다. 2019년에는 주시경과 그 제자들이 최초의 우리말사전을 집필한 과정을 담은 영화 〈말모이〉가 개봉했다.

찾아가는 길

　한힌샘 주시경 선생 흉상을 처음 찾은 건 겨울 추위가 매서운 2019년 1월 중순이었다. 그 후 두 차례 더 방문했다. 주시경 흉상은 시내 중심에서 멀지 않은 한글회관 입구에 설치되어 있다. 광화문 중앙차로 버스정류장에서 내려 세종문화회관 방향으로 길을 건넌 후 포시즌스호텔에서 서울역사박물관 방향으로 4~5분 정도 걸으면 '한글가온길' 표지가 나온다. 가온길에서 오른쪽으로 돌면 내일신문 사옥 옆 붉은 벽돌로 된 5층 건물이 우리나라 한글의 본산인 한글회관이다. 43년 전인 1977년 준공

한글회관에 있는 주시경 선생 흉상

된 건물로 내일신문 사옥, 오만 대사관 등의 건물들이 주위에 들어서면서 외관이 상대적으로 더 초라해 보인다.

주시경 흉상은 한글회관 주차장에 맞닿아 있는 건물 1층 입구 왼쪽 계단 옆에 세워져 있다. 차 높이가 높은 승합차가 주차하면 흉상을 가리게 된다. 주시경 흉상이 있다는 걸 아는 사람이 아니라면 쉽게 발견하기 어려운 위치다. 흉상을 처음 찾은 날도 승합차가 주차되어 있었다. 10월 9일 한글날을 국경일로 기념하는 나라답게 한글회관 개보수 및 주시경 흉상에 대한 위치 조정이 필요해 보인다.

세종대왕과 주시경의 무대, 세종로와 한글가온길

한글회관이 있는 한글가온길과 세종대왕 동상이 있는 세종로는 우리나라 한글의 고향이다. 훈민정음을 창제한 세종대왕이 탄생한 곳은 세종로에서 걸어갈 수 있는 거리인 한성부 북부 준수방, 현재의 통인동이다. 훈민정음을 갈고 닦아 오늘날 우리가 쓸 수 있게 만든 주시경이 살았던 곳은 한글회관에서 500여 미터 떨어진 주상복합건물 '용비어천가' 자리다. 용비어천가 건물 안쪽에는 이를 기념해 '한힌샘-마르지 않는 샘'이란 조형물이 설치되어 있고, 세종로에는 세종대왕 동상이 있다. 동상 밑에는 세종의 업적을 정리한 작은 박물관인 세종이야기가 있다. 한글 창제 과정, 《용비어천가》, 《훈민정음 해례본》 등 훈민정음을 이용해 발간한 각종 책과 한글 문학의 백미로 꼽히는 〈속미인곡〉 등 아름다운 한글로 된 문학작품을 볼 수 있다. 또 주시경과 파란 눈의 한글학자 호머 헐버트를 만날 수 있는 주시경 마당도 근처에 있다. 2.5킬로미터 정도 이어지는 이 길에 서울시가 '한글가온길'이라는 명칭을 붙였다. '가온'은 가운데, 중심을 뜻하는 순 한글이다. 한글가온길은 한글의 역사 그 가운데를 걷는 길 정도로 해석하면 된다.

크고 하얀 샘 주시경

주기경 흉상은 얼굴과 가슴이 일부 있는 모습으로 제작됐다. 정면을 응시하는 눈동자와 오뚝 솟은 코, 그리고 굵고 짙은 눈썹이 눈길을 끈다. 입술은 두터운 편이고 콧수염이 무성하다. 이마는 주름 하나 없는 팽팽한 모습이고 머리는 짧게 잘랐다. 무슨 일이든 한번 마음을 먹으면 쉽게 꺾일 것 같지 않은 인상이다. 한복을 즐겨 입었던 주시경 선생의 평소 모습대로 한복 두루마기 차림이다.

화강암 좌대 정면에 '한힌샘 주시경 스승'이라는 글자가 세로로 오석에 새겨져 있다. '한힌샘'은 주시경 선생의 아호로 '크고 하얀 샘'이란 뜻이다. 정면 오른쪽에는 주시경 선생에 대한 간단한 약전과 흉상을 만든 작가의 이름이 새겨져 있다.

한힌샘 주시경 스승은
1876년 12월 22일 황해도 봉산군 무릉골에서 태어나
배달겨레의 말과 글을 한평생 갈닦으시다가
1914년 7월 27일 서울 내수동에서 돌아가셨다.

온 겨레의 뜻을 모아 1993년 10월 9일에
주시경 선생 기념사업회 세우다.

얼굴상은 한인성이 만들고 글씨는 이미경이 씀

얼굴상을 만든 한인성은 부산대 미대 교수로 서울 한화빌딩 본사 앞에 있는 '금수강산' 등의 작품을 남겼다. 글씨를 쓴 꽃뜰 이미경은 국내 대표적인 여성 한글 서예가다. 언니인 갈물 이철경, 북한으로 간 봄뫼 이각경과 함께 자매들이 모두 서예가로 활동한 특이한 이력을 갖고 있다.

한글에 눈을 뜨게 한 서재필과의 만남

주시경은 1876년 12월 황해도 봉산군 쌍산면 천산리 무릉골에서 태어났다. 서울로 오게 된 건 둘째아버지의 양자가 되면서부터다. 주시경은 4년 간 한학을 배웠고 1894년 9월 배재학당에 입학했지만 중도에 그만두고 인천부 관립이운학교(官立利運學校)에 재입학했다. 이곳에서 해운업을 공부한 후 1896년 4월 다시 배재학당에 입학했다. 당시 배재학당에는 미국에서 귀국한 조선의 선각자 서재필이 교사로 출강해 미국 정치사 등을 가르치고 있었다. 갑신정변이 실패한 후 미국으로 망명해 미국 시민권을 얻고 의사가 된 서재필과의 만남은 주시경의 운명을 바꿨다. 1896년 4월 7일 독립신문이 창간되자 주시경은 서재필에게 발탁되어 독립신문의 회계사무 겸 교정을 보는 교보원이 됐다.

당시 조선의 위정자 및 지식인들은 주로 한자를 사용하고 있어 제대로 된 한글 표기 방법이 없었다. 독립신문을 발행하려면 한글 표기법 기준 마련이 무엇보다 시급했다. 맞춤법을 정리 및 통일해야 할 필요성을 느낀 주시경은 독립신문 사내에 '국문동식회'를 조직해 국문 전용, 국문 띄어쓰기, 쉬운 국어쓰기를 실천했다.

　　1900년 6월 배재학당 보통과를 졸업한 주시경은 홍화학교 양지과(量地科)에서 지리와 측량, 정리사(精理舍)에서 수물학(數物學:수학과 물리)을 배우는 등 34살까지 학업을 계속했다. 동시에 상동사립학숙과 상동청년학원, 국어강습소, 조선어강습원 등에서 교사로 일하면서 국어 교육과 국어 발전에 주력했다. 또한 숙명여고와 오성학교, 이화학당, 휘문의숙, 보성중학, 배재학당, 간호원양성학교 등 10여 개의 학교에서 조선어와 지리, 주산 등을 가르치면서 우리의 언어·글자·역사·문화를 강조했다. 주시경은 우리말과 우리글의 맞춤법, 음운을 바로잡는 등 한국어에 대한 연구를 게을리하지 않았다. 그는 한글 창시자인 세종이 설치했던 언문청과 같은 국문연구 기관을 세우자는 상소를 올렸고 1907년 7월 학부(현 교육부) 안에 국문연구소가 설치되자 연구위원으로 일했다. 이곳에서 발음의 연혁, 철자법 등 11개 항목의 〈국문연구안〉을 제출했고, 1910년에는 국어연구의 길잡이가 되는 책《국어문법》을 발간했다.《국어문법》은 국어의 특성에 입각한 음운과 품사, 구문, 어휘 4부를 갖춘 책으로 주시경이 독자적으로 연구한 결과를 집대성한 한국어 문법서다. 이외에도 〈국어문전음학〉, 〈소리갈〉, 〈국문초학〉등 각종 연구서를 발간하였다. 1914년 마지막으로 발간된 〈말의 소리〉는 구조언어학적 이론을 구체적으로 창안한 세계 최초의 연구서로 평가된다.

영화 〈말모이〉와 《큰 사전》

2018년 한글사전 편찬의 과정을 극적으로 전개해 인기를 끌었던 영화 〈말모이〉의 시작은 주시경이었다. 주시경은 최현배, 김두봉, 장지영 등 많은 제자를 길러냈고, 그들과 함께 한글을 연구하고 한글 사전 편찬의 기초가 되는 말모이를 했다. 1908년 8월에는 봉원사에서 국어연구학회를 설립했으며 1909년에는 한어연구회를 조직했다. 주시경이 독립신문에서 국문동식회를 통해 처음 시작한 한글연구는 1914년 그가 사망한 뒤에도 1921년의 조선어연구회, 1931년의 조선어학회, 1949년의 한글학회로 이어졌다.

조선어학회는 1942년부터 해방이 될 때까지 33명이 검거됐고 회원이던 이윤재, 한징은 옥에서 사망하는 등 일제의 극심한 탄압을 받았다. 말모이 원고가 훼손되지 않고 발견된 과정도 극적이다. 1945년 1월 18일 함흥지방법원은 조선어학회 사건으로 기소된 12명에게 전원

주시경 흉상 제호

유죄 판결을 내렸다. 이에 불복한 이극로와 최현배, 이희승, 정인승 등 4명은 상고했고 증거물인 말모이 원고도 함흥지방법원에서 상급법원인 경성지방법원으로 보내졌다. 하지만 1945년 8월 15일 패전을 앞둔 조선총독부의 행정업무가 마비되면서 원고는 법원으로 가지 못하고 서울역 조선통운 창고에 보관되어 있다가 그해 9월 발견됐다. 말모이 원고 덕분에 2년 후인 1947년 10월 9일 한글날을 맞아 《조선말 큰 사전》 1권이 간행될 수 있었다.

《조선말 큰 사전》은 6·25 전쟁으로 발간이 지연되는 등 우여곡절을 겪다 1957년에 완간됐다. 총 여섯 권에 본문이 3,558쪽이고 16만 4,125 어휘에 이르는 방대한 분량으로 이름도 《조선말 큰 사전》에서 《큰 사전》으로 바뀌었다. 세종대왕이 한글을 창제한 지 510년 만에 순전히 우리글로 우리말을 해석한 사전이 완성된 것이다. 주시경과 제자들이 말모이 사업을 시작한 지 47년 만이었다.

배재학당 동료 이승만을 구하기 위해 든 권총

주시경은 독립신문 발행과 한글 맞춤법 정리 등 한글연구에 매진한 학자이자 교육자였지만, 대한민국 초대 대통령이 되는 이승만과 함께 대한제국의 황제인 고종에게 맞선 투사이기도 했다. 1896년 7월 서재필이 독립협회를 조직하자 당시 '주상호(또는 상옥)'라는 이름을 썼던 주시경은 이에 적극 참여했다. 1898년 5월 서재필이 조선 수구파 정권의 탄압으로 미국으로 쫓겨 갔고 11월에는 이상재와 남궁억 등 독립협회 간부 17명이 '헌의 6조'의 실행을 요구하다가 체포되었다. 그러자 독립협회의 청년 지도자였던 이승만과 주시경 등은 독립협회 회원들과 함께 종로 네거리에서 만민공동회를 개최하고 그들의 석방을 요구했다. 이 과정에서 독립협회 회원들과 백성들은 보수파들이 보낸 보부상에 맞서 몽둥이를 들고 싸웠다.

이후 서상대, 이동녕, 양기탁 등과 함께 투옥됐다가 특사로 풀려난 주시경은 한성감옥에 수감된 배재학당 동료 이승만이 고종 황제 폐위라는 대역죄로 사형될 것이라는 소식을 들었다. 그러자 1900년 1월 30일 주시경은 이승만의 탈출을 돕기 위해 상동교회 전덕기 목사 등과 함께 권총 3자루를 이승만에게 전달했다. 이승만은 권총을 들고 다른 동료 2명과 함께 탈옥하다 체포됐다. 이승만은 무기징역을 받았고 탈옥에 성공했던 최정식은 다시 잡혀 결국 사형당했다.

'주보따리'라 불린 주시경

흉상이 있는 한글회관에서 북쪽으로 50여 미터를 이동하면 주시경 마당이다. 주시경 마당은 세종로 대우빌딩과 세종빌딩 사이에 조성된 작은 공원으로 정식 명칭은 '도렴녹지공원'이다.

둥글둥글한 화강암 바위에 '주시경 마당'이라는 글씨가 새겨져 있어 쉽게 찾을 수 있다. 주시경 마당에는 주시경 선생과 미국인 호머 헐버트 박사 부조 작품이 설치되어 있다. 주시경은 보통이를 오른손에 들고 있고 왼손은 자연스럽게 내렸다. 얼굴의 전체적인 모습은 한글회관 앞 흉상과 비슷하다. 눈동자는 정면을 강하게 응시하고 있고, 오뚝한 콧날과 두터운 눈썹이 인상적이다. 콧수염이 윗입술을 덮고 있고 머리는 짧게 깎았다. 한복 두루마기는 거의 발목까지 내려왔고 옷고름은 단정하게 맸다. 한복 바지 밑단에 대님은 보이지 않고 흰 고무신을 신었다.

주시경 선생이 기댄 돌기둥에는 "말이 오르면 나라도 오르고 말이 내리면 나라도 내리 나니라"는 선생의 글과 약전이 새겨져 있다.

주시경 선생 전신 부조

전신 부조의 포인트는 보따리다. 주시경은 동여맨 보자기 윗부분을 꽉 쥐고 있다. 말모이 원고를 많이 넣었는지 보자기가 아래로 처져 있다. 주시경은 서울 시내 10여 개 학교에 손수 만든 한글책 보따리를 들고 다니며 한글과 지리 등을 가르쳤다. 책을 보자기에 싸서 들고 다니면서 열성적으로 학생들을 가르치는 그를 보고 학생들이 붙인 별명이 '주보따리'였다.

한국인보다 한글을 더 사랑한 호머 헐버트 박사

주시경 부조 대각선 방향에는 우리나라 최초의 근대식 한글 교과서인 《사민필지士民必知》를 양손으로 쥐고 있는 호머 헐버트 박사 부조 작품이 세워져 있다. 둥근 테 안경을 쓰고 있고 눈동자가 선명해 마치 누군가를 강하게 바라보는 것 같다. 서양인 특유의 오뚝한 코와 팔(八) 자형 콧수염, 턱을 덮을 정도로 무성한 턱수염이 인상적이다.

양복 정장 차림으로 와이셔츠 위에 넥타이를 단정하게 맸고 조끼를 갖춰 입었다. 끈이 있는 정장 구두가 아름다워 보인다. 지금 당장 윗주머니에 장미 한 송이를 꽂고 서울 명동 거리에 나가도 될 정도로 옷차림이 잘 어울린다. 부조의 포인트는 《사민필지》다. 1891년 출간된 《사민필지》는 헐버트 박사가 근대식 국립 교육기관인 육영공원 교사로 초청되어 근무할 때 편찬한 우리나라 최초의 근대식 한글 교과서다. 세계 지도와 각 나라의 정부 형태, 산업, 교육, 군사, 종교 등이 포함된 일종의 사회지도백과로 대마도가 조선 땅으로 표기되어 있다. 헐버트 박사가 기대어 선 직사각형

호머 헐버트 박사 전신 부조

돌기둥에는 "한글과 견줄 문자는 세상 어디에도 없다"는 헐버트 박사의 말이 새겨져 있고 다른 쪽에는 헐버트 박사의 약전이 빼곡하게 들어가 있다.

헐버트는 우리 한글 역사와 독립운동에 빼놓을 수 없는 인물이다. 1863년 미국 버몬트주 뉴헤이븐에서 출생한 헐버트는 미국 감리교 선교사이자 언론인, 사학자, 교육자이다. 1886년 교사로 초청되어 조선에 왔고 육영공원에서 영어를 가르쳤다. 헐버트 박사는 한국인보다 한글을 더 사랑한 사람으로 유명하다. 헐버트는《사민필지》서문에 "조선 언문이 중국 글자에 비해 크게 요긴하건만 사람들이 오히려 업신여기니 어찌 아깝지 아니하리오"라고 말하며 어려운 한자 대신 한글을 애용할 것을 주장했다. 헐버트 박사는 논문〈한글〉에서 "세종대왕의 한글 창제는 인류사에서 빛나는 업적"이라고 칭송했고 다른 논문에서는 "의사소통의 매개체로서 한글이 영어 알파벳보다 우수하다"고 주장했다. 또 1896년에는 구전으로만 전해오던 아리랑을 처음으로 채보했고《대한제국 멸망사》,《한국사》등 한국 관련 서적을 저술했다. 대한제국의 쇠퇴 과정을 기술한《대한제국 멸망사》는 오늘날까지도 미국과 유럽에서 한국 근대사를 연구하는 중요한 사료로 활용되고 있다.

헐버트 박사는 조선의 독립을 위해서도 물심양면으로 노력했다. 고종황제의 자문관으로서 1907년 네덜란드 헤이그에서 열리는 만국평화회의에 특사를 파견할 것을 건의했고, 헤이그에 직접 가서 대한제국의 입장을 대변하는 활동을 펼쳤다. 조선에서 추방된 헐버트는 미국에서 독립운동을 펼치고 있던 서재필과 이승만을 적극 지원했다. 1919년 3·1 운동 후에는 이를 지지하는 글을 작성했고, 미국 각지를 돌면서 일본제국의 침략행위를 비난했으며 한국의 분리 독립을 호소하였다. 한국에 대한 사랑이 남달랐던 헐버트는 해방 후 1949년 7월 29일 이승만 대통령의 초청으로 광복절 행사 국빈 자격으로 한국을 방문했지만, 노구에 오랜 여행의 피로가 겹쳐 광복절 행사를 보지 못하고 8월 5일에 세상을 떠났다.

헐버트는 샌프란시스코에서 대한민국으로 떠나며 "나는 웨스트민스터 사원보다 한국 땅에 묻히기를 원하노라"고 말했고 유언대로 양화진 외국인 무덤에 묻혔다. 묘비에는 "한국인보다 한국을 더 사랑했고, 자신의 조국보다 한국을 위해 헌신했던 빅토리아풍의 신사 이곳에 잠들다"라고 기록되어 있다. 1950년 정부는 헐버트 박사에게 외국인으로서는 처음으로 건국훈장 독립장을 추서했다.

한글 자모음 터널 〈소통〉

돌기둥을 중심으로 대각선으로 배치된 주시경 선생과 헐버트 박사 부조 사이에는 한글 자모음이 터널처럼 배치되어 있다. 그곳에는 주시경 선생과 헐버트 박사의 업적을 적은 6개의 유리판이 있다. 주시경 선생 쪽에는 '겨레의 큰 스승 주시경 선생', 독립신문 47호(1897년) 제2권에 쓴 논설 〈국문론〉, 보중친목회보 제1호(1910년)에 쓴 〈한 나라말〉이 설치되어 있고 헐버트 박사 쪽에는 '한국인보다 한글을 더 사랑한 미국인 호머 헐버트', 《사민필지 유럽편》, 한글의 우수함을 영문으로 쓴 헐버트의 논문이 설치되어 있다. 주시경과 헐버트 부조, 그리고 한글 자음과 모음을 터널처럼 만든 이 작품의 이름은 〈소통〉이며 작가는 주호영이다. 가로 4.15미터, 세로 8.05미터, 높이 5.15미터의 대형 조형물로 청동에 인(燐)을 첨가한 인청동과 화강석을 이용했다. 설명문에는 "한글의 근대화와 대중화를 위해 헌신한 주시경 선생과 헐버트 박사의 숭고한 뜻을 기리고 그분들의 애국 애족 정신을 본받아 한글과 나라 사랑의 의미를 고취하고자 표현하였다"고 되어 있다.

백성의 글 훈민정음을 국민의 글 한글로 바꾼 스승

1443년 세종대왕은 훈민정음을 반포했다. 세종대왕은 훈민정음 서문에 "나랏말씀이 중국의 말과 달라, 어리석은 백성이 자신의 뜻을 제대로 펴지 못하는 이가 많으니라. 내 이를 불쌍히 여겨 새로 스물여덟 자를 만드니 사람마다 쉽게 익혀 늘 씀에 편안하게 하고자 함이라"고 밝혔다. 백성을 위해 세종대왕이 애민의 마음으로 훈민정음을 만들어 반포한 것이다. 주시경은 이 세종대왕이 창제한 훈민정음, 언문으로 불리던 글을 큰 글자, 넓은 글자라는 의미를 가진 한글로 고쳤다.

한글회관 앞 주시경 흉상

주시경은 1914년 38세의 젊은 나이에 세상을 떠났지만 짧은 세월 동안 훈민정음을 한글로 바꿨고 국어의 체계화, 표의주의 철자법, 한자어 순화, 한글 풀어쓰기 등 현대 한글의 기초도 마련했다.

훈민정음을 창제한 사람은 세종대왕이지만, 훈민정음을 갈고 다듬어 지금처럼 우리가 쓸 수 있도록 만든 사람은 주시경이다. 왕조시대 백성은 통치의 대상이던 일반 평민을 이르는 말이었다. 주시경은 백성의 글이었던 훈민정음을 국민의 글, 한글로 바꿨다.

광화문 교보빌딩 앞 소설가 염상섭 동상

-식민지 현실을 날카롭게 고발한 자연주의 작가

염상섭(1897~1963)

한국 최초의 자연주의 소설 「표본실의 청개구리」를 쓴 소설가이자 기자, 교육자. 보성중학에서 공부하다 일본으로 유학을 떠나 교토부립2중학교를 졸업했다. 게이오대학 문과를 자퇴한 후 신문사에서 일했다. 3·1 운동 후 오사카 3·19 독립선언을 주도하다 체포돼 1심에서 징역 10개월을 받았으나 2심에서 무죄를 선고받았다. 1920년 동아일보가 창간되면서 동아일보 기자가 됐고 이후 잡지 〈동명〉, 조선일보, 만선일보 등에서 기자로 일했으며 경향신문 초대 편집국장, 서라벌예술대학 초대학장을 지냈다. 『삼대』, 『취우』, 「삼팔선」 등 많은 작품을 남겼으며 주로 식민지 조선인의 세대 간 갈등, 광복 후 혼란스런 표정, 6·25 전쟁으로 적나라하게 드러난 사람들의 모습을 그렸다. 그의 소설은 식민지 시대를 사는 사람들에게 자신이 누구인지를 자각하게 만들었다는 평가를 받는다. 1956년 아시아 자유문학상을 수상했다. 교보문고 앞 동상은 1996년 문학의 해를 맞아 문화체육부 주관으로 건립된 것이다. 처음에는 종묘광장에 설치되었지만, 삼청공원 약수터를 거쳐 현재의 자리로 이전됐다.

찾아가는 길

우리나라에서 가장 큰 서점인 광화문 교보문고 앞은 인근에 대규모 오피스 빌딩이 밀집해 있고 유동인구도 많아서 늘 북적인다. 책을 사려고 오는 사람도 많고 접근성이 좋아 만남의 장소로도 자주 이용된다. 광화문 교보문고 앞 종로 방향 출입구, 지하 1층 교보문고로 들어가는 계단 오른쪽에는 '사람은 책을 만들고 책은 사람을 만든다'는 글귀가 새겨진 큰 돌 3개가 있다. 글귀는 교보문구 설립자인 대산 신용호 회장이 남긴 것이다. 돌은 원석 그대로의 느낌을 살렸다. 바탕에 새겨진 검은 색 글씨가 인상적이다. 석비 아래에는 우리나라 최초의 자연주의와 사실주의 문학을 선보인 횡보 염상섭(1897~1963)이 벤치에 느긋하게 앉아 있다.

교보빌딩 앞 횡보 염상섭 동상

두 사람이 앉아도 넉넉한 벤치와 염상섭 동상

염상섭 동상은 굳이 따로 찾지 않더라도 광화문에 가면 늘 만나게 되는 곳에 설치되어 있어 자연스럽게 수차례 답사했다. 양복 정장에 넥타이를 단정하게 맨 염상섭은 왼쪽 팔을 벤치 위에 올렸고, 책 한 권을 든 오른손은 양복 바지 위에 자연스럽게 올려놓았다. 오른쪽 다리를 왼쪽 다리 위에 포갠 채 종로 거리를 바라보고 있다. 이마는 벗겨졌고 주름살이 많다. 광대뼈 부근과 입 주변에도 주름이 많아서 나이가 꽤 들어 보인다. 염상섭의 나이가 얼마나 들었는지는 이마에 있는 혹으로 짐작할 수 있다. 염상섭은 말년에 이마 한쪽에 자두만 한 커다란 혹이 생겨 고생

동상 옆에서 사진을 찍는 관광객

했다. 이마에 혹이 있는 걸로 봐서 인물상은 60대 이후의 염상섭을 모델로 제작된 듯하다. 벤치는 두 사람이 앉아서 쉬거나 염상섭을 모델로 사진을 찍어도 될 정도로 넉넉하다.

동상 오른쪽에는 염상섭의 간략한 생애와 업적 등을 새긴 석비가 자리 잡고 있다. 커다란 사각형 모양의 오석 원석 앞면은 매끈하게 깎아 글씨를 새겼고 나머지는 그대로 거칠게 됐다.

횡보(橫步) 염상섭(廉尙燮)의 상(像)

염상섭은 1987년 서울 종로에서 출생하여 1920년 〈폐허〉 창간 동인으로 신문학 운동을 시작한 이래 〈표본실의 청개구리〉, 〈삼대〉 등 많은 작품을 발표, 한국 소설 발전에 이바지하였다. 96문학의 해에 선생의 업적을 기리기 위하여 생가 터 부근에 이 상(像)을 세운다.

1996년 10월 일
세운이: 문화체육부 96문학의해조직위원회

조각: 김영중 글씨: 임현기

협찬: 교보생명, 교보문고

염상섭 동상 소개 석비와 이전 경위를 적은 동판

　　동상은 1996년 문학의 해를 맞아 96문학의해조직위원회가 한국 근대
문학의 대표 인물로 선정된 염상섭을 기리기 위해 설치했다. 처음에는
종묘 광장에 설치됐지만 종묘 광장 공사로 삼청공원 약수터로 이전됐다
가, 최종적으로 광화문 교보문고 앞에 자리를 잡았다. 석비 아래에는 염
상섭 동상이 광화문 교보문고 앞에 이전되기까지의 과정을 적은 동판이
부착되어 있다.

　　1996년 문학의 해를 기념하여 한국 근대문학의 대표 인물로 선정된

횡보 염상섭의 상을 종묘광장에 설치하였다.

2009년 종묘광장 정비 과정에서 삼청공원으로 이전하였으나

염상섭의 위상에 걸맞고 시민들이 쉽게 찾을 수 있는 곳에

위치해야 한다는 문화계와 시민사회의 여론에 따라

종로구청과 교보생명, 교보문고, 대산문화재단은

뜻을 모아 우리 문화 예술 문화가 시민들 가까이서 더욱 꽃피우도록

이 자리에 이전 설치한다.

2014년 4월 1일

조각은 김영중, 글씨는 임현기 선생이 맡았다. 우호(又湖) 김영중(1926-2005)은 한국 현대 조각 1세대로 앞서 소개한 방정환, 윤봉길 등의 조각상을 만든 작가다. 한국동양서예학회 회장·사단한국서가협회 감사 등을 지낸 임현기(林炫圻)는 나무, 돌, 금옥 등에 인장을 새기는 전각에 능한 서예가다.

오사카 3·1 항일투쟁의 선구자 염상섭

서울 종로에서 태어난 염상섭은 아버지가 전주, 가평, 의성 등지에서 군수를 지낸 덕분에 어린 시절에는 유복하게 자랐다. 1911년 보성중학교에 입학했다가 1912년 일본으로 유학을 갔고, 그곳에서 도쿄 아사부중학을 거쳐 1918년 교토부립 제2중학교를 졸업했다. 그해 게이오대학 문과 예과에 들어갔으나 첫 학기를 마치고 병으로 자퇴했다. 이후 쓰루가의 작은 신문사에서 약 3개월간 기자로 일하던 염상섭은 3·1 운동을

계기로 직접 행동에 나섰다. 염상섭은 1919년 3월 18일 밤, 오사카 공장지대를 돌면서 한인 노동자들에게 격문과 붉은색 완장을 나눠줬다.

하루 뒤인 19일. 염상섭은 조선독립선언서 230장, 격문 1장, '대한독립' 깃발 1개, 일본어로 된 독립선언서 13장을 들고 덴노지공원으로 갔다. 오사카가 조선인 노동자가 3,000명 이상 살고 있는 대표적인 한국인 밀집지라는 점을 감안해 독립선언서 명의는 재 오사카 한국노동자대표로 했다. 그는 유학생, 노동자 등의 재일조선인들에게 자신이 쓴 조선독립선언서를 나누어 준 후 일본 총리대신·중앙위원장·신문사·각 대학교수에게 보내는 선언서를 낭독한 뒤 경찰에 체포됐다. 오사카 아사히신문은 3월 21일자 기사에서 "3월 19일 오사카 시내 덴노지(天王寺)공원 음악당(공회당)에 집결한 조선인 24명이 체포됐다. 불온한 비밀 출판을 배포하고 시위운동용 깃발을 은닉했다"고 보도했다. 경찰은 주동자인 염상섭과 시위 준비를 도운 이경근, 백봉제를 출판법 위반 혐의로 기소했다. 일본 법원은 1심에서 염상섭에게 금고 10개월, 이경근과 백봉제에게 금고 3개월 15일을 선고했으나 그해 6월 열린 2심 재판에서는 무죄 결정을 내렸다. 염상섭 등 3명이 "필사한 것은 아무리 불온 문서라 하더라도 출판물로 인정하지 않는다"며 기소 자체가 잘못됐다고 주장한 것을 재판부가 받아들인 것이다. 결국 염상섭은 오사카 덴노지 독립만세 시위로 3개월 동안 복역하고 풀려났다. 염상섭이 주도한 오사카 3·19 선언은 망국의 한을 품고 살아가던 조선인들에게 민족의식을 불어넣었고, 이러한 각성은 1920년대 오사카에서 벌어진 노동운동과 항일운동의 촉매가 됐다.

출옥 후 한글판 성경 등을 인쇄하는 요코하마 복음인쇄소에서 일하던 염상섭은 1920년 2월 동아일보가 창간되면서 정경부 기자로 채용됐다. 1920년 6월 말 동인지 〈폐허〉를 출간하기 위해 동아일보를 그만뒀다가 1921년에는 최남선이 운영하던 시사잡지 〈동명〉의 기자로 복귀했고 1928년에는 조선일보 문예부장으로 자리를 옮겼다. 1935년 매일신보 정치부장을 거쳐 1936년 만주 만선일보 편집국장을 지냈고 그 후 중국 단둥에 있는 건설회사 홍보담당관으로 일하다 해방을 맞았다. 서울로 돌아온 염상섭은 경향신문 초대 편집국장을 거쳐 1954년 서라벌예술대학(현 중앙대 예술대학) 초대학장, 예술원 회원 종신회원이 됐다. 그는 1963년 3월 14일 아침 성북동 자택에서 직장암으로 타계했다.

「표본실의 청개구리」, 『삼대』, 「삼팔선」, 『취우』

염상섭은 오랜 기간 기자로 일했지만 기자보다는 작가로 더 알려진 인물이다. 1921년 〈개벽〉에 단편 「표본실의 청개구리」를 발표하면서 문학계에 자신의 이름을 알렸다. 그는 이 소설에서 3·1 운동 직후 지식인의 심리를 냉철한 시각으로 생물을 해부하듯이 파헤쳤다. 말단 공무원으로 민족의 자존심을 버리고 일본의 하수인 노릇을 하는 것 외에는 변변한 일자리 하나 찾기 힘든 시대적 상황을 소설에 반영한 것이다. 작중 내에서 염상섭은 이런 지식인들을 "사지를 핀셋에 고정당한 채 파들파들 떨며 죽어가는 개구리에 방불하다"고 표현했다. 이 작품으로 염상섭은 우리나라 최초의 자연주의 작가라는 평을 듣게 됐다.

이어 「제야」, 「만세전」, 「금반지」, 장편 『사랑과 죄』, 『이심』 등의 작품을 잇달아 발표했다. 1931년 1월에는 장편소설 『삼대(三代)』를 조선일보에 연재했다. 후일 그의 대표작이 되는 『삼대』는 구한말, 일제 통치시절 세대 간 갈등을 그린 작품이다. 봉건적 가치관을 고수하는 할아버지 조의관, 신교육은 받았지만 주체성을 잃은 개화기 세대 아버지 조상훈, 그리고 식민지 시대 청년인 조덕기를 통해 1920년대 식민지 조선의 세대 갈등을 냉정하게 그렸다. 1948년에는 광복 이후 귀환 동포가 38선 남쪽으로 넘어오는 이야기를 다룬 「삼팔선」을 발표했다. 「삼팔선」은 광복 후 귀환하는 동포가 사리원에서 금교를 거쳐 개성으로 들어가는 당시 상황을 세밀하게 기록했다. 이 작품은 만주를 출발해 북한에 의해 사실상 국경선이 된 38선을 넘는 과정에서 어려움을 겪었던 염상섭의 자전소설이었다.

6·25 전쟁 중이던 1952년 7월부터 1953년 2월까지는 조선일보에 전쟁 중에 놓인 인간의 모습을 적나라하게 보여준 『취우』를 연재했다. 6·25 전쟁 발발 직후부터 9·28 서울 수복까지의 3개월을 시간적 배경으로 삼은 『취우』는 한미무역회사 사장 김학수와 비서이자 애첩인 강순제, 그리고 같은 회사의 젊은 과장인 신영식을 통해 전쟁이라는 극한 속에서 펼치는 인간 군상의 모습을 구현했다. 전쟁이란 배경이 인간을 얼마나 배신이 난무하게 만들고 속되게 생명을 부지하려고 발버둥치게 만드는가를 사실주의 수법으로 담담하게 보여줬다. 이외에도 단편 「해방의 아들」, 「임종」, 「일대의 유업」, 「두 파산」 등 다수의 작품을 썼다. 말년에는 주로 평면적 사실주의 수법으로 서민들의 생활 문제를 다룬 단편을

발표했다. 1956년에는 「짖지 않는 개」로 아시아 자유문학상을 받았으며 1957년에는 예술원 공로상을, 1962년에는 3·1문화상 등을 받았다.

식민지 현실을 날카롭게 고발한 자연주의 작가

염상섭은 소설을 통해 한 시대를 살아가는 사람들을 세밀하게 묘사했다. 「표본실의 청개구리」에서 식민지 지식인의 고민과 무력함을 날카롭게 고발했다. 『삼대』에서는 조선-대한제국-식민지로 이어지는 혼란 속에서 살아가는 할아버지-아버지-손자의 세대갈등을 그렸다. 「삼팔선」에는 소련과 북한에 의해 이미 국경이 되어버린 38선을 넘어야 하는 귀환동포의 애환을, 『취우』에서는 전쟁통에 살아남으려는 인간들의 모습을 적나라하게 표현했다.

염상섭은 소설을 통해 식민지 조선에 살았던 3,000만 명의 삶을 객관적으로 투영시켰다. 그중에는 독립투사와 일제 앞잡이도 있었지만, 대부분의 사람은 평범한 삶을 살았다. 평범한 삶을 살았다고 해서 그들이 모두 조선인이라는 정체성을 버린 것은 아니었다. 그 정체성은 점차 자신들이 나라

염상섭 동상 앞에 종로거리가 펼쳐져 있다

의 주인이라는 생각으로 변했다.

염상섭의 세밀한 손길을 통해 조선의 백성이 식민지 주민으로, 또 공화국 국민으로 어떻게 의식이 변화했는지를 따라갈 수 있다. 그의 소설은 구한말에서 식민지 조선을 거쳐 6·25 전쟁 속에서 살았던 한국인의 삶을 이해할 수 있게 만들고 그 시대를 더 객관적으로 바라보게 만드는 창이다.

홍파동 홍난파 가옥 앞 작곡가 홍난파 흉상

-식민지 조선인의 마음을 울린 근대음악의 선구자

홍난파(1898~1941)

홍난파는 한국인 최초의 바이올리니스트·작곡가·지휘자이다. 어릴 때에는 한학을 공부했으나 이후 YMCA와 조선정악전습소에서 바이올린을 배웠다. 일본 도쿄음악학교와 도쿄고등음악학원에서 수학했다. 3·1 운동 당시에는 바이올린을 맡기고 전단지를 돌리는 등의 행동을 통해 시위에 참여했다. 미국 셔우드음악학교에서 공부했으며 귀국 후에는 이화여전 강사·경성방송국 서양음악부 책임자로 일했다. 수양동우회 사건으로 체포되어 투옥됐고, 이 사건을 계기로 전향하여 조선문예협회와 조선음악협회 등에서 친일가요와 글을 작성하여 일본을 돕기 시작했다. 그 외에도 '고향의 봄', '봉선화', '옛동산에 올라' 등 민족의 정서를 자극하는 수많은 가곡과 동요를 지었다. 그가 지은 주옥 같은 동요와 가요는 조선 사람들의 심금을 울렸고, 민족의 노래가 됐다. 그렇기 때문에 더더욱 말년에 일제에 협력한 게 오점으로 남았다. 1965년 문화훈장을 받았다. 흉상은 1968년 탄생 70돌을 맞아 남산 KBS 앞에 설치됐다가 KBS가 여의도로 이전하면서 같이 이전됐다. 2003년 친일 논란이 거세지면서 흉상은 2004년 홍파동 집 앞으로 이전됐다.

찾아가는 길

서울 종로구 홍파동 월암근린공원 내 난파의 집에 있는 홍난파 흉상을 보기 위해 강북삼성병원 앞 버스정류장에서 내려 인왕산 쪽으로 향했다. 2018년 11월, 2019년 3월에 이어 8월까지 세 번째 방문이다. 강북삼성병원과 박물관 마을을 뒤로 두고 계속해서 올라가면 서울시교육청

홍난파 선생 흉상과 홍난파 가옥

과 옛 기상청이 보인다.

이곳을 지나면 서울성곽길이 나온다. 복원작업을 하면서 돌을 추가로 쌓아 성곽 아래에서 정상까지 족히 7~8미터는 될 정도로 높이가 만만치 않다. 성곽 아래 조성된 길을 따라 5분 정도 걸으면 월암근린공원 표지석을 만나게 된다. '월암(月岩)'은 달바위라는 뜻으로, 옛날에 보름달처럼 둥근 바위가 있었다고 해서 붙여진 이름이다.

홍난파 흉상은 월암공원 북쪽 끝에 있는 홍난파 가옥 입구에 세워져 있다. 흉상 왼쪽에는 가옥으로 들어가는 계단이 있고, 오른쪽에는 굵은 감나무가 가지를 드리우고 있다. 겨울 초입에 찾았던 홍난파 가옥은 감나무에 남아 있는 붉은 감과 푸른 빛 흉상, 홍난파 가옥의 붉은 벽돌이 선명한 초겨울 색감을 자아냈다. 그와 달리 여름의 가옥은 집 전체를 담쟁이덩굴이 휘감고 있었다. 흉상에도 겨울철 황량했던 풍경과 달라 꽃이 핀 화분들이 있어서 아름다웠다.

KBS 앞에서 홍난파 가옥으로 옮겨진 흉상

홍난파는 양복 정장에 단정히 넥타이를 매고 조끼를 갖춰 입었다. 1930~1940년대 경성 거리를 오고 가던 신사들의 옷차림이다. 머리는 뒤로 빗어 넘긴 올백 스타일이다. 눈은 작은 편이지만 오뚝하게 솟은 콧날과 굵은 눈썹, 큼직한 귀가 인상적이다. 마치 미소를 짓고 있는 불상을 보는 느낌이다. 설치된 지 50여 년의 세월이 흐른 흉상은 푸른 청동의 빛이 뚜렷하다. 좌대 정면에는 '홍난파 상'이라는 큼직한 한글 글씨가 가로로 새겨진 오석판이 부착되어 있다. 바로 아래에는 홍난파의 간단한 약력과 흉상을 세운 취지를 알려주는 판석이 있다.

봉숭아(봉선화)를 비롯한 많은 가곡과 동요 백곡을 남기신 난파 홍영
후(1898. 4.10~1941. 8. 30) 선생은 우리나라 맨 처음 바이얼리니스트로
1936년에는 경성관현악단을 창설하여 지휘하신 방송 음악의 선구자이
시다. 난파를 기리는 이들이 정성을 모아 그 모습을 새겨 여기 세우니
과연 인생을 짧아도 조국과 예술과 우정은 길구나.

오석으로 만든 판석은 흉상 뒤에 있다. 이 판석은 흉상을 만든 사람들
이 누구인지 알려주고 있다. 흉상 조각은 김경승, 글은 윤석중, 글씨는
김충현이 맡았다. 김경승은 친일작가 논란이 촉발된 숭의여대 안중근
동상·백범광장 김구 동상을
만든 작가다.

글을 쓴 윤석중(1911~2003)
은 '한국 동요의 아버지'로 불
리는 아동문학가로 '어린이날
노래', '퐁당퐁당', ' 고추 먹고
맴맴' 등 총 1,200여 개의 동
시를 발표했다. 1923년 소년
문예단체 〈꽃밭사〉, 1924년에
동인지 〈굴렁쇠〉를 발간하고
1932년 첫 동시집 『윤석중 동

홍난파 흉상과 부조의 후면

요집』을 출간하는 등 동요의 창작과 보급에 일생을 바쳤다. 한글 서예의
보급에 선도적인 역할을 했던 김충현(1921~2006)은 김구 선생 묘비 등의
작품을 남겼다.

흉상은 1968년 홍난파 선생 탄생 70돌을 맞아 설치됐다. 처음에는 남
산 KBS 사옥 앞에 세워졌다가 1976년에 여의도로 이전할 때 현재의
KBS 홀 맞은편으로 옮겨졌다. 2003년에 민족문제연구소가 홍난파의 친
일 경력을 문제 삼으면서 KBS 측에서 자진 철수를 시켰고, 이후 2004년
에 현재의 자리로 옮겨졌다.

3·1 운동 팸플릿을 만들기 위해 전당포에 맡긴 바이올린

작곡가이자 한국 최초의 바이올린 연주가인 홍난파의 이름은 영후이
다. 난파(蘭坡)는 호인데, '난이 피는 언덕'이라는 뜻이다. 1898년 4월 10
일 경기도 화성에서 태어난 홍난파는 1899년 서울로 이사한 뒤 새문안
교회에서 처음으로 서양음악을 접했다. 이후 1911년부터 바이올린을
배우기 시작해 1913년 조선정악전습소 서양악부에서 공부했다. 20세에
세브란스의학전문학교에 입학했으나 곧 그만두고 1918년 도쿄 우에노
에 있는 도쿄음악학교(현 도쿄예술대학)로 유학을 떠났다. 그러나 홍난파
의 1차 동경 유학은 3·1 운동으로 인해 짧게 끝났다. 홍난파는 자신의
바이올린을 전당포에 맡기고 다른 유학생들과 함께 독립운동을 지지하
는 팸플릿을 만들어 배포했다가 이 사건으로 체포영장이 발급되어 일본
경찰의 수배를 받자, 유학을 포기하고 조선으로 돌아왔다. 난파는 3·1

운동이 수그러든 후 다시 도쿄음악학교로 돌아가려고 했으나 불온사상자라는 이유로 입학을 거부당했다. 그러자 홍난파는 예술잡지 〈삼광(三光)〉 발간, 최초의 창작 소설집 『처녀혼』 집필, 『쿼바디스』 번역, 한국 최초의 서양음악 연구기관인 〈연악회〉 창설 등 문필가·번역가·음악가로서 국내에서 왕성한 활동을 벌였다. 또 동아일보에 연재한 다양한 에세이를 묶어 『음악만필』을 출판하는 등 음악평론가 및 저널리스트로서도 활동했다.

홍난파가 다시 동경 유학길에 오른 건 1926년이었다. 난파는 도쿄고등음악학원(현 구니타치 음악대학)에 입학하여 1929년에 졸업했다. 당시 함께 도쿄고등음악학교에서 공부한 사람은 후일 애국가를 작곡한 안익태, 서울대 교수를 지낸 피아니스트 김원복, 그리고 난파의 조카인 바이올리니스트 홍성유다. 김원복은 난파의 대표작 '봉선화'를 작사한 김형준의 딸이자 조카인 홍성유와 결혼한 조카며느리다. 홍난파, 홍성유, 김원복은 유학 후 조선으로 돌아와 YMCA에서 신인음악회를 개최했고 중앙보육학교 음악과에서 학생들을 가르쳤다. 이후 난파는 1931년 미국 시카고 서우드음악학교로 유학을 떠났고, 1933년에 귀국한 뒤에는 이화여자전문학교 음악과 강사와 경성방송국 서양음악부 책임자로 일했다. 그는 경성관현악단에 있을 때 모차르트 교향곡 41번 〈주피터〉를 연주했는데, 이로써 홍난파는 교향곡의 전 악장을 연주한 최초의 한국인이 되었다.

'고향의 봄'과 '봉선화'

홍난파는 1929년부터 1932년까지 한국의 동요를 집대성해《조선아동 100곡집》을 발간했다. 당시 조선에는 일본어로 된 곡이나 동요는 많았지만, 정작 조선의 어린이들이 자신의 언어와 멜로디로 따라 부를 만한 동요가 거의 없었다. 이를 안타까워 한 홍난파가《조선아동 100곡집》을 만든 것이다. 난파는 주로 방정환이 창간한 월간 잡지「어린이」에 실린 시를 모아 작곡했다. 지금도 국민들에게 널리는 불리는 '고향의 봄', '퐁당퐁당', '달맞이' 등의 동요가 이때 탄생했다. '고향의 봄'은 이원수가 쓴 작품이 잡지「어린이」에 수록되었던 것을 보고 홍난파가 곡을 붙인 것이다. 일제 식민지 시절 조국을 떠나 만주, 연해주, 미주 등지에서 살던 사람들이 가슴이 울렁일 수밖에 없는 곡조였다.

고향의 봄

나의 살던 고향은 꽃 피는 산골
복숭아꽃 살구꽃 아기 진달래
울긋불긋 꽃대궐 차리인 동네
그 속에서 놀던 때가 그립습니다

꽃동네 새 동네 나의 옛 고향
파란 들 남쪽에서 바람이 불면
냇가에 수양버들 춤추는 동네

'고향의 봄'이 새겨진 철제 조형물

그 속에서 놀던 때가 그립습니다

홍난파의 또 다른 대표작은 '봉선화'다. 이 곡은 소프라노 김천애가 독창회에서 부르면서 큰 인기를 얻었다. 나라 없는 민족의 슬픔과 애환을 표현한 것으로 널리 알려져 있는 '봉선화'는 홍난파가 쓴 창작집 〈처녀의 혼〉 첫 페이지에 실려 있는 '애수'라는 제목의 바이올린 서곡에 김형준이 시를 지어 붙여 탄생했다. 김형준은 자신이 집에 핀 봉선화를 보면서 나라를 빼앗긴 설움을 생각하며 시를 지었다고 전해진다. 1931년 난파가 편찬한 세계명작가곡선집에 처음 실렸다.

봉선화

울밑에 선 봉선화야 네 모양이 처량하다
길고 긴 날 여름철에 아름답게 꽃필 적에
어여쁘신 아가씨들 너를 반겨 놀았도다

어언 간에 여름 가고 가을바람 솔솔 불어
아름다운 꽃송이를 모질게도 침노하니
낙화로다 늙어졌다 네 모양이 처량하다.

북풍한설 찬바람에 네 형체가 없어져도
평화로운 꿈을 꾸는 너의 혼이 예 있나니
화창스런 봄바람에 환생키를 바라노라

난파가 처음 곡을 쓴 건 1920년 4월 28일이고, 김형준이 시를 써서 멜로디에 붙인 건 1925년, 김천애가 노래를 부른 건 홍난파 사후인 1942년이다. 애잔한 김천애의 목소리로 부른 '봉선화'를 정작 홍난파는 듣지 못했다.

흉상에서 성곽 쪽으로 난 계단을 오르면 조선의 독립을 외치며 일제 침략에 맞서 대한매일신보를 창간했던 영국 출신 언론인 베델의 집터가 있었다는 작은 표지판이 있고, 근처에 '고향의 봄'과 '봉선화'의 악보가 새겨진 철제 조형물이 설치되어 있다.

수양동우회 사건과 전향서를 쓴 홍난파

수양동우회(修養同友會) 사건은 1930년대 후반 식민지 조선에 남아 있던 사회의 명망가와 지식인을 친일로 전향시키기 위해 일제가 주도하여 일으킨 사건이다. 수양동우회는 1926년 1월 안창호가 주도한 흥사단의 조선지부 격인 수양동맹회와 친목 단체로 합법 위장한 동우구락부가 통합되어 만들어진 조직이다. 수양동우회는 표면적으로는 인격 수양 및 민족의 실력 배양을 표방하는 합법 단체로 존재했지만, 규약에 신조선건설운동이나 혁명대당의 일지대(一支隊)라는 조항을 넣는 등 혁명 운동을 목적으로 했다. 일제는 이 조항을 문제 삼아 총 181명을 체포했고, 1938년 사망한 안창호를 제외한 41명을 기소했다. 1940년 8월 수양동우회 핵심이던 이광수가 징역 5년, 김종덕 등 4명은 징역 4년을 받는 등 관련자 대부분이 징역형을 선고받았다. 최윤세와 이기윤은 수감 도중 옥사했다. 하지만 1941년 이광수와 주요한 등 주요 간부 대부분은 일제에 협력한다는 전향서를 쓰고 무죄로 석방됐다.

홍난파도 1937년 수양동우회 사건으로 체포됐다. 미국 유학 도중 안 창호와 만나 흥사단의 단가를 작곡했고 재미한국인이 주최한 3·1 운동 기념식에서 독립만세를 불렀다는 혐의였다. 홍난파도 72일간 구금돼 가혹한 고문을 받은 후 전향서를 썼다. 이 사건으로 홍난파는 친일 작가 라는 굴레를 쓰게 된다. 이후 창씨개명을 한 뒤 조선총독부 친일단체인 조선문예회에 가입했고 '정의의 개가', '지나사변과 음악' 등 친일 가요와 글을 작성했다.

홍난파와 말년을 함께 한 홍파동 가옥

홍난파는 구금기간 동안 혹독한 고문으로 미국에서 교통사고로 다쳐 서 발병했던 늑막염이 재발됐다. 출옥 후 자택에서 요양을 했으나 병은 점점 악화됐다. 경성의료원에 입원해 치료를 했으나 상태가 호전되지 않자 집으로 돌아왔고, 1941년 홍파동 자택에서 숨졌다.

홍난파가 44살로 짧은 인생을 마무리할 때까지 6년을 살았던 가옥은 대한민국 근대문화유산이자 문화재청 등록문화재 90호로 지정되어 있 다. 1930년에 독일 선교사가 지은 서양식 네모 모양 창문이 큼지막한 독일식 주택이다. 빨간 벽돌, 빨간 기와, 뾰족한 지붕이 인상적이다. 지 하 1층과 지상 1층으로 이루어진 붉은 벽돌 건물로, 인근 송월동에 독일 영사관이 있었기 때문에 근처에 독일식 주택이 여러 채 있었다고 전해진다.

흉상과 가옥을 돌보는 일은 현재 후손이 맡고 있다. 과거 거실과 침실로 썼던 곳은 현재 자료관 겸 공연장으로 이용되고 있다. 홍파동 가옥 안에는 '고향의 봄', '퐁당퐁당', '봉선화', '봄처녀' 등 대표적인 동요와 가곡, 연대기가 걸려 있고 난파의 바이올린은 거실 창가에 놓인 그랜드피아노 위에, 첼로는 방 한 귀퉁이에 세워져 있다. 과거 주방과 식당이었던 지하 1층에는 계단 아래에 작은 풍금이 자리 잡고 있고 벽면에는 각종 음악 CD가, 주방에는 홍난파가곡제 팸플릿과 포스터가 수북하게 쌓여 있다.

홍난파가 숨을 거둘 때까지 살았던 가옥

식민지 조선인을 울린 국민의 노래, 민족의 노래

홍난파가 일제 말기 수양동우회 사건을 계기로 전향하여 국민총력조선연맹의 문화위원으로서 대동아 전쟁의 선전원 역할을 했다는 역사적 사실은 변하지 않는다.

그러나 말년의 오점에도 불구하고 홍난파는 한국에서 모르는 사람이 거의 없을 정도로 잘 알려진 우리나라 근대음악의 선구자였다. 그가 남긴 '고향의 봄', '퐁당퐁당', '낮에 나온 반달', '봉선화', '금강에 살으리랏다', '봄처녀', '성불사의 밤', '옛동산에 올라' 등의 주옥같은 동요와 가요는 조선 사람들의 심금을 울렸다. 봉선화는 어린 소녀들이 손톱에 물들이는 소박한 꽃이지만 강한 생명력을 상징한다. 그래서 '봉선화'라는 노

홍난파 흉상의 얼굴 모습

래가 식민지 조선 사람들에게 그렇게 강한 호소력을 가진 것이다. '퐁당퐁당', '낮에 나온 반달' 등의 동요는 부를 만한 노래가 없던 조선에서 일상적인 노래가 됐다. 만주나 중국, 일본 등지에서 독립운동을 하던 사람들은 "나의 살던 고향은~"으로 시작되는 '고향의 봄'을 들으며 자연스레 고향을 떠올리고 향수에 젖었다. 과거 각종 남북행사가

끝날 즈음 참석자들이 손을 잡고 '고향의 봄'을 부른 건 결코 우연이 아
니다. 그만큼 홍난파가 만든 곡은 국민의 노래, 민족의 노래로 남았다.

정동 이화여고 유관순 동상

-저항의 아이콘이 된 한국의 잔 다르크

이화여고 유관순 동상

찾아가는 길

정동 이화여고 안에 있는 유관순 동상을 보기 위해 미세먼지가 한창이던 2019년 3월 초, 그리고 가을 낙엽이 짙어지는 10월 말에 두 차례 방문했다. 덕수궁 대한문-서울시청 별관-정동제일교회-이화여고로 이어지는 덕수궁 길은 서울을 대표하는 아름답고 운치 있는 길이다. 3월에 처음 방문했을 때는 미세먼지가 극성을 부렸다. 하루가 멀다 하고 발령되는 미세먼지 주의보로 인해 두툼한 마스크를 쓴 사람들은 지친 표정이었다. 10월 말에 다시 방문했을 때는 봄과 달리 단풍이 살짝 든 아름다운 길로 변신했다.

덕수궁 돌담길을 따라가다 정동제일교회를 지나면 전통 한옥식 담벼락이 나온다. 담벼락을 따라 100여 미터를 가면 이화여고 동문이고, 동문 왼쪽이 이화박물관이다. 이화여고 유관순 동상은 이화박물관 안쪽 유관순 정원에 세워져 있다.

18세 소녀의 얼굴, 이화여고 유관순 동상

이화여고 유관순 동상은 장충동 남산공원에 있는 유관순 동상과는 느낌이 아주 다르다. 작가의 상상력이 많이 들어가서 마치 비너스의 얼굴처럼 보인다는 남산 동상과 달리, 이화여고 동상은 18세 소녀의 얼굴이다. 유관순이 서대문형무소에 수감됐을 때의 사진과 이화학당 재학 중 찍은 사진을 합쳐서 얼굴상을 만든 것처럼 보인다. 눈과 코, 입술 등 전

체적인 얼굴 윤곽이 뚜렷하고 눈의 눈동자는 흔들림이 없다. 오뚝한 콧
날 아래 입은 굳게 다물었다.

양손을 허리 부근에서 벌렸고 손바닥을 앞으로 폈다. 왼발은 앞으로
내민 채 오른발은 발뒤꿈치를 들었다. 버선을 신지 않은 맨발이 그대로
드러나 있다. 몸통이 앞으로 쏠린 형태다. 마치 일본 경찰의 어떤 압박
에도 몸으로 맞서겠다는 단호한 자세 같다. 한복 저고리에 달린 고름과
치맛자락이 뒤로 날리고 있다.

이마는 머리카락을 땋아서
뒤로 넘겨 시원하게 드러나 있
다. 댕기머리가 뒤로 날리고 있
고 끝부분은 리본으로 묶여 있
다. 유관순의 치마저고리와 댕
기머리는 당시 이화학당 학생
들의 전형적인 모습이었다. 당
시 이화학당 학생들은 흰 저고
리에 회색 어깨허리 치마를 입
고 다녔다. 머리는 길게 기른
후 땋아서 허리까지 늘어뜨렸
고, 조회나 체조시간에는 흰 리

이화여고 유관순 동상의 댕기머리

본이나 빨간 리본으로 머리끝을 맸다. 유관순 동상의 댕기머리 끝에 리
본이 있는 이유다.

기단 겸 좌대로 쓰이는 석조 구조물은 낮고 넓게 퍼져 있다. 기단을 포함해도 전체 동상 높이는 사람 키보다 약간 큰 정도여서 편안한 느낌을 준다. 담 밖에서 보면 재기발랄한 여학생이 안에서 놀고 있는 것처럼 보인다.

지난 2006년 제작된 동상은 이화여고를 졸업한 강은엽 작가의 작품이다. 강은엽은 경향신문과의 인터뷰에서 "민족의 수난과 역사의 풍랑을 맨손과 맨발로 맞서는 유 열사를 형상화했다"며 "독립투사 등 강성 이미지로만 인식되고 있는 유 열사에게 소녀 이미지를 강조했다"고 밝혔다. 강은엽은 계원예술조형대학 부학장과 한국여류조각가회 회장을 지낸 여성 조각가로 김세중조각상을 수상한 적이 있다. 여의도 '네모와 원에 대한 명상' 등 국립현대미술관·서울시립미술관·88올림픽조각공원·양재시민의숲에 다양한 작품이 전시돼 있다. 제작비용은 이화여고 동문인 수필가 전숙희 씨가 부담했다. 앞서 플라스틱으로 제작됐던 유관순 상은 30여 년 세월이 지나면서 훼손돼 철거됐다.

이화박물관 및 교정에 남아 있는 유관순의 흔적

이화박물관과 교정에는 '유관순 열사가 빨래하던 우물터' 등 유관순의 흔적이 곳곳에 남아 있다. 박물관에는 열사가 서대문형무소에 수감됐을 때의 사진과 명예 졸업장, 훈장, 아우내 장터 거사를 앞두고 3월 31일 매봉에서 횃불을 올리며 바친 유관순의 기도가 전시되어 있다.

오오 하나님이시여 이제 시간이 임박하였습니다.

원수 왜를 물리쳐 주시고 이 땅에 자유와 독립을 주소서.

내일 거사할 각 대표들에게 더욱 용기와 힘을 주시고

이로 말미암아 이 민족의 행복한 땅이 되게 하소서.

주여 같이 하시고 이 소녀에게 용기와 힘을 주소서.

유관순 교실에는 책걸상 10여 개가 있고 교실 앞쪽 벽에는 태극기와 함께 "서로 돕자, 부지런하자"라는 급훈이 걸려 있다. 교실 뒤쪽 벽에는 유관순이 학교 친구 11명과 찍은 큰 사진이 걸려 있다. 뒷줄 오른쪽 끝에서 친구의 어깨를 감싸고 있는 모습이다.

이화학당 교사 박인덕, 그리고 손정도 목사와의 만남

이화여고가 펴낸 〈이화백년사〉에는 유관순이 1916년 이화학당 보통과에 편입한 것으로 되어 있다. 하지만 유관순열사기념사업회는 1915년에 교비생으로 학교를 다녔다는 기록을 근거로 유관순이 이화학당에 온 건 1915년 3월이라고 밝히고 있어 차이가 있다. 유관순이 입학했을 때의 이화학당은 유치원·보통과·고등과·중학과·대학과가 있는 학생수 600명의 큰 학교였다. 유관순은 1918년 3월 18일 이화학당 보통과를 졸업하고 고등과로 진학했다. 이화학당 시절 유관순에게 봉사정신과 함께 애국심을 키워준 사람은 스승인 박인덕이다. 유관순의 행적이 세상에 알려진 데에는 특히 박인덕의 공이 컸다. 이화여고보 교사였던 박인덕은 기하, 체육, 음악을 가르치면서 학생들에게 애국애족의 정신을 특별히 함양시킨 것으로 알려져 있다.

 박인덕은 동료 교사인 신준려, 외부인 나혜석 등과 함께 학당에 모여 일제의 비인도적인 탄압을 세계에 알리려고 했던 비밀결사의 일원이었다. 3·1 운동 당시 학생들을 선동했다는 이유로 신준려와 함께 서대문 감옥에서 4개월 간 수감됐다. 박인덕은 제자 유관순을 서대문형무소 수감 도중 만났는데, 이때 유관순에게 옥중 만세운동 수위를 조절하라고 충고했다. 해방 후에는 이화여고 교장이었던 신봉조에게 유관순의 옥중 행적을 구체적으로 알려줬다.

 유관순에게 애국애족의 정신을 심어준 또 다른 곳은 이화학당과 100 미터 정도 떨어져 있는 정동교회였다. 유관순은 3·1 운동과 깊은 관련이 있는 정동교회를 이화학당에 입학했을 때부터 다녔다. 3·1 운동의 주역인 손정도 목사가 1915년부터 1918년 6월까지 사목했으며 그 이후에는 이필주 목사가 사목했다. 손정도는 감리교 목사이자 독립운동가로 상하이 대한민국임시의정원(국회) 의장을 지냈으며, 1918년 6월 독립운동을 위해 정동교회를 휴직한 후 평양으로 이주했다. 이후 중국 상하이와 만주 길림성 등에서 독립운동을 전개했다. 정동교회 사목 당시 정동 강단을 통해서 독립정신과 나라사랑을 강조했는데, 유관순이 교회에 다닌 기간을 감안하면 손정도의 강의를 2년 간 들었을 것으로 추정된다. 이필주는 3·1 운동 당시 감리교를 대표하여 민족대표 33인으로 독립선언문에 서명한 기독교를 대표하는 독립운동가였다. 그가 부임한 후 정동교회 목사 사무실은 독립운동 준비를 위한 기지 역할을 했다.

유관순과 프랑스를 구한 잔 다르크

유관순은 백년전쟁 당시 프랑스를 구한 소녀 잔 다르크와 나이와 행적이 비슷해 '한국의 잔 다르크'로 불린다. 1428년 잉글랜드는 프랑스 파리를 비롯해 노르망디 등 프랑스 영토의 3분의 1을 점령하고 있었다. 1429년 5월 요충지인 오를레앙에서 잉글랜드군과 프랑스군이 격돌했다. 오를레앙은 프랑스 왕 샤를을 돕는 대영주의 본거지로, 이곳을 빼앗기면 프랑스 전역이 잉글랜드의 식민지로 전락할 위기였다. 이때 18살 소녀 잔 다르크가 잉글랜드에 포위됐던 오를레앙을 해방시켰다. 잔 다르크 덕에 전쟁의 분위기가 바뀌면서 샤를 7세는 기사회생하여 정식으로 프랑스 왕이 됐고, 잔 다르크는 일약 프랑스를 구한 영웅이 됐다.

그러나 잔 다르크는 1430년 5월 콩피에뉴 전투에서 잉글랜드군에게 사로잡히고 만다. 잉글랜드는 마녀라는 이유로 잔을 1431년 5월 화형에 처했다. 샤를 7세는 잔을 외면했다. 처형 당시 잔 다르크의 나이는 19세였다.

잔이 다시 프랑스의 영웅으로 등장한 건 350여 년이 지난 후였다. 1789년 프랑스대혁명 후 나

유관순 동상 정면 얼굴

폴레옹은 프랑스를 봉쇄하려는 영국에 맞서 과거 잉글랜드와 싸웠던 잔 다르크를 전면에 내세웠고, 잔은 프랑스를 구한 영웅으로 되살아났다.

3·1 운동 당시 크게 주목받지 못했던 희생자였던 유관순이 일제에 항거한 저항의 아이콘으로 다시 태어난 것도 해방 이후였다. 1947년 8월에 유관순의 업적을 기릴 기념사업회가 충남 철원군 병천면에 조직되었다. 후일 야당 대통령 후보가 되는 독립운동가 조병옥이 명예회장, 교육가이자 독립운동가인 오천석이 회장을 맡았고 서재필·이승만·김구·오세창·이시영·김규식 등이 고문으로 참여했다. 이들 조직위의 활동으로 유관순 기념비와 사당, 기념관 건립, 전기 집필 등이 순조롭게 진행됐다.

1947년 10월 27일 〈순국처녀 유관순의 비〉가 세워졌고 11월 27일에는 〈기미독립운동 기념비〉가 제막됐다. 비문에는 유관순의 시위와 옥중 투쟁, 그리고 아우내 장터의 만세운동 참가자들의 이름이 새겨져 있다. 김활란 등 해방 후 친일 논란에 휩싸였던 이화학원 관계자들이 자신들에 대한 비난 공세를 희석시키기 위해 이화 출신인 유관순을 내세웠다는 주장이 있지만, 정말 그런 의도를 갖고 한 것인지는 확인이 어렵다. 다만 유관순기념사업회 구성과 참여 인물, 기념비 건립 시기 등을 보면 해방 직후부터 유관순 고향에서 선양작업이 시작됐다는 점은 분명하다.

유관순은 목숨을 바쳐 만세운동을 주동했고 일제에 저항했다. 유관순이 한국의 잔 다르크가 된 건 그에 걸맞은 합당한 결과다.

제5장
종각·대학로 권역

종로 수송공원 옥파 이종일 동상

-3·1 독립선언서 인쇄의 주역

이종일(1858~1925)

이종일은 보성사 사장으로 3·1 독립선언서를 인쇄한 독립운동가이자 교육자·언론인·정치가이다. 1874년 과거시험에 급제한 조선의 엘리트 관료 출신으로 독립선언서에 서명한 33인 중 1명이다. 1882년 박영효 수신사의 일행으로 함께하여 일본이 발전한 모습을 보고 충격을 받아 조선의 변혁을 꿈꾸기 시작했다. 1898년에 순 한글로 이루어진 제국신문을 창간했고 이후 황성신문, 만세보, 대한민보 기자, 보성학교, 보광학교 교장 등을 지내면서 민족 계몽과 후세 교육에 힘썼다. 천도교에 입교한 후 손병희의 측근으로 활동하면서 3·1 운동을 기획하는 등 막후에서 독립운동을 주도했다. 보성사 사장으로 일할 때 3·1 독립선언서 인쇄 현장이 발각됐으나, 뇌물을 주고 무사히 3만 5,000매를 인쇄하여 거사 성공의 결정적 계기를 마련했다. 그 뒤에 3·1 운동 준비와 인쇄 등 전 과정을 기록한 일기인 《묵암비망록》을 남겼다. 1962년에 건국훈장 대통령장을 받았다. 2001년 8월, 3·1 독립선언서가 인쇄된 보성사가 있던 자리에 조성된 수송공원에 동상이 세워졌다.

찾아가는 길

종로 수송공원은 조계사와 석탄공사, 코리안리재보험사 사이에 자리 잡고 있다. 조선의 개국공신 정도전의 스승이자 고려의 마지막 충신으로 고려를 지켰던 목은 이색의 영정을 모신 사당과 담을 맞대고 있다. 바로 앞에는 한국 불교의 본산인 조계사가 있다. 종로 한복판에 있는 수송공원은 도심 속에 있는 오아시스, 잠깐 휴식하기 딱 좋은 곳이다.

옥파 이종일 선생 동상

인근에 종교시설과 오피스빌딩이 밀집해 있어 꽤나 번잡스러울 것 같지만 생각보다 공원은 조용하다. 공원 곳곳에 단풍나무, 느티나무, 벚나무, 회화나무 등이 울창하고 계절마다 다양한 꽃도 구경할 수 있다. 이색 사당과 공원을 연결하는 흙길이 조성되어 있는데, 점심을 먹은 직장인들이 삼삼오오 커피 한 잔씩을 들고 운동 삼아 한 바퀴씩 돌고 있었다. 2018년 11월, 2019년 3월과 8월에 걸쳐 세 차례 옥파 이종일 동상이 있는 수송공원을 방문했다.

젊은이보다 더 당당한 기개

이종일 동상은 수송공원 북쪽 끝에 세워져 있다. 동상은 3·1 운동 당시 민족대표로 나선 선생의 모습을 표현했다. 선생이 1919년 3·1 운동에 민족대표로 참가했을 때는 이미 예순을 넘긴 나이였지만 기개는 20~30대 젊은이를 압도했다. 왼손에는 자신이 인쇄한 독립선언서를 쥐고 있고 오른손은 하늘을 향해 주먹을 뻗었다. 독립선언서를 움켜진 손마디 하나하나, 짧게 깎은 머리, 우뚝 선 코, 굳게 다문 입술, 짙은 눈썹과 이글거리는 눈에서 독립을 향한 강한 의지를 읽을 수 있다. 긴 두루마기 한복 차림으로 밑단은 무릎까지 내려왔고 고무신을 신고 있다.

좌대 정면에는 '옥파 이종일 선생 상(沃坡 李鍾一 先生 像)'이라는 제호가 한자로 새겨져 있다. 좌대 뒤에는 선생의 약력과 생전의 업적, 동상을 세운 기념사업회 사람들의 인적사항, 이종일 선생 후손들의 이름이 판석에 새겨져 부착되어 있다. 동상은 2001년 8월 14일 세워졌다. 동상은 남산 자유총연맹 이승만 동상·광화문 세종대왕 동상을 만든 조각가 김영원의 작품이다. 김영원은 역대 대통령 동상을 제작한 인물로도 유명하다. 그는 옛 대통령 별장인 충북 청주 청남대에 설치된 250센티미터 크기의 역대 대통령 10명의 동상을 제작했다. 서울시 마포구 상암동 박정희대통령 기념 도서관에 세우기 위해서 박정희 전 대통령 동상도 제작했지만 서울시가 반대하여 세우지 못했다.

3·1 운동의 무대였던 수송공원

수송공원은 남북으로 50미터 정도밖에 되지 않는 작은 공원이지만 교육과 문화의 현장이자 3·1 운동이 태동한 중요한 역사의 현장이다. 이를 보여주듯 공원에는 각종 표석과 조형물이 곳곳에 산재해 있다.

1906년 문을 연 숙명여중고 전신인 숙명여학교와 1909년 사립중동학교 설립인가를 받은 중동고등학교 전신인 중동학교, 1949년 신흥대학이 이곳에서 개교했다. 신흥무관학교 후신인 신흥대학은 후일 경희대로 개편됐다. 1904년에는 영국인 베델이 이곳에서 대한매일신보를 창간했다. 당시 대한매일신보는 민족진영에서 가장 영향력이 있는 신문사였다. 우리나라 최초의 유화로 등록문화재 제487호인 〈부채를 든 자화상〉을 그린 화가 고희동과 그의 스승인 심전 안중식이 그림을 그린 곳이기도 하다. 조선 중기에는 명조의 장남 순회세자(順懷世子)의 집인 용궁동 터였다. 그러나 수송공원을 가장 빛나게 하는 건 이 터가 3·1 운동의 생생한 현장이었다는 점이다. 수송공원에 옥파 이종일 동상과 조형물 '3

인의 군상과 민족정기', '보성사 터 안내 동판' 등 각종 유적이 있는 건 바로 그 이유 때문이다.

보성사 터 기념 조형물 '3인의 군상과 민족정기'는 1999년 3월 종교계와 문화관광부가 3·1 운동 80주년을 맞아 건립했다. 조형물 좌대 정면에는 세움말, 왼쪽에는 독립선언서가 새겨져 있고 보성사와 보성학교 정문, 그리고 만세운동이 화강암 부조로 조각되어 있다. 보성사 터 기념 조형물 '3인의 군상과 민족정기' 세움말을 보면 보성사가 3·1 운동 과정에서 얼마나 중요한 역할을 했는지를 알 수 있다.

조형물 '3인의 군상과 민족정기'

세움말

대한민국 종교계와 문화는 3·1 운동 80주년을 맞아 대한독립만세의 외침 속에 하나가 되었던 선열들의 숭고한 뜻을 이어 국가발전과 국민화합을 다지기 위해 독립선언서와 조선독립신문을 인쇄하였던 이곳 옛 보성사 터에 이 기념물을 세운다.

1999. 3. 7

기독교 불교 원불교 천도교 천주교 한국민족종교협의회 문화관광부

조선의 엘리트 관료에서
영양실조로 순국한 독립운동가가 되기까지

이종일은 독립운동가로 활동하기 전에는 과거에 급제한 조선의 유능한 관료였고 학문에 능통한 선비였다. 1858년 11월 6일 충남 태안군 원북면에서 태어난 이종일은 1874년 과거에 급제했다. 이후 1882년 박영효 수신사 사절단의 일원으로 일본에 갔다가, 일본의 발전된 모습을 보고 큰 충격을 받아 실학과 개화사상에 관심을 갖게 됐다. 대한제국 시절에는 독립협회, 대한자강회, 대한협회 등 개화운동 단체에 주도적으로 참여했다. 1898년에 일반 대중을 대상으로 한 최초의 순 한글 신문인 제국신문을 창간했다. 국문(한글) 전용과 부녀자 계몽에 관심이 많았던 이종일은 제국신문을 독립협회의 여성기관지로 인식하여 조선 여성의 개화에 적극 나섰다. 뿐만 아니라 황성신문, 만세보, 대한민보에서는 기자로 직접 활동했다.

이종일의 또 다른 관심사는 교육이었다. 그는 양반뿐만 아니라 평민에게도 교육의 기회가 부여되어야 한다며 당시로서는 파격적인 의무교육 실시를 주장했다. 이종일은 김가진, 지석영과 함께 국문학교를 설립

이종일 동상과 연보

했고 보성학교와 보광학교의 교장으로 재직했다.

　3·1 운동이 성공한 뒤 이종일은 시위 주동 혐의로 체포됐다. 조선총독부 경성복심법원에서 보안법과 출판법 위반으로 3년형을 선고 받아 서대문형무소에 수감됐다. 1921년 12월 22일 만기 3개월을 앞두고 가출옥되었지만, 그는 출옥 후에도 자신의 뜻을 굽히지 않았다. 많은 동지들이 중국 등으로 망명하는 길을 택한 것과 달리 이종일은 1922년 3·1 운동 3주년을 맞아 보성사 직원들과 함께 거리로 나가 제 2의 3·1 운동 기념식을 개최하려는 계획을 세웠다. 2월 20일 이종일은 〈자주독립선언

문〉을 직접 쓰고 인쇄를 하려고 했으나 일본 경찰에게 적발됐다. 이를 계기로 이종일은 칩거에 들어갔다. 독립을 향한 의지는 꺾이지 않았지만 감옥 생활의 후유증에다 먹을 끼니조차 없는 가난이 겹쳤다. 결국 이종일은 1925년 8월 31일 영양실조로 순국했다.

3·1운동의 전모를 알 수 있는 이종일의 《묵암 비망록》

이종일은 1906년 동학에 입교했다. 그 후 의암 손병희 선생과 협력해 천도교 조직을 이용한 각종 비밀결사를 조직하는 등 독립운동에 투신했다. 1914년 보성사 내에 비밀결사인 천도교구국단을 결성한 이종일은 손병희를 명예 총재로 추대하고 자신은 단장을 맡았다. 천도교구국단은 제1차 세계대전 이후의 국제 정세를 논의하고 만세운동을 계획하는 등 3·1운동을 막후에서 주도하는 역할을 했다. 그 중심에 이종일이 있었다.

3·1운동이 물밑에서 어떻게 논의되었고 또 수년 간 어떤 준비 과정을 거쳤는지 알 수 있는 건 이종일이 남긴 《묵암 비망록》 덕분이다. 《묵암 비망록》은 이종일이 1898년 1월부터 1925년 8월까지 27년 동안 쓴 일기체 기록이다. 이 책에는 천도교구국단 결성과 그 후 과정, 구한말 대신으로 존경을 받던 한규설과 갑신정변과 갑오개혁의 주역이자 철종의 사위인 박영효 그리고 개화 지식인이었던 윤치호 등 대한제국 출신 고위 관료들에게 요청한 민중봉기 협조 및 부산 과정이 기록되어 있다. 기독교와 불교 등 다른 종교와의 연합시위 계획, 3·1운동을 추진하

면서 기독교 측에 필요한 경비를 제공한 내용 또한 들어 있다. 특히 독립선언서를 인쇄하는 과정에서 경찰에 발각될 위험에 처했던 사실 등은 이종일이 기록을 남긴 덕에 알 수 있는 내용이다.

장총과 탄약이 은닉됐던 3·1 운동의 비밀기지 보성사

손병희는 1906년 1월 일본에서 귀국하면서 인쇄기와 활자를 들여와

보성사 터 안내 동판

보문관을 설립했고, 1910년에는 천도교 직영 인쇄소 창신사를 설립해 〈천도교도회월회보〉를 발행했다. 1911년 창신사와 이용익이 설립한 보성사를 합병했고 회사 이름은 '보성사'로 정했다. 천도교의 소유가 된 보성사 사장이 이종일이었다. 이종일은 보성사를 인쇄소 겸 천도교의 비밀 독립기지로 활용했다. 한때 보성사에는 일본식 장총 10여 정과 실탄 200발이 은닉된 적이 있었다는 이야기도 전해져 온다. 그가 3·1 운동에서 어떤 역할을 했는지는 동상에서 남쪽으로 10여 미터 떨어져 있는 보성사 터 안내 동판을 통해 확인할 수 있다. 이종일은 동판에 보성사 사장으로 짧게 기록되어 있지만 그가 한 역할은 상상 이상으로 크다.

보성사 터

보성사는 3·1 운동 당시 기미독립선언서를 인쇄했던 곳이다. 보성사는 30평 2층 기와 벽돌집으로 전동 보성학교 구내에 있었으며 보성사의 소유주이기도 했던 천도교 교주 의암 손병희의 특명으로 육당 최남선이 초안을 집필하고 민족대표 33인이 서명한 독립선언서를 넘겨받아 사장 이종일, 공장 감독 김홍규, 총무 강효근이 1919년 2월 27일 밤에 3만 5천매를 인쇄하였다. 일본 측의 형사에게 발각되는 위기도 있었으나 족보책이라고 위장하여 위기를 넘겼다. 3월 1일에는 윤익선과 이종린, 이종일, 김홍규 등이 지하 신문인 〈조선독립신문〉 1만부를 계속 발행하였다. 일경은 보성사를 즉각 폐쇄하였으며 1919년 6월 28일 밤에는 불을 질러 태워버린 이후 터만 남아 오늘에 전한다. (기념비 하단 그림에서 보성학교 정문을 들어서서 오른쪽 홰나무 뒤에 지붕만 보이는 2층 건물이 보성사이다. 당시 수송동 44번지였다. 현재 조계사 대웅전 경내에 그 홰나무가 남아 있다.)

보성사를 기념하는 조형물 "3인의 군상과 민족정기"는 전체 높이 6.35 미터(조형물 5미터, 좌대 1.35미터) 면적 9.4제곱킬로미터(가로, 세로 각 3.1 미터)의 화강석 및 청동으로 이루어져 있으며 상부 청동구조물은 3인의 군상이 기미독립선언서를 치켜 든 모습으로 민족의 기상과 단결을 의미하고 하부 석재조형물에는 보성사의 옛 모습과 3·1운동 장면을 양각하고, 기미독립선언서는 음각하였으며 맨 밑의 석판을 가로, 세로 3.1 미터가 되게 제작하여 3·1운동이 우리 민족사의 초석이 되었음을 상징한다. 전체적으로 민족의 얼을 상징하는 이 조형물을 위에서 보면 태극문양 형식을 취하고 있어 민족의 무궁한 발전을 기원하고 있다

1999. 3·1 한국종교지도자협의회 세움

보성사가 역사적으로 중요한 이유는 3·1 독립선언서가 인쇄된 곳이기 때문이다. 이종일은 보성사가 보유한 평판인쇄기를 이용해 공장 감독 김홍규 등 직원들과 함께 독립선언서 3만 5,000장을 인쇄했다. 보성사는 3·1운동 초기계획의 수립·독립선언서 인쇄·독립선언식 주도·조선독립신문 발행 등 중요한 역할을 모두 수행한 독립운동의 무대였다. 그리고 그 중심에 이종일이 있었다.

뇌물 5,000원(현 4억 원)을 주고 살아남은 3·1 독립선언서

3·1 독립선언서가 인쇄 과정에서 살아남은 과정은 아주 극적이다. 보성사 터 설명에는 독립선언서를 족보책이라고 위장해 발각 위기를 넘겼다고 언급되어 있지만 실제로는 이종일이 돈으로 틀어막았다. 손병희 선생의 부인 주옥경은 독립선언서 인쇄 도중 조선인 출신 총독부 형사가 보성사 안으로 들어온 경위와 돈을 주고 무마한 과정을 상세히 증언했다.

지금 수송동 불교 총무원 자리 그 운동장 맨 끝에 2층 건물로 된 보성사 인쇄소가 있었습니다. 인쇄실은 지하실 같은 그 건물의 아래층에 있었습니다. 이종일 씨가 인쇄를 맡아서 낮에는 다른 인쇄물을 취급하고 직공들을 일찍 돌려보낸 다음 밤에는 사방 문을 걸어 잠그고 불빛이 새어나가지 않도록 창문을 가리고 인쇄하였는데 공교롭게도 신승희라고 하는 악질 형사에게 걸려들게 됐습니다.

신승희가 보성사 주위를 순찰하다가 밤중에 인쇄하는 소리가 달가락거리는데 공기통을 통해 불빛이 새어 나오더라는 것입니다. 그래서 문을 두드리니 이종일 씨는 기절할 지경이었습니다. 어디다 인쇄물을 감출 수도 없고 당장 악마 같은 그 형사는 문을 벗기라고 소리소리고 어이구 한울님 맙소서, 이젠 만사가 글렀구나 생각하면서 하는 수 없이 문을 열어주었다고 합니다. 신승희가 들어와서 한번 인쇄소를 훑어보니 모든 일이 탄로 나고 말았습니다. 그래서 이종일 씨는 신승희의 발밑에 엎드려 제발 당신도 우리나라 백성이면 독립을 원하는 마음은 같을 게 아니냐고 하루만 못 본 걸로 해달라고 애걸복걸했답니다. 그리고 잠깐만 기다리고 계시면 의암(손병희) 선생을 뵙고 오겠다고 하고는 우리 집으로 달려오지 않았습니까. 이 말을 들은 그 양반(손병희)은 즉시 5,000원 뭉치를 이종일 씨에게 맡겼습니다. 그래서 신승희가 5,000원을 먹고 눈을 감아주었습니다.

－『의암 손병희 평전』 중에서

당시 순사보 월급은 40원으로, 이종일이 손병희에게 받아 일본 경찰에게 준 5,000원은 순사보 125개월 치 월급이다. 현재 경찰이 받는 월급을 300만 원으로만 계산해도 4억 원에 가까운 엄청난 돈이다. 33인의 민족대표들은 이렇게 천신만고 끝에 인쇄된 독립선언서에 서명하고 3월 1일 태화관에서 독립선언식을 개최했다. 이종일도 민족대표의 일원으로 독립선언서를 낭독하고 만세삼창을 외쳤다.

3·1 독립선언서 인쇄의 주역

2001년 8월 14일 옥파 이종일 선생 동상 제막식에서 당시 국가보훈처 김종성 차장은 기념사에서 이종일의 업적을 이렇게 칭송했다.

오늘 광복 56주년을 맞아 민족의 큰 스승이신 옥파 이종일 선생님의 동상 제막식을 거행하게 된 것을 매우 뜻깊게 생각합니다. 이곳 수송근린공원은 3·1 운동 당시 옥파 선생님께서 독립선언서를 인쇄하신 보성사가 있었던 자리입니다. 선생님께서 제창하신 신촌(新村)정신과 선개(先改)정신은 오늘날 국민 의식운동의 모태요, 사상적 연원으로 평가받고 있습니다. 꿈에 그리던 조국의 독립을 보지 못하시고 떠나신 지 일흔여섯 성상이 흘렀지만 선생님께서 남기신 선구자적 정신은 오늘날 우리에게 귀감이 되고 있습니다.

기미독립선언서를 인쇄하는 도중 조선 출신 경찰에게 적발됐을 때 이종일이 순간적으로 기지를 발휘하지 않았다면 3·1 만세운동은 시작도 하지 못했을 것이다. 과거시험에 급제했던 조선의 선비 이종일은 3·1 독립선언서 인쇄의 대업을 완벽하게 수행했다. 이종일이 있음으로써 3·1 만세운동, 3·1 혁명은 성공할 수 있었다. 이종일은 우리 민족이 독립투쟁-임시정부 수립-대한민국 건국으로 이어지는 큰 걸음을 내디딜 수 있게 한 주인공이다.

종로 탑골공원 내 의암 손병희 선생 상

-3·1 독립만세운동의 총감독

손병희 (1861~1922)

손병희는 3·1 운동 독립선언서에 처음 서명한 천도교 교주이자 독립운동가, 교육가다. 중인 출신 서자로 태어난 그는 1882년 조카 손천민과 함께 천도교에 입교했다. 동학전쟁 때 북접을 지휘하다 충남 논산에서 남접을 지휘하던 전봉준과 만나서 같이 관군과 싸웠으나 우금치전투에서 대패했다. 이후 신분을 바꾸고 일본으로 건너가 신문물을 익혔으며, 귀국 후에는 보성학교와 동덕여학교를 인수하고 출판사인 박문사를 세우는 등 교육과 출판 사업에 힘을 쏟았다. 3·1 운동을 치르기 전에 100만 원을 모아, 독립선언서 인쇄·파리강화회의 파견·기독교계 지원 등 대부분 거사자금으로 사용했다. 민족대표로 3·1 독립선언서에 첫 서명을 했고, 이 때문에 일본 경찰에게 체포되어 징역 3년을 선고받았다. 그 뒤 감옥에서 얻은 병이 악화돼 숨을 거두었다. 손병희가 주도한 3·1 운동이 성공하면서 황제 복권을 주장하는 목소리가 사라졌고 공화국 대한민국으로 가는 길이 활짝 열리게 되었다. 1962년 건국훈장 대한민국장을 받았다. 이후 박정희 정부 시절인 1966년 탑골공원에 동상이 세워졌고, 그 주변에는 기념탑과 부조 등 3·1 운동 유적지가 조성됐다.

찾아가는 길

서울 탑골공원은 대한제국 시절인 1897년 우리 손으로 만든 최초의 공원으로 123년의 역사를 갖고 있으며, 설계는 영국인인 존 M. 브라운이 담당했다. 서울 종로 2가 대로변에 있어 지하철이나 버스로도 쉽게 갈 수 있다. 탑골공원을 처음 찾은 건 겨울 추위가 매서웠던 2019년 1월

탑골공원 의암 손병희 동상

이었고, 한여름 더위가 한창이던 8월에도 여러 차례 방문했다. 정문에
들어서면 손병희 동상이 정면에 서 있고 오른쪽에 3·1 독립선언기념탑

등 유적들이 즐비하다.

민족의 성지가 된 탑골공원

탑골공원은 오랜 기간 동안 3·1 운동을 비롯해 중요한 역사의 무대였다. 공원이 되기 전에는 절터였다. 고려시대에는 흥복사(興福寺), 조선시대에는 원각사(圓覺寺) 자리였다. 때문에 국보 2호 원각사지 10층 석탑과 보물 3호인 원각사비 등 중요한 유물이 남아 있다. 1467년(조선 세조 13년)에 세워진 원각사지석탑은 화려한 조각과 회백색의 대리석이 매우 잘 어울리는 수작으로 평가되어 국보로 지정됐다. 1471년(성종 2년)에 세워진 대원각사비는 원각사 창건부터 13층 사리탑을 세우기까지의 과정을 기록한 석비로, 당대의 문필가들이 모두 참여했다. 대원각사지비(大圓覺寺之碑)는 조선 초기 명필로 유명한 강희맹이 썼다. 비석 앞면 비문은 김수온(金守溫)이 글, 성임(成任)이 글씨를 썼고 뒷면 추기는 서거정(徐居正)이 글을, 정난종(鄭蘭宗)이 글씨를 썼다.

연산군이 원각사를 폐사하고 중종 때 건물이 모두 철거되면서 빈터만 남았는데 석비는 용케 살아남았다. 하지만 탑골공원의 진정한 가치는 이곳이 3·1 운동의 성지라는 점에 있다. 탑골공원에는 손병희 동상 외에도 팔각정, 3·1 독립선언기념탑, 3·1 운동 청동 부조, 3·1 정신찬양비 등 3·1 운동과 관련된 유적이 다수 있다. 손병희 동상 뒤 팔각정은 3·1 운동 당시 피 끓는 청년 정재용이 33인의 민족대표를 대신해 독립선언서를 처음 낭독한 곳이다. 팔각정은 공원이 조성된 지 5년 후인

1902년, 고종 즉위 40년을 기념해 건립됐다. 남산 팔각정을 비롯해 후일 전국에 건축된 팔각정의 모델이 된 건물이다. 팔각형 평면으로 만들어진 단청과 처마선이 아름다워 대한제국 시절 건축물로 역사성을 인정받고 있다. 황실 관현악단이 황실 음악 연주소로 사용했고, 일요일이면 백성들이 관람할 수 있도록 공개 연주를 했다는 기록이 남아 있다.

사람이 곧 하늘이다

손병희 동상은 탑골공원 정문으로 들어서면 바로 눈에 들어온다. 푸른 소나무 다섯 그루를 배경으로 화강암 좌대 위에 손병희 선생이 우뚝 서 있다. 일자로 꼿꼿이 서서 오른손에는 반쯤 펴진 두루마리 형태의 독립선언서를 들고 있다. 마치 독립선언서를 읽고 조선의 독립을 가슴 속에 다시 새기는 것처럼 보인다. 가슴에 붙인 왼손은 손바닥을 쭉 펴고 엄지는 위로 향해 마치 국기에 대한 경례를 하는 것 같은 모습이다.

손의 위치와 형태는 '사람이 곧 하늘이다'라는 천도교의 인내천(人乃天)을 상징한다. 얼굴은 마치 호랑이 한 마리가 눈을 부릅뜬 인상으로 아무리 거센 바람이 불어도 눈 하나 깜짝하지 않을 것만 같다. 이마는 넓고 머리는 짧으며, 굵은 눈썹 아래 눈동자의 시선은 하늘을 향하고 있다. 콧수염은 팔(八) 자 모양으로 길게 길러 멋을 냈다. 턱수염도 목울대까지 내려오도록 길게 길렀지만 가지런하게 다듬어 단정하게 보인다.

옷은 한복 두루마기 차림으로 아랫단이 무릎 아래까지 내려왔다. 한

손병희 동상 건립 취지문

복 하의 발목 부근 바지부리는 대님으로 동여맸고 고무신을 신었다. 발은 안정감 있게 살짝 벌려 균형감을 줬다. 화강암 좌대에는 세로로 '의암 손병희 선생 상'이라는 글씨가 동판에 한자로 새겨져 있다. 글씨는 소전(小篆) 손재형(孫在馨)의 작품이다. 비슷한 시기에 만들어진 남산 백범광장 김구 동상이나 숭의여대 안중근 동상은 한글로 동상의 주인이 누구인지 알렸지만 손병희 동상은 한자를 선택했다.

동상을 세우게 된 취지와 동상 제작에 참여한 사람을 적은 동판은 기단 뒤에 부착되어 있다.

여기는 민족의 얼이 깃든 곳이다. 민족의 피가 끓는 곳이다.
민족의 횃불이 들린 곳 민족의 함성이 울린 곳이다.
자유와 정의의 샘터요, 미덥고 든든한 민족혼 고향이다.
의암 손병희 선생의 일상을 통하여 가장 빛나는 행적은
3·1 운동을 선구했던 일이요, 또 그날 만세를 처음 외쳤던 곳이 여기라.
이 터에 그의 동상을 세워 우리들의 자손만대에
그 뜻과 사실을 길이 전하려 한다.

문정화는 조각하고 이은상은 글을 짓고

김충현은 글씨를 쓰고 손재형은 제자하고

손병희선생기념사업회에서 동포들의 성금을 모아 이 동상을 세우다.

1966년 5월 19일

동상 제작은 문정화, 글은 노산 이은상, 약전의 글씨는 일중(一中) 김충
현(金忠顯)이 썼다. 글씨를 쓴 김충현은 궁중에서 쓰던 궁체(宮體)를 연구
하여 한글 서예 보급에 앞장선 인물이다. 경동고등학교 교사·오산학교
이사장을 지냈다. 대표작은 해방 이후 최초의 한글 비문으로 유명한 유
관순 기념비다.

이승만에서 손병희로 주인이 바뀐 탑골공원

손병희 동상이 세워진 자리에 있던 최초 동상의 주인은 이승만이었
다. 1956년 3월 31일 탑골공원에서는 넥타이를 매고 조끼를 갖춘 양복
을 입은 대통령 이승만 동상이 제막됐다. 동상은 이승만 대통령 탄신 80
주년을 기념해 대한소년화랑단이 주관해 세운 것이나, 건립된 지 4년여
후인 1960년 4·19 혁명 당시 시민들에 의해 끌려 내려왔다. 그리고 6년
동안 비어 있던 자리에 손병희 동상이 들어섰다. 이를 계기로 탑골공원
의 주인은 이승만에서 손병희로 바뀌었다. 흥미로운 건 1956년 탑골공
원 이승만 동상과 10년 후 손병희 동상을 만든 조각가가 문정화(文貞化
1920~2003)로 같다는 점이다.

서라벌예술대학 강사와 청암조각연구소 대표, 천도교미술인회 회장을 지낸 문정화는 1951년 육군본부 위촉으로 밴 플리트 장군에게 증정하는 부조를 제작한 이후 50년 동안 전국 각지에 많은 작품을 남겼다. 유학자 퇴계 이황 동상, 동학교주 최시형 선생 동상, 1968년 제작된 중앙대학교 청룡상이 문정화의 손에서 탄생했다. 자신이 만든 이승만 동상이 철거된 자리에 손병희 동상을 세우면서 문정화가 무슨 생각을 했을지 궁금하다.

서자 출신 천도교 교주

약전은 좌대 오른쪽 화강암 판석에 동판으로 부착되어 있다. 손병희의 일생과 업적을 한눈에 알아볼 수 있게 정리했다. 글씨는 연도를 제외하면 대부분 한글이고 세로쓰기로 되어 있다.

여기 서계신 이 어른은 민족의 스승이요
천도교 三(삼)세 교조인 의암 손병희 선생이시다.
비록 일생을 풍운 속에서 지났으되 산 같은 대의는 흔들리지 않았고
큰 뜻으로 역사를 움직여 이름을 천추에 드리운 이다.
선생은 1861년 4월 초八(팔)일 청주에서 탄생하여
22세에 동학에 들어 창생을 제도하려는 포부를 기르더니
34세에는 썩은 정치를 맑히려 혁명의 깃발을 들었고
37세에는 교조의 법통을 이어 받았다.
그러다 국치의 날을 만나서는

손병희 동상 약전. 뒤로 독립선언서를 낭독한 팔각정이 보인다

10년 동안 투사를 기르며 때를 기다리더니

1919년 3월 1일 각계대표 33인을 결속하여

국민전체의 피 묻은 만세운동을 일으킴으로써

역사 민족의 의기를 세계만방에 널리 떨치고

그로 인하여 철창의 몸이 되어 병으로 신고하다가 보석되어

1922년 5월 19일에 62세로써 환원하시었다.

우리는 정성껏 여기 이마 숙여 절하고 노래를 바친다.

정의의 채찍을 쥐고 가시밭 헤치신 이여

자유의 횃불을 들고 길을 이끄신 이여

겨레의 역사와 함께 길이 사시오리라.

의암 손병희는 1861년 4월 8일 충북 청원군 북이면에서 서자로 출생했다. 아버지는 청주목에서 하급관리 아전을 지냈고, 선대에도 유명한 인물이 없는 평범한 가문 출신이었다. 그런 중인 출신 서자인 손병희에게 '사람이 곧 하늘이다'는 동학의 인내천(人乃天) 사상은 매력적이었다. 손병희는 조카 손천민과 함께 1882년 10월 5일 동학에 입도했다. 천도교의 지도자로 성장한 손병희에게 동학 2세 교조인 최시형은 의암(義庵)이란 호를 내렸다.

이후 전봉준을 중심으로 한 남접이 농학농민전쟁을 일으키자 교주 최시형은 손병희를 종군통령으로 임명해 북접을 지휘하도록 했다. 손병희, 손천민, 이종훈이 지휘하는 북접 동학군은 경기도 대부분을 석권했다. 그 뒤에 충남 논산에서 북상 중인 전봉준의 농민군과 만나 연합작전을 폈다. 그러나 동학군은 공주 우금치 전투에서 일본군이 지휘하는 관군 3,200명과 일본군 200명에게 궤멸적인 패배를 당했다.

개틀링 기관총 등 우수한 장비를 갖춘 일본군과 관군에게 동학농민군 2만 명 중에 3,000여 명을 제외한 나머지가 모두 사망했다. 관군의 포위망이 좁혀오자 교주였던 최시형은 손병희에게 종통의 지위를 물려주고 체포되어 서울로 압송돼 사형을 당했다. 국내에서 활동이 어려워지자 손병희는 1901년 일본으로 도피해 이름을 바꾸고 생활했다. 그러면서 일본의 힘과 세계정세의 변화를 직접 체험한 그는 동학전쟁 당시의 일방적인 무력항쟁 방침을 변경했다. 1904년 갑신개화혁신운동을 통해 신도들에게 상투를 자르도록 했고 60여 명의 학생들을 일본으로 유학시켜 선진문물을 배우게 했다. 또한 재일유학생회 회장 최린 등 일본 유학생들과, 그리고 갑신정변으로 망명중인 박영효 등 조선 고위층과도 교류했다. 후일 최린 등 일본에서 만난 많은 인사가 3·1 만세운동에 참여했다.

손병희가 일본에서 귀국하게 된 계기는 조선에 남아 손병희의 지시를 충실히 수행하던 측근 이용구의 배신이었다. 이용구는 일진회(一進會)를 만들어 친일매국 행위를 서슴없이 자행했다. 1906년 귀국한 손병희는 이용구를 제거한 후 천도교 교당을 전국에 세우는 등 조직을 정비했다.

3·1 운동의 지휘자 손병희

천도교 교주였던 손병희는 1907년 1월 천도교중앙총본부를 만들고 1군 1교구를 만들어 천도교를 전국 조직화했다. 손병희가 내리는 '종령'은 일사불란하게 전국 교인들에게 전달됐다. 이러한 네트워크는 3·1 운동에 소요된 자금을 만들고 시위에 나설 수 있는 힘이 됐다. 1910년 조선을 병합한 후 일본은 철저한 무단통치를 시행했지만 종교계에 대해서는 상대적으로 느슨하게 대했다. 손병희는 이런 일제의 통치 기조를 읽고 교육·문화 사업에 주력했다. 국력이 약한 조선이 독립하기 위해서는 민족 내부의 힘을 축적했다가, 국제정세의 변동을 이용해 일본에 타격을 주고 독립을 쟁취해야 한다는 생각이었다. 이후 손병희는 인쇄소인 박문사를 세워 천도교 기관지이자 시사종합신문인 만세보를 발간했다. 박문사는 후일 3·1 운동 때 독립선언서를 인쇄한 보성사로 발전하게 된다. 또 고려대 전신인 보성학교와 동덕여대 전신인 동덕여학교를 인수해 운영했고 보창학교·양명학교 등 수십 개의 학교를 지원했다.

1918년, 제1차 세계대전의 종전이 가까워지면서 세계정세가 바뀌기 시작했다. 미국의 윌슨 대통령이 그해 1월 민족자결주의를 강조하는 14개조 평화원칙을 발표하자 조선에도 변화의 바람이 불었다. 보성사 사장이던 이종일 등이 찾아와 다른 종교단체 등과 연합해 봉기를 일으키자고 했으나 손병희는 아직은 때가 아니라고 만류했다. 그는 1919년 1월 제1차 세계대전이 끝난 후 세계질서를 논의하는 파리강화회의를 전후하여 적극적으로 움직이기 시작했다. 전민족의 이름으로 독립선언을 한다는 계획 아래 한규설 등 대한제국 출신 고위관료와 타 종교 지도자, 사회단체와의 연대를 추진했다. 힘을 모으기 위해 일본과의 병합을 주도한 이완용에게도 동참을 권유했다. 이완용은 참여를 거부했지만 이를 일본에 알리지도 않았다.

소요된 자금도 대부분 손병희가 걷어 충당했다. 손병희는 거사 1년 전인 1918년 4월 4일 중앙대교당과 중앙총부 건물 신축자금 명목으로 100만 원(1910년 쌀값 1섬당 3원 기준, 현재 1,700억 원가량)을 모았고 실제 건축자금으로 사용된 27만 원을 제외한 나머지 돈은 독립운동자금으로 사용했다. 김규식을 파리강화회의에 파견하는 데 들어간 3만 원, 3·1 운동 준비자금으로 기독교 측에 전달한 5,000원, 그 외 독립선언서 인쇄비도 손병희의 몫이었다.

3·1 독립선언서에 이름을 올린 민족대표는 33명이다. 천도교가 15명, 기독교 16명, 불교 2명으로 손병희가 이들을 대표해 독립선언서에 첫 서명자로 서명했다. 3월 1일 태화관 독립선언식 후 일경에 체포된 손병희는 징역 3년형을 선고받았다. 3년형을 받은 사람은 손병희·최린·권동진·오세창·이종일 등 천도교 인사가 5명, 이승훈·함태영 등 기독교 2명, 불교에서는 한용운 1명이다. 수감 중에 손병희는 오른쪽 몸이 반신불수가 됐고 수족을 쓰지 못할 정도로 상태가 악화돼 병보석으로 석방되었으나, 수감 후유증으로 1922년 5월 19일 62살의 나이로 숨졌다.

조선의 독립을 선언한 독립선언서

탑골공원 정문 오른쪽에는 원문·한글·영문으로 된 독립선언서를 오

탑골공원 3·1독립선언 기념탑. 1979년 다시 만들어졌다

석판에 새기고 양쪽 끝에 인물상을 세운 조형물이 있다. 중앙에는 국한문 혼용으로 된 독립선언서 원문을, 좌측에는 영문 독립선언서를, 오른쪽에는 한글 독립선언서가 부착되어 있다. 중앙에 있는 독립선언서는 1919년 3월 1일 전국에 뿌려졌던 한글과 한자를 혼용해서 쓴 독립선언서 원문을 오석판 5개에 그대로 새겨 넣었다.

독립선언서(한글)

우리는 오늘 조선이 독립한 나라이며, 조선인이 이 나라의 주인임을 선언한다. 우리는 이를 세계 모든 나라에 알려 인류가 모두 평등하다는 큰 뜻을 분명히 하고, 우리 후손이 민족 스스로 살아갈 정당한 권리를 영원히 누리게 할 것이다. 이 선언은 오천 년 동안 이어 온 우리 역사의 힘으로 하는 것이며, 이천만 민중의 정성을 모은 것이다. 우리 민족이 영원히 자유롭게 발전하려는 것이며, 인류가 양심에 따라 만들어가는 세계 변화의 큰 흐름에 발맞추려는 것이다. 이것은 하늘의 뜻이고 시대의 흐름이며, 전 인류가 함께 살아갈 정당한 권리에서 나온 것이다. 이 세상 어떤 것도 우리 독립을 가로막지 못한다.

낡은 시대의 유물인 침략주의와 강권주의에 희생되어, 우리 민족이 수천 년 역사상 처음으로 다른 민족에게 억눌리는 고통을 받은 지 십 년이 지났다. 그동안 우리 스스로 살아갈 권리를 빼앗긴 고통은 헤아릴 수 없으며, 정신을 발달시킬 기회가 가로막힌 아픔이 얼마인가. 민족의 존엄함에 상처받은 아픔 또한 얼마이며, 새로운 기술과 독창성으로 세계 문화에 기여할 기회를 잃은 것이 얼마인가.

아, 그동안 쌓인 억울함을 떨쳐 내고 지금의 고통을 벗어던지려면, 앞으로 닥쳐올 위협을 없애 버리고 억눌린 민족의 양심과 사라진 국가 정의를 다시 일으키려면, 사람들이 저마다 인격을 발달시키고 우리 가여운 자녀에게 고통스러운 유산 대신 완전한 행복을 주려면, 우리에게 가장 급한 일은 민족의 독립을 확실하게 하는 것이다. 오늘, 우리 이천만 조선인은 저마다 가슴에 칼을 품었다. 모든 인류와 시대의 양심은 정의의 군대와 인도의 방패가 되어 우리를 지켜 주고 있다. 그러므로 우리는 나아가 싸우면 어떤 강한 적도 꺾을 수 있고, 설령 물러난다 해도 이루려 한다면 어떤 뜻도 펼칠 수 있다.

우리는 일본이 1876년 강화도조약 뒤에 갖가지 약속을 지키지 않았다고 해서 일본을 믿을 수 없다고 비난하는 게 아니다. 일본의 학자와 정치가들이 우리 땅을 빼앗고 우리 문화 민족을 야만인 대하듯 하며 우리의 오랜 사회와 민족의 훌륭한 심성을 무시한다고 해서, 일본의 의리 없음을 탓하지 않겠다. 스스로를 채찍질하기에도 바쁜 우리에게는 남을 원망할 여유가 없다. 우리는 지금의 잘못을 바로잡기에도 급해서, 과거의 잘잘못을 따질 여유도 없다. 지금 우리가 할 일은 우리 자신을 바로 세우는 것이지 남을 파괴하는 것이 아니다. 양심이 시키는 대로 우리의 새로운 운명을 만들어 가는 것이지 결코 오랜 원한과 한 순간의 감정으로 샘이 나서 남을 쫓아내는 것이 아니다. 우리는 단지, 낡은 생각과 낡은 세력에 사로잡힌 일본 정치인들이 공명심으로 희생시킨 불합리한 현실을 바로잡아, 자연스럽고 올바른 세상으로 되돌리려는 것이다.

처음부터 우리 민족이 바라지 않았던 조선과 일본의 강제 병합이 만든 결과를 보라. 일본이 우리를 억누르고 민족 차별의 불평등과 거짓으로 꾸민 통계 숫자에 따라 서로 이해가 다른 두 민족 사이에 화해할 수 없는 원한이 생겨나고 있다. 과감하게 오랜 잘못을 바로잡고, 진정한 이해와 공감을 바탕으로 사이좋은 새 세상을 여는 것이, 서로 재앙을 피하고 행복해지는 지름길임이 분명하지 않은가! 또한 울분과 원한에 사무친 이천만 조선인을 힘으로 억누르는 것은 동양의 평화를 보장하는 길이 아니다. 이는 동양의 안전과 위기를 판가름하는 중심인 사억만 중국인들이 일본을 더욱 두려워하고 미워하게 하여 결국 동양 전체를 함께 망하는 비극으로 이끌 것이 분명하다. 오늘 우리 조선의 독립은 조선인이 정당한 번영을 이루게 하는 것인 동시에, 일본이 잘못된 길에서 빠져나와 동양에 대한 책임을 다하게 하는 것이다. 또 중국이 일본에 땅을 빼앗길 것이라는 불안과 두려움으로부터 벗어나게 하는 것이며, 세계 평화와 인류 행복의 중요한 부분인 동양 평화를 이룰 발판을 마련하는 것이다. 조선의 독립이 어찌 사소한 감정의 문제인가!

아, 새로운 세상이 눈앞에 펼쳐지는구나. 힘으로 억누르는 시대가 가고, 도의가 이루어지는 시대가 오는구나. 지난 수천 년 갈고 닦으며 길러온 인도적 정신이 이제 새로운 문명의 밝아오는 빛을 인류 역사에 비추기 시작하는구나. 새봄이 온 세상에 다가와 모든 생명을 다시 살려

내는구나. 꽁꽁 언 얼음과 차디찬 눈보라에 숨 막혔던 한 시대가 가고, 부드러운 바람과 따뜻한 볕에 기운이 돋는 새 시대가 오는구나. 온 세상의 도리가 다시 살아나는 지금, 세계 변화의 흐름에 올라탄 우리는 주저하거나 거리낄 것이 없다. 우리는 원래부터 지닌 자유권을 지켜서 풍요로운 삶의 즐거움을 마음껏 누릴 것이다. 원래부터 풍부한 독창성을 발휘하여 봄기운 가득한 세계에 민족의 우수한 문화를 꽃피울 것이다. 그래서 우리는 떨쳐 일어나는 것이다. 양심이 나와 함께 있으며 진리가 나와 함께 나아간다. 남녀노소 구별 없이 어둡고 낡은 옛집에서 뛰쳐나와, 세상 모두와 함께 즐겁고 새롭게 되살아날 것이다. 수천 년 전 조상의 영혼이 안에서 우리를 돕고, 온 세계의 기운이 밖에서 우리를 지켜 주니, 시작이 곧 성공이다. 다만, 저 앞의 밝은 빛을 향하여 힘차게 나아갈 뿐이다.

세 가지 약속(공약삼장)

하나, 오늘 우리의 독립 선언은 정의, 인도, 생존, 존영을 위한 민족의 요구이니, 오직 자유로운 정신을 드날릴 것이요, 결코 배타적 감정으로 함부로 행동하지 말라.

하나, 마지막 한 사람까지, 마지막 한 순간까지, 민족의 정당한 뜻을 마음껏 드러내라.

하나, 모든 행동은 질서를 존중하여 우리의 주장과 태도를 떳떳하고 정당하게 하라.

조선을 세운 지 4252년 3월 1일(1919년 3월 1일)

조선 민족 대표

손병희 길선주 이필주 백용성 김완규 김병조 김창준 권동진 권병덕 나용환 나인협 양전백 양한묵 유여대 이갑성 이명룡 이승훈 이종훈 이종일 임예환 박준승 박희도 박동완 신홍식 신석구 오세창 오화영 정춘수 최성모 최린 한용운 홍병기 홍기조

작가가 없는 3·1 독립선언기념탑

3·1 독립선언기념탑 양쪽 끝에는 만세를 외치는 인물상 2개가 세워져 있다. 오른쪽에 있는 동상은 왼팔을 하늘로 뻗어 태극기 끝을 강하게 잡고 있고 오른손은 가슴 부근으로 굽혀 흘러내린 태극기 자락을 잡았다. 태극기 자락이 허리 부근에서 펄럭이고 두루마기 고름은 허벅지까지 내려왔다. 태극기를 단단히 움켜잡고 있어 절대로 태극기를 놓치지 않겠다는 의지가 느껴진다. 오른발은 앞으로 뻗고 왼발은 옆으로 벌려 균형을 잡고 있다. 시선은 하늘을 향했고 입을 크게 벌려 '대한독립만세'를 외치고 있다. 동상의 머리 모양이나 젊은 얼굴로 봐서 독립선언서를 처음 낭독한 정재용의 모습을 형상화한 것으로 보인다.

1919년 3월 1일 오후 2시 민족대표 33인 중 29명이 서울 인사동 태화

관에 모여 국치 9년 만에 자주독립을 선언했다. 길선주, 유여대, 정춘수 3명은 지방에서 늦게 도착해 참석하지 못했고 김병조는 상하이로 건너가 불참했다. 태화관 별실에 모인 민족대표들은 이종일이 인쇄해서 가져온 독립선언서 100여 장을 들고 독립선언식을 거행한 후 스스로 일본 경찰에 통고하여 구속되었다. 같은 시각 서울 탑골공원 팔각정을 중심으로 학생과 시민 5,000여 명이 모여 민족대표들의 도착을 기다리고 있었다. 그러나 민족대표들이 독립선언 후 스스로 일본 경찰에 출두하면서 탑골공원에 올

3·1 독립선언기념탑 오른쪽 동상

사람이 없게 되었다. 이때 누군가가 연단에 올라 "오등(吾等)은 자(玆)에 아(我) 조선(朝鮮)의 독립국(獨立國)임과 조선인(朝鮮人)의 자주민(自主民)임을 선언(宣言)하노라"라고 외쳤다. 당시 팔각정으로 뛰어 올라 처음으로 독립선언서를 낭독한 사람이 경신학교를 졸업한 정재용이었다.

왼쪽에 있는 동상은 오른손을 하늘로 쭉 뻗고 주먹을 쥔 채 검지 하나만 위로 세웠다. 부릅뜬 눈은 하늘을 향하고 콧수염과 턱수염이 선명하

3·1 독립선언기념탑 왼쪽 동상

다. 왼손에는 독립선언서로 보이는 두루마리 형태의 종이가 허벅지까지 내려왔다. 왼발을 앞으로 뻗고 오른발은 옆으로 벌려 균형을 잡았다. 다리 사이로 한복자락이 펄럭인다. 인근에 있는 손병희 동상과 수염, 한복 등이 비슷한 걸 봐서 인물상의 주인공은 손병희로 추정된다.

이 조형물은 독립선언서 글씨를 누가 썼는지, 그리고 좌우 끝에 있는 동상은 누구이고 누가 만들었는지 기록이 전혀 없다. 공원을 관리하는 서울 종로구청에도 기록이 남아 있지 않다. 원래 이 자리에는 1962년 서울대 김종영 교수가 만든 3·1 독립선언기념탑이 세워져 있었다. 남녀노소가 총궐기하여 태극기를 흔들며 독립만세를 부르는 형상이었다. 뒤에는 병풍석을 배치하여 병풍석에 독립선언서 원문을 새겼다. 기념탑의 총 높이는 8.9미터, 동상은 3.7미터였다. 글씨는 광개토대왕 비문체와 훈민정음 한글 글씨체를 조화시켜 김응현이 썼고 이은상이 지은 연기문을 이철경의 글씨로 새겨 넣었다. 그러나 이 기념탑은 1979년 탑골공원 정

비를 하면서 석연치 않은 이유로 철거됐다. 1년 뒤 삼청공원에서 기념
탑이 훼철된 상태로 발견되자 김종영은 충격으로 지병이 악화돼 1982년
타계했다. 기념탑은 김 교수 제자들의 노력으로 서대문독립공원에 다
시 세워졌다. 기념탑이 공원의 주축인 팔각정과 공간 배치가 어울리지
않고 녹물이 흘러내리는 등 노후화돼 철거했다는 후문이 있지만 확인할
길이 없다. 종로구청에서 현재 있는 3·1 독립선언기념탑을 누가 만들었
는지 모르는 건 이런 연유 때문이다. 지금이라도 탑골공원에 있는 병풍
석에 3·1 독립선언서 원문과 국문·영문을 새긴 사람과 조각을 한 사람
이 나타나 오랜 궁금증을 해소해줬으면 하는 바람이다.

1번 부조. 정재용이 팔각정에서 독립선언서를 낭독하고 있다

민주공화국의 도화선 3·1 혁명과 청동 부조

1919년 3월 1일 오후 2시 팔각정 아래서 독립선언식을 마친 5,000여 학생과 군중들은 가두시위 행진을 시작했다. 시위대는 고종황제 국장(國葬)에 참석한 사람들이 합류하면서 수십만 명 규모로 확대됐다. 이날 시위는 민주공화국 대한민국으로 가는 긴 여정의 시작이었다. 전국에서 벌어진 3·1 운동의 모습은 팔각정 오른쪽 공원 북측 담을 따라서 세워진 3·1 운동 청동 부조에 조각되어 있다. 청동 부조는 모두 10개다.

첫 번째 부조는 전국으로 만세운동이 번지는 결정적인 계기가 됐던 정재용의 팔각정 독립선언서 낭독이다. 이어 함경도 함흥·평안도 평양·황해도 해주·강원도 철원·경기도 수원·충청도 천안·경상도 진주·전라도 남원·제주 등 전국 팔도에서 벌어진 만세 시위가 조각돼 있다.

정재용의 팔각정 독립선언서 낭독을 포함해 9개 부조는 3·1 운동 당시 시위 장면을 새겼지만 여섯 번째 부조인 수원 제암리 청동 부조는 일본 경찰에 의한 주민 학살을 표현했다. 교회 창문 곳곳에서 검은 연기가 뿜어져 나오고 있고 한 여성이 강보에 싼 어린아이를 창밖으로 서둘러 내보내고 있다. 교회 앞마당에는 신자들이 넘어져 있는데, 왼쪽에서는 일본 경찰이 죽창으로 이들을 찌르려고 하고 있고 오른쪽에는 총을 들어 쏘고 있다. 뒤에는 불이 난 교회가 있고 사방에 경찰이 깔려 있어 도망을 가려고 해도 갈 수 없는 안타까운 장면이다. 땅바닥에 쓰러진 여성이나 성경을 든 남성 모두 저항할 엄두를 내지 못하고 있다. 설명문에는

"1919년 4월 15일 오후 일본군 1개 소대가 수원 제암리에 와서 예수교인들과 천도교인들을 교회당에 몰아넣고 총으로 난사하며 불을 질렀다. 불을 피해 나오는 부인은 칼로써 잔인하게 죽이고 창문으로 내어보내는 아기들마저 죽였다"고 기록되어 있다. 제암리 학살은 일본 군경이 만세운동이 일어났던 제암리에서 주민을 교회에 몰아넣고 불을 질러 살해한 사건이다. 교회당 안에서 죽은 사람이 23명, 뜰에서 죽은 사람이 6명이었다.

3·1 정신찬양비와 탑골공원사적비

청동 부조 10개를 가운데 두고 양쪽 끝에는 3·1 정신찬양비와 탑골공원사적비가 세워져 있다. 화강암으로 이루어진 직사각형 모양의 검은 판석에 글을 새겨 넣은 형태로, 쌍둥이처럼 모양은 같지만 내용만 다르다. 3·1 정신찬양비는 3·1 운동의 의의와 후세에 전하는 뜻을 새겨 넣었다. 세로쓰기로 쓰여진 데다 현재는 쓰지 않는 단어가 많아서 자세히 보지 않으면 읽기가 어렵다.

3·1 정신찬양비

젊은이들이여 보라. 한국의 지성 높은 젊은이들이여, 정의와 자유를 수호하는 이 나라의 주춧돌인 청년학생들이여, 이곳에 걸음을 멈추고 가슴에 손을 얹어 고요히 주위를 살피고 둘러보라. 민족자결의 고함치는 독립만세 소리 그대의 귀에 쟁쟁하리라. 추상열일(秋霜烈日, 가을의 찬

서리와 여름의 뜨거운 햇살이라는 뜻으로 형벌이 엄함)같은 천고의 의기가 그대의 가슴에 용솟음치리라. 아아 젊은이들이여. 이 땅을 길이길이 수호하여 자손만대에 영원히 간직하라. 이곳은 1919년 3월 1일 그대들의 선배 젊은이들이 일인총독의 총칼아래 희고 푸른 민족정기를 무지개같이 창공에 뿜어 삼십삼인의 지도자와 함께 인간의 자유와 국가의 독립을 정정당당하게 선포하고 민족자결을 외쳤던 3·1민족운동의 성스러운 발상지다.

자주독립을 선포한 젊은이들은 맨주먹 빈손으로 고함치며 거리로 내달렸다. 남녀노소 국민들은 뒤를 받쳐 성난 물결같이 대한독립만세를 높이 불러 하늘. 땅을 뒤엎었다. 백수항전의 흰 물결아. 아 자유 아니면 죽음을 달라. 민족자결의 고함소리에 백두산도 우쭐대고 동해물도 끓었어라. 일경도 넋을 잃고 총독도 떨었어라.

한식경 뒤에야 일병은 비로소 총칼을 들고 우리들을 쏘고 찔렀다. 비웃두름(청어를 짚으로 엮어 열 마리씩 두 줄을 엮은 것)엮듯 감옥으로 묶어갔다. 피 흘려 쓰러진 이 거리마다 즐비했네. 아 아 거룩한 한민족의 백수항전이여. 탑골공원의 봉화가 서울 장안에 높이 들려지니 삼천리 방방곡곡엔 산마다 봉화요, 동리마다 불바다였다. 일 년을 끌어온 팔도강산의 3·1만세 대정신운동은 온 세계를 놀라게 했다. 일제 감옥에 투옥된 이 사만육천구백여명이요, 총칼에 쓰러져 죽은 이 칠천오백구명이요, 상한 이가 일만오천구십일명이었다. 아아, 세계민족사 상에 그 유례가 없는 일치단결된 대민족운동이요, 만고에 없는 민족의 서사시다. 오늘날 국가의 광복은 이 성스러운 민족운동의 결실이라 하겠다. 아아, 젊은이들이여. 이 정신을 이 땅과 함께 길이 간직하라.

단군기원 4천3백년 12월. 박종화 짓고 김충현 쓰다.

탑골공원사적비는 10개의 3·1운동 청동 부조가 끝나는 지점에 세워져 있다. 탑골공원을 정비하고 마지막으로 손병희 선생 동상과 부조, 3·1운동기념탑 등을 세운 취지를 새긴 글이다. 절로 사용됐던 조선시대 초기 역사와 조선말에 공원으로 조성된 과정, 3·1운동 유적지로 만든 경위 등이 새겨져 있다.

탑골공원에 있는 3·1 정신찬양비

탑골공원사적비

역사가 길면 곳곳이 이야기가 많은 법이니 탑골공원이 바로 그중 하나다. 본시 이조 태조 때에는 여기에 불교 조계종의 본사이던 흥복사가 있었는데 그것이 세종 때에는 관습도감, 예장도감 및 중학유생집회소 등이 되었더니 세조 9년에 왕이 효령대군의 신앙심에 감격하고 또 스스로도 뜻을 일으켜 여기 있던 관청들을 모두 딴 곳으로 내보내고 민가 2백여 호를 더 사들여 십삼 층탑과 대원각사비를 세우는 등 큰 규모에 융성한 모습이 장관이었더니 연산 때 이르러서는 불교 배척과 함께 연방원을 만들어 기악을 잡혔으며 중종 때 훼철되고 임진란을 겪은 뒤 3백 년 동안 무질서한 마을이 되었던 바 1897년 한성부판윤 이채연과 탁지부고문 영국인 브라운의 협력 아래 내부 토목국장 남궁억이 길을 넓히고 공원을 처음 만든지 70년이 되었다. 비록 옛날 원각사 터를 다 들여오지 못하고 범위는 극히 좁아졌다 할지라도 보물로 끼쳐오는 탑을 중심으로 공원을 만들어 탑골공원이라 불러오더니 1919년 3월 1일 독립만세운동 때 여기서 의거 함성을 처음 올린 뒤 이곳은 비로소 민족의 마음의 고향이 되어 실로 성지와 같이 되어온 곳이다. 일제의 암흑시대에는 짐짓 거칠게 했고 해방 후에도 무심하게 버린 바 되어 아침저녁 이 앞을 지나는 이들로 공원답지 못함을 탄식하지 않는 이 없더니 서울특별시장 김현옥과 종로구청장 김만규의 주관 아래 새 계획을 세우고 한국 정취 풍기는 새 화원을 꾸미고 만세운동을 기념하는 조각들을 진열하여 분주한 거리 속에 정신을 맑혀주는 정결하고도 거룩한 지역을 만들었거니 이리로 들어와 거니는 이는 새 힘을 얻어 흐뭇한 웃음을 웃고 가리라.

단군기원 4천3백년 12월 이은상 글 김충현 글씨

탑골공원사적비와 3·1정신찬양비가 건립된 것은 단기 4300년으로, 서기로 전환하면 1967년이다. 의암 손병희 선생 동상은 1966년 제막됐다. 1년의 시차를 보면 3·1 정신찬양비와 탑골공원사적비가 탑골공원 조성사업을 마치고 제일 마지막에 세워졌다는 것을 알 수 있다.

3·1 독립만세운동의 총감독

　3·1 운동 이후 식민지 조선에 나타난 가장 큰 변화는 우리 역사상 처음으로 민주공화정이라는 체제가 주역으로 등장했다는 점이다. 상하이

에서 수립된 대한민국 임시정부는 1919년 4월 11일 대한민국 임시헌장을 채택했다. 헌장 제 1조는 '대한민국은 민주공화제로 함', 2조는 '대한민국의 주권은 대한인민 전체로 함'이라고 규정했다. 이 규정은 대한민국 5000년 역사에 일대 전환이었다. 나라의 주인이 왕이나 황제가 아니라 국민이라는 걸 선언한 내용이다. 3·1 운동 이전에는 나라를 되찾아 군주정을 회복할 것을 주장한 복벽주의가 조선 독립의 유력한 대안이었다. 3·1 운동 직전까지도 이회영은 고종 황제를 모시고 중국으로 가서 망명정부를 세우

손병희 동상 전면 모습

려 했다. 이상설, 유인석 등의 유생들과 대한제국 출신 군인이 주축이었던 복벽주의자들은 황제의 복위를 위해 국내와 만주, 러시아 블라디보스토크에서 무력투쟁을 벌였다. 그러나 3·1 운동 이후에는 황제의 복위를 추구하는 보황주의와 군주정을 회복하자는 복벽주의는 사실상 자취를 감추었다. 황제정과의 영원한 결별이었다. 3·1 운동은 국민이 나라의 주인이 되는 계기를 만든 민족사의 혁명이었다.

손병희가 없는 3·1 운동은 상상할 수 없다. 그는 3·1 운동 성공을 위해 기독교·불교와 손을 잡았고 거사에 필요한 돈을 지원했다. 독립선언서에 가장 먼저 민족대표로 서명했고 형량도 가장 높았다. 국민이 나라의 주인임을 선언한 대한민국 임시정부는 1948년 8월 대한민국 정부가 수립되면서 현실이 됐다. 3·1 운동의 총감독 손병희는 민주공화정의 나라 대한민국을 탄생시켰다.

종로구 동숭동 마로니에공원 김상옥 열사 상

-일본 경찰과 벌인 1대 1,000의 싸움

김상옥(1889~1923)

종로 경찰서에 폭탄을 던진 뒤 추격 중인 일본 경찰 1명을 죽이고 16명에게 부상을 입힌 독립운동가이자 중소사업가이다. 어의보통학교와 경성영어학교를 다녔고 동대문교회에 출석했다. 철공장에서 일하다 말총모자를 생산해 큰돈을 벌었다. 3·1 운동 후 혁신단을 결성해 지하신문을 발행하다 체포됐으나 증거불충분으로 풀려났다. 1920년 총독 사이토 암살계획을 세웠으나 사전에 발각돼 중국으로 망명했다. 중국에서는 김원봉이 주도한 의열단에 가입했고, 1922년에 사이토 총독 암살 등을 목적으로 다시 귀국했다. 1923년 종로경찰서에 폭탄을 던졌다. 이후 뒤를 쫓는 경찰과 효제동에서 결전을 벌이다 자결했다. 1962년 건국훈장 대통령장이 추서됐다. 서영훈 전 대한적십자사 총재가 위원장을 맡은 김상옥열사동상건립위원회가 1998년 동숭동 마로니에공원에 동상을 세웠다.

찾아가는 길

한국 영화 중에는 〈동주〉, 〈군함도〉, 〈YMCA 야구단〉 등 일제가 통치하던 시절을 배경으로 그린 영화가 많다. 관객 750만 명을 동원한 〈밀정〉도 그런 영화다. 초반부에 의열단원 김장옥이 일본 경찰들과 격렬한 총격전을 벌이는 장면이 나온다. 김장옥으로 출연한 박희순의 연기가 돋보였던 그 장면은 1923년 1월에 실제 일어났던 사건이다. 영화의 모티브가 된 인물은 의열단 단원 김상옥, 그리고 종로경찰서 경부였던 황옥이었다. 영화 속에서 황옥은 독립투사에 가까운 인물로 표현됐지

만, 실제 황옥이 독립투사였는지 아니면 일제에 충성한 밀정이었는지는
아직도 견해가 엇갈린다.

마로니에공원에 있는 한지 김상옥 열사의 상

대학로 마로니에공원에는 영화 속의 김장옥이 아닌 김상옥이란 실제 이름으로 동상이 세워져 있다. 김상옥 동상은 대학로 마로니에공원 오른쪽 귀퉁이에 서 있다. 뒤로는 아르코미술관, 오른쪽으로는 예술가의집이 보이는 지점으로 서울지하철 4호선 2번 출구로 나오면 가깝다. 2018년 잎이 다 떨어진 겨울 초입, 그리고 잎이 무성해진 2019년 한여름에 다시 동상을 찾았다.

영화 〈300〉 스파르타의 레오니다스 왕이 연상되는 동상

동상 속 김상옥은 군더더기 하나 없고 이목구비가 훤칠한 잘생긴 청년이다. 쓰리 버튼 양복 상의 단추 세 개를 모두 잠갔다. 양복 바지 주름은 날카로울 정도로 잘 다려져 있다. 윗단추까지 모두 잠근 와이셔츠, 거기에 단단하게 조인 넥타이, 깔끔한 구두까지 어디 하나 흠잡을 곳이 없다. 양발을 어깨너비로 벌리고 두 팔을 뒤로 돌려 열중쉬어 자세를 취하고 있다. 이마 3분의 2 지점에서 머리카락을 옆으로 넘겨 빗어 단정해 보인다. 두 눈은 정면을 응시하고 있고 입은 굳게 다물었다. 콧수염을 살짝 길렀고 눈썹은 두텁다. 사관학교에서 제식교육을 제대로 받은 엘리트 육군 장교, 300명의 전사로 페르시아 대군과 맞선 스파르타의 레오니다스 왕이 연상된다.

동상을 받치고 있는 사각형 모양 좌대는 큰 돌 한 덩어리를 통째로 다듬어서 썼다. 정면과 좌우에는 제호와 약력 등이 새겨져 있다. 뒷면은 돌을 다듬지 않고 그대로 뒀다. 정면에는 '김상옥 열사의 상'이라는 한글 제호와 동상을 세운 취지가 새겨져 있다.

> 나라와 겨레가
> 왜적에 짓밟혀
> 비굴한 삶을 잇느니
> 장렬한 의거로 죽음을 택한
> 대한인 김상옥 열사
> 애국의 횃불이 여기
> 영원히 타고 있다
> 적의 심장부에 폭탄을 던지고
> 떼 지은 왜경과 싸우고 또 싸우다
> 아아, 내 조국이여 외쳐 부르며
> 최후의 일발로 자결 순절하신
> 거룩한 님의 의거 터에
> 그 모습을 새겨 세워 높은 공을 기린다

브론즈와 오석으로 된 김상옥 동상은 1998년 5월 28일 김해 김씨 종친회와 유족의 도움을 받아 김상옥열사동상건립위원회가 세웠다. 김상옥열사기념사업회 회장을 맡았던 서영훈 전 대한적십자사 총재는 2004년 한국일보에 "김해 김씨 종친회로부터 6,000만 원을 기부 받고 유가족들이 모은 5,000만 원과 뜻 있는 인사들의 희사 등 1억 5,000만 원의 비용을 갖고 동상을 건립하게 되었다"고 밝혔다. 조각은 한국 전위미술 선구자인 이승택이, 글과 글씨는 한국예총 사무총장·한산서원 대표·월간

〈예술세계〉 편집인을 지낸 최절로 선생이 맡았다. 조각가보다 설치미술
가로 더 알려진 이승택이 어떤 연유로 조각을 맡았는지 궁금하다.

1대 1,000의 전투를 벌인 전사

1922년 1월 중국에서 경성으로 잠입한 김상옥은 그달 12일 저녁 종로
경찰서에 폭탄을 던져 아수라장으로 만들었다. 김상옥은 현장을 유유히
빠져나와 은신처인 현재의 용산구 후암동인 삼판통 여동생 집에 숨었지
만 며칠 후 발각됐다. 이후 김상옥의 탈출과 최후는 영화보다 더 극적이
다. 1923년 1월 17일 김상옥의 은신처를 알아낸 종로경찰서 형사부장
다무라 등 경찰 21명이 김상옥을 습격했다. 그러나 김상옥은 기습 총격
으로 다무라를 처단하고 2명에게 부상을 입힌 후 담을 뛰어넘어 남산으
로 탈출했다. 김상옥은 스님으로 변장해 남산을 내려와 지인인 효제동
이혜수의 집에서 은신했다. 탈출할 때 신발을 신을 시간조차 없었던 탓
에 맨발로 겨울 산을 달려야 했고, 이때 걸린 동상 때문에 서울 밖으로
도피할 수가 없었다. 그러다 다시 종로경찰서 정보망에 걸렸다. 일본 경
찰은 1월 22일 경기도경 우마노 경찰부장 지휘 아래 이혜수의 집을 사
중으로 둘러쌌다. 1진은 권총으로 무장한 형사대, 2진은 장총을 든 집총
대, 3진은 기마순사대, 가장 바깥인 4진은 헌병대와 경찰차였다.

새벽 4시 반 김상옥은 종로서 미와 형사가 이끄는 경찰의 급습을 받고
옆집으로 피신했으나 집주인이 소리를 지르면서 달아나 위치가 발각됐
다. 이후 화장실 담벼락을 엄폐물로 이용하면서 권총 2자루로 3시간 반

동안 지붕 위와 담벼락을 오가
며 일본 경찰과 맞섰다. 경찰
은 투항을 권유했으나 김상옥
은 이에 마지막 남은 한 발로
자신을 쏘는 걸로 응답했다.
가족이 확인한 시신에는 모두
11발의 총상이 남아 있었다.
종로경찰서에 폭탄을 던진 1
월 12일부터 1월 22일 종로에
서 자결할 때까지 김상옥은 경
찰 1명을 저격하고 16명에게
부상을 입혔다.

좌대 오른쪽 김상옥에는
김상옥 동상과 약전
'한지 김상옥 열사 약력'이 연
도별로 정리되어 있다. 약력 하단에 있는 글이 격렬했던 총격전을 기록
한 그의 마지막 행적이다.

종로서에 폭탄을 투척하여 왜경의 간담을 서늘케 하고 1월 17일 재등
(사이토) 총독 주살을 재차 계획한 채 삼판동에서 추격한 왜경과 총격전
을 전개한 후 이곳저곳 신출귀몰하다가 1월 22일 종로 효제동에서 왜
경 5백여 명에게 포위되어 4, 5채 가옥을 넘나들며 전쟁을 방불케 하는
일기당천(한 사람이 천 명을 당해 냄)의 장렬한 격전을 전개, 수십 명의 왜

경을 살상 후 마지막 한 발로 자결 순국.

마로니에공원 김상옥 동상에는 당시 일제가 김상옥을 잡기 위해 동원한 병력이 500명이라고 기록했다. 반면 『경성을 쏘다』의 저자 이성아는 김상옥을 잡기 위해 동원한 병력을 1,000명이라고 썼다. 당시 동원된 병력이 1,000명인지 아니면 500명인지는 확실하지 않지만 서울과 경기도의 경비를 책임지는 경기도 경찰부장이 서울 시내 4개 경찰서 병력을 동원하고 헌병의 지원까지 받아 체포하려고 했다는 사실은 확인됐다. 이렇게 경찰이 대규모로 병력을 동원할 정도로 김상옥은 무술에 능하고 사격 솜씨 또한 뛰어났다. 독립기념관에는 김상옥이 3·1 운동 당시 집회에 참가했던 여학생을 때리려던 경찰을 맨손으로 때려눕히고 뺏은 칼한 자루가 전시되어 있다. 그의 용맹함을 증명해 주는 칼이다.

호외로 보도된 계해벽두의 대사건

열사의 간략한 약전과 동아일보와 조선일보 호외, 독립신문 기사, 사건 이후 체포된 김상옥의 동지 7명의 사진과 이름은 '왜경들의 간담을 서늘케 한 김상옥 열사'라는 명칭으로 동상 좌대 왼쪽 금속판에 새겨져 부착되어 있다.

왜경들의 간담을 서늘케 한 김상옥 열사

김상옥(金相玉, 1890~1923) 의사는 기독교인으로 동흥야학을 설립하여

가난한 학생들을 가르쳤고 3·1 운동이 일어나자 혁신단을 조직, 친일
파 암살을 기도하였으나 실패하고 상하이로 망명했다. 상하이에서 의
열단에 가입하고 국내에 잠복, 독립자금을 모금하여 임시정부에 전달
했으며 다시 1922년 폭탄을 휴대하고 입국, 이듬해 1월 12일 서울종로
경찰서에 폭탄을 던졌으며 일경과 치열한 가두전을 벌여 일경 수십 명
을 살상하고 친구 집에 잠복 중 무장경찰의 포위를 받자, 마지막 남은
1발로 자결 순국했다.

동아일보는 대정(大正) 12년 3월
15일자 신문에 김상옥 사건을 긴
급속보, 호외로 보도했다. 동아일
보는 '계해벽두의 대사건 진상'이
란 제목 아래 피살자는 김상옥이
며 사건 연루자 8명이 추가 체포
되어 기소됐다는 사실을 전했다.
일본 연호인 대정 12년은 서력으
로 환산하면 1923년이다. 사건은
1월 12일부터 22일에 걸쳐 일어

왜경들의 간담을 서늘케 한 김상옥 열사

났지만 동아일보가 첫 보도를 한
건 3월 15일이었다.

지난 일월 십칠일 새벽에 경성시내 삼판동(현 후암동) 삼백 사번지 고봉
근의 집에서 경관의 포위를 당하고 륙혈포(권총)로써 대항하여 종로서

의 '전촌(田村)' 형사를 총살하고 매전과 금뢰(梅田, 今瀨) 경부를 중상케 하고 도주한 사건이 생긴 이래 그달 이십이일 새벽에 시내 효제동 칠십이번지에 잠복하여 있는 범인을 수백의 경관이 에워싸고 잡으려 하다가 마침내 범인을 총살한 사건에 대하여는 사건발생 당시부터 당국의 게재금지명령이 엄혹하여 이때까지 그 자세한 진상을 보도할 자유가 없었더니 십오일 오전에 총독부 경무국에서 그 사건에 대한 게재금지를 해제하였기에 본사에서는 신속히 보도하기 위해 즉시 호외를 발행하는 바이다.

동아·조선·독립신문 기사가 부착된 김상옥 동상

김상옥 의거는 조선총독부가 두 달 이상 보도통제를 하고 통제가 풀리자마자 동아일보가 호외를 발행할 정도로 조선을 뒤흔들었던 사건이었다. 조선일보는 동아일보보다 하루 늦은 대정 12년 3월 16일자 신문에 사건을 보도했다. '경성천지 진동 중대 사건 전말'이란 제목의 기사에서 '초대교전 광경', '제2차 대격전'이란 소제목을

달아 후암동에서 1차 교전이 있은 후 효제동에서 2차 교전이 진행된 과

정을 자세히 전하고 있다.

상하이 임시정부 기관지였던 독립신문은 대한민국 5년 1월 30일자 신문에 기사를 실었다. 동아일보나 조선일보보다 한 달 반 이상 빠른 게재였다. 대한민국 임시정부는 3·1운동 직후인 1919년 4월 11일 중국 상하이에서 수립됐고 그해가 대한민국 1년이니 대한민국 5년은 1923년이 된다. 독립신문은 1919년 8월 21일 중국 상하이에서 처음 발간됐다. 제호는 같지만 서재필이 창간했던 우리나라 최초의 한글신문인 독립신문과는 다른 신문이다. 사장 겸 주필은 이광수, 출판부장은 주요한이었다. 당시 열렬한 독립운동가였던 두 사람은 일제 말기에 친일인사로 변신한다. 독립신문은 '경성 종로 적경 총살'이란 제목의 기사에서 "17일 미명(새벽) 아(우리) 무장단원의 손에 적 1명은 즉사하고 2명은 중상을 입었다"고 보도해 서울 종로에서 일본 경찰 1명이 사살된 사실을 전했다. 기사에서 누가 거사를 했는지 이름을 밝히지 않은 건 연루자 검거 등 2차 피해를 막기 위한 것으로 보인다. 독립신문을 보면 총독부가 강력한 보도통제를 했는데도 불구하고 사건 13일 만에 상하이에서 기사가 실릴 정도로 신속하게 소식이 전해졌다.

사이토 총독 암살을 기도한 말총모자 회사 사장

서울 동대문 효제동에서 태어난 김상옥(1890~1923)은 14세부터 철공장에서 일했고 1912년에는 흥인지문 밖 창신동에 영덕철물상회를 차려 경제적인 독립을 이룰 수 있었다. 이후 말총모자 회사를 설립해 큰돈을 벌었고, 이에 일본 상인들에 대항하여 일본에서 수입한 상품인 일화 배척과 국산품장려운동을 벌였다. 그러다 3·1 운동 이후 본격적으로 독립운동에 투신했다. 1919년 4월 동대문교회 안 영국인 피어슨 여사 집에서 혁신단이라는 비밀결사를 조직했고, 각지의 독립운동 소식과 독립사상을 고취하는 논설을 게재한 지하신문 혁신공보를 발행하다 체포되어 40여 일 동안 고문을 당했다.

김상옥 동상의 뒷모습

증거불충분으로 풀려난 김상옥은 만주 소재 독립군 단체인 북로군정서에서 파견된 김동순 등과 함께 무장 의열투쟁을 지향하는 비밀결사 암살단을 조직했다. 이들은 1920년 8월 24일 미국 상하원 의원단의 방한에 맞춰 사이토 총독을 비롯한 일제 고위관료와 총독부 기관을 공격하는 계획을 수립했다.

그러나 거사 하루 전에 발각돼 동지들이 검거되면서 김상옥은 상하이로 피신했다. 김상옥은 상하이에서 독립운동가 조소앙의 소개로 의열단 단장 김원봉을 만나 의열단에 가입했고, 1922년 11월 사이토 총독 암살과 종로경찰서 폭파 등을 목적으로 다시 조선으로 돌아왔다. 거사를 위해 반입한 물품만 폭탄이 36개, 권총이 5정에 달할 정도로 엄청난 양이었다. 조선으로 다시 떠날 때 의열단 단장인 김원봉과 김시현, 종로서 경부인 황옥이 자리를 함께했다는 기록이 전해진다. 서울에 온 김승옥은 김한, 서대순 등 동지들과 만나 조선 총독을 총살하기 위한 치밀한 계획을 세웠지만 거사는 성공하지 못했다.

김상옥이 최후의 결전을 벌인 효제동 72번지

동상이 있는 마로니에공원에서 종로 방향으로 5분 정도 걸으면 김상옥이 경찰들과 최후의 격전을 벌였던 효제동 72번지가 나온다. 3시간 동안 총격전을 벌였던 곳은 초가집에서 빨간 벽돌주택으로 변해 옛 흔적을 찾아보기는 힘들다. 그 일대는 김상옥을 기리는 거리로 바뀌었다. 10여 미터 떨어진 버스정류장 명칭은 '종로5가·효제동·김상옥의거터', 버스정류장이 있는 효제초등학교 앞길은 '김상옥로'로 바뀌었다. 김상옥이 다녔던 어의동보통학교의 후신인 효제초등학교 체육관 이름은 '김상옥 체육관'으로 명명됐다. 효제초등학교 정문 근처에는 순국선열 김상옥 의사비와 순국선열 김상옥 의사 어록 석비가 세워져 있다. 순국선열 김상옥 의사비에는 김상옥이 학교를 다닌 연도인 '1906~1908 수학'이라는 글자가 새겨져 있다. 순국선열 김상옥 의사 어록 석비에 새겨진 내용은 마로니에공원에 있는 동상 좌대 내용과 같다. 석비는 김상옥의사기념사업회 이한동 회장이 주도해 2007년 10월 22일에 설치됐다. 6선 국회의원이자 33대 국무총리를 지낸 이한동 회장은 김상옥의사기념사업회 7·8대 회장을 지냈다. 석비에는 이한동 회장과 효제초등학교 홍순길 교장의 이름이 새겨져 있다.

자결하여 뜻을 지킬지언정 적의 포로가 되지는 않겠소

김상옥은 사이토 총독 처단을 위해 조선으로 떠나기 전날, 중국 상하이에서 동지들에게 "나의 생사가 이번 거사에 달렸소. 만약 실패하면 내세에서 만나봅시다. 나는 자결하여 뜻을 지킬지언정 적의 포로가 되지는 않겠소"라고 밝혔다. 약속대로 종로경찰서에 폭탄을 던지고 일경의 추격을 받던 김상옥은 투항 권유에 응하지 않고 최후까지 싸우다 스스로 목숨을 끊었다.

김상옥은 대장간 경영과 말총모자 판매로 큰돈을 벌어 안락하게 살 수 있었지만 이를 버리고 무장투쟁에 몸을 바쳤다. 그는 오직 조국 독립을 필생의 목표로 삼았고 한시도 이를 잊어본 적이 없었다. 김상옥이 남긴 말은 좌대 왼쪽에 새겨져 그의 큰 뜻을 후세에 전하고 있다.

제6장

서대문·성북·용산 권역

서대문독립공원 송재 서재필 동상

-공화주의자가 된 조선의 선비

> **서재필**(1864~1951)
>
> 독립신문을 창간한 조선의 관료·정치가·독립운동가. 1882년 과거시험에 합격한 후 일본 도야마 군관학교에서 군사학 등을 공부한 조선의 엘리트 관료다. 김옥균이 주도한 1884년 갑신정변 쿠데타에 참여했고 정변 실패 후 미국으로 망명했다. 한국인 최초로 미국 국적과 의사 면허를 취득했고 미국 철도우체국의 창시자 조지 암스트롱의 딸인 뮤리엘 여사와 결혼했다. 무일푼 망명객에서 아메리카 드림을 이룬 주인공이다. 한국 최초의 민간 신문인 독립신문을 창간했고 조선의 자주독립을 주장한 독립협회를 만들었다. 만민공동회를 주관하면서 러시아의 내정간섭에 반대하다 고종에게 추방당했다. 3·1 운동 후에는 인쇄업으로 번 돈 7~8만 달러(현재 가치 110억 원 내외) 전 재산을 조국의 독립을 위해 썼다. 조선 독립 후 공화정을 수립하기로 한 1919년 4월 미주한인대회를 주관하는 등 대한민국 정부 수립에 기여한 공으로 1977년 건국훈장 대한민국장을 받았다. 1990년 4월 서대문독립공원에 동상이 건립됐다.

찾아가는 길

며칠 동안 계속됐던 쌀쌀했던 날씨가 풀린 2019년 4월 중순 오후 현저동 서대문독립공원을 찾았다. 독립공원에 가려면 지하철 3호선 독립문역이나 버스 중앙차로 독립문역·한성과학고 정류장에서 내리면 된다. 광화문에서 720번 버스를 타고 서대문독립공원으로 향했다. 서재필 동상은 독립문과 3·1 운동 기념탑 중간이다. 앞에는 조선시대 중국 사신

서재필 동상(왼쪽 앞), 뒤로 3·1 운동 기념탑이 보인다

을 맞던 영은문을 떠받치던 커다란 주춧돌이 남아 있다. 이 돌은 '영은문 주초'로, 사적으로 지정되어 있다. 왼쪽에는 순국선열 위패 3,000여 위를 봉안한 독립관이 있다. 독립관을 따라 계속 걸어가면 서대문형무소 역사관이 나온다.

서대문형무소 역사관은 대한제국 시절인 1908년 경성감옥으로 문을 열었다가 일제강점기 때 서대문형무소로 바뀌었다. 해방 후 서울형무소로 이름이 바뀌었고 다시 서울교도소로, 그리고 서울구치소로 이름이 변경됐다. 1987년까지 교정시설로 사용되다 폐쇄됐고 1998년 보수작업을 거쳐 역사관으로 재개관했다.

독립신문의 주인공 독립공원 서재필 동상

서재필은 우리가 아는 1890년대 조선인의 모습이 아니다. 서재필이
미국에서 귀국한 해인 1895년 11월, 조선 김홍집 내각은 성인 남성들에
게 상투를 자르라는 단발령을 내렸다. 이에 유생들은 부모에게 물려받
은 머리카락을 자를 수 없다며 고종에게 상소문을 올리면서 거세게 저
항했다. 그런 조선인들과 다르게 서재필은 머리를 짧게 깎아서 양쪽 귀
가 선명하게 드러나 있다.

한복에 도포를 입던 조선의 관료와 달리 조끼를 갖춘 양복 정장 차림
에 긴 코트를 걸쳤고 넥타이
를 단단히 맸다. 말끔하게 수
염을 깎았고 입은 굳게 다문
채 고개를 살짝 젖혔다. 시선
은 먼 곳을 향하고 있다. 훤
칠한 키에 꼿꼿한 자세, 군살
없는 몸에 양복과 코트가 아
주 잘 어울린다. 왼손은 허
리 옆으로 자연스럽게 내렸
고 두 발은 편안하게 벌렸다.
오른팔을 쭉 뻗어 얼굴 위로

독립공원 서재필 동상

올렸고, 손에는 우리나라 최초의 한글신문인 독립신문으로 보이는 종이를 둘둘 말아서 쥐고 있다. 만민공동회에 나온 사람들에게 막 조선의 독립을 외치려는 것 같은 모습이다. 사각형 화강암 좌대 정면에는 한글로 '송재 서재필 선생 상'이라는 글씨가 새겨져 있다.

동상은 송재 서재필선생 동상건립위원회가 1990년 4월 7일 건립했다. 조각은 김경승, 명문(明文)은 이관구, 제자(題字, 서적의 머리나 족자, 비석 따위에 쓴 글자)는 김응현(金膺顯) 작품이다. 조각가인 김경승은 숭의여대 안중근 의사 동상과 남산 백범광장공원 김구 동상을 만든 작가다. 이관구는 조선일보 정경부장, 경향신문 부사장, 한국신문편집인협회 회장을 지낸 언론인으로 독립신문 창간일인 4월 7일을 신문의 날로 정하는 데 기여했다. 그런 인연으로 동상에 명문을 남긴 것으로 보인다. 김응현은 한국 근현대 서예의 대가로 백범광장공원 대한민국 초대 부통령 성재 이시영 동상 글씨와 경상북도 김천시 황악로 영남제일문 현판 글씨를 썼다. 서재필 동상 아래에는 동상 주변 조경을 맡은 조경가 이교원의 이름이 새겨진 표석이 있다. 이교원은 한국프레스센터·파이낸스센터·삼성 본사·타워팰리스·연세대 세브란스병원 조경을 맡았다.

한국 최초로 미국 시민권자가 된 조선의 엘리트 관료

서재필은 1864년 1월 외가인 전남 보성에서 태어났다. 1871년 서울로 올라와 과거시험을 준비했고 18세이던 1882년 급제했다. 서재필의 인생항로가 바뀌게 된 건 갑신정변의 주역 김옥균과 만나면서부터다. 서재필은 김옥균의 권유로 일본으로 유학을 갔고 도쿄 도야마 군관학교에서 신식 군사 훈련을 받았다. 일본에서 귀국한 서재필은 20살 때인 1884년 12월 김옥균·서광범·박영효·홍영식 등과 함께 일본 메이지 유신을 모델로 새로운 조선을 건설하기 위한 혁명, 갑신정변을 일으켰다. 이들은 우정국 설립 축하연이 열리던 날 행동에 돌입했다. 신식 군사 훈련을 받은 서재필은 도야마 군관학교 출신 사관생도들을 지휘했다. 갑신정변이 성공하면서 서재필은 병조참판 겸 정령관이 됐다.

그러나 고종의 부인 명성황후가 청나라 군대를 끌어들이는 바람에 갑신정변은 3일을 넘기지 못하고 실패했다. 정변에 참여했던 홍영식은 군중들에게 붙잡혀 죽었고 서재필은 김옥균 등과 함께 일본으로 도망쳤다. 조선 정부에 의해 갑신정변이 역모로 규정되면서 서재필 가문은 피바람을 맞았다. 역모에 연루된 사람은 삼족(三族, 부계·모계·처계 친족을 통틀어 부르는 말)을 멸하는 게 조선의 법이었다. 서재필의 부모와 형은 자결했고 동생은 목이 잘리는 참형을 당했다. 서재필의 두 살 아들은 굶어죽었고 부인은 관가의 기생으로 보내지기 전 자결했다. 조선 정부의 추격이 계속되자 서재필은 다시 미국으로 피신했다.

샌프란시스코에 함께 온 박영효와 서광범은 양반 체면에 막노동은 못하겠다며 일본으로 돌아갔지만 서재필은 가구점 전단지를 붙이는 일을 시작했다. 낮에는 전단지를 돌리고 밤에는 YMCA와 교회에서 영어를 배우던 서재필을 탄광사업으로 많은 돈을 번 자선사업가 홀렌벡이 눈여겨봤다. 그의 도움으로 서재필은 미국에서 정식으로 교육을 받기 시작했다. 서재필은 펜실베이니아에 있는 명문 고등학교인 해리 힐만 아카데미를 거쳐 1889년 조지 워싱턴대학에 입학했다. 1890년에는 한국인 최초의 미국 시민권자가 됐고 1893년에는 한국인 최초로 미국 의사면허를 취득했다. 1894년 의학연구소를 나와 개업을 한 서재필은 남북전쟁 당시 미국 철도우체국 창설자이자 초대 국장이었던 조지 암스트롱의 딸 뮤리엘과 결혼했다. 혁명에 실패해 도망간 조선의 엘리트 관료 서재필은 10년 만에 공화정의 나라 미국의 시민권자이자 최초의 한국인 의사가 되었으며, 미국의 유력 집안 딸과 결혼까지 하게 되었다. 아메리카드림을 이룬 셈이다.

외교부 차관 자리 대신 선택한 독립신문

미국에서 안정적인 삶을 누리던 서재필은 1895년 12월 26일 조선으로 귀국했다. 대역죄인 서재필이 조선으로 돌아올 수 있었던 건 일본이 청일전쟁에서 승리하면서 정국이 바뀌었기 때문이다. 조선에 2차 김홍집 내각이 출범하면서 갑신정변의 주역인 박영효, 서광범, 서재필 등에 대한 사면이 단행됐다. 서재필은 현재 외교부 차관에 해당하는 외부협판이라는 고위직에 임명됐다. 하지만 조선으로 돌아온 서재필은 관료가 되는 대신 독립신문을 택했다. 과거를 통해 관직에 나가는 걸 평생의 꿈으로 생각했던 조선의 양반들과는 확연하게 다른 길이었다.

서재필은 11년 전 백성의 지지가 없었던 갑신정변의 쓰라린 실패를 통해 민중에 대한 교화의 필요성을 절감했고, 미국에서 생활하면서 근

독립신문 초판이 새겨진 서재필 동상

대 국가 건설에 언론이 얼마나 중요한지 실감했다. 서재필은 내무대신 유길준의 도움을 받아 귀국 다음 해인 1896년 4월 7일 최초의 민간 한글신문인 독립신문을 창간했다. 독립신문은 주 3회 발행하는 격일간지였다. 총 4면을 발행한 독립신문은 1면에 논설과 광고, 2면에 관보와 외국 통신, 일반 소식인 잡보를 실었다. 3면에는 물가, 우체시간표, 제물포 기선 출입항 시간표, 광고를 실었고 4면은 영문으로 편집했다.

서재필은 독립신문 창간호 논설을 통해 왜 독립신문을 만들고 한글로 발행하는지를 천명했다. 서재필이 논설을 통해 밝힌 세상은 귀천이 없고 남녀가 평등한 세상이었다. 그는 정치적 중립을 선언하고 부정축재를 벌이는 관료나 잘못을 저지르는 백성, 조선에서 이권다툼을 벌이는 외세에 대해서 할 말을 하겠다는 각오를 밝혔다. 한글로 발행하는 것은 한자를 모르는 백성들이나 여성들도 읽을 수 있도록 한다는 뜻이었다. 독립신문 창간호 1면에 게재된 논설 원문은 오석판에 새겨져 동상 좌대 왼쪽에 부착되어 있다.

〈독립신문 논설〉

우리가 독립신문을 오늘 처음으로 출판하는데 조선 속에 있는 내외국 인민에게 우리 주의를 미리 말씀하여 아시게 하노라. 우리는 첫째 편벽되지 아니한 고로 무슨 당에도 상관이 없고 상하 귀천을 달리 대접 아니하고 모두 조선 사람으로만 알고 조선만 위하며 공평이 인민에게 말할 터인데 우리가 서울 백성만 위할 게 아니라 조선 전국 인민을 위하여 무슨 일이든지 대언하여 주려 함.

정부에서 하시는 일을 백성에게 전할 터이요 백성의 정세를 정부에 전할 터이니, 만일 백성이 정부 일을 자세히 알고 정부에서 백성에 일을 자세히 아시면 피차에 유익한 일이 많이 있을 터이요 불평한 마음과 의심하는 생각이 없어질 터이옴. 우리가 이 신문 출판 하기는 취리하려는 게 아닌 고로 값을 헐하도록 하였고 모두 언문으로 쓰기는 남녀 상하 귀천이 모두 보게 함이요 또 귀절을 떼어 쓰기는 알아보기 쉽도록 함이라.

우리는 바른 대로만 신문을 할 터인 고로 정부 관원이라도 잘못하는 이 있으면 우리가 말할 터이요 탐관오리 들을 알면 세상에 그 사람의 행적을 폐일 터이요 사사 백성이라도 무법한 일하는 사람은 우리가 찾아 신문에 설명할 터이옴. 우리는 조선 대군주폐하와 조선 정부와 조선 인민을 위하는 사람들인 고로 편당 있는 의논이든지 한 쪽만 생각하고 하는 말은 우리 신문상에 없을 터이옴.

또 한 쪽에 영문으로 기록하기는 외국 인민이 조선 사정을 자세히 모른즉 혹 편벽 된 말만 듣고 조선을 잘못 생각할까 보아 실상 사정을 알게 하고자 하여 영문으로 조금 기록함. 그리한즉 이 신문은 똑 조선만 위함을 가히 알 터이요. 이 신문을 인연하여 내외 남녀 상하 귀천이 모두 조선 일을 서로 알 터이옴.

우리가 또 외국 사정도 조선 인민을 위하여 간간이 기록할 터이니 그걸 인연하여 외국은 가지 못하더라도 조선 인민이 외국 사정도 알 터이옴.

오늘은 처음인 고로 대강 우리 주의만 세상에 고하고 우리 신문을 보면 조선 인민이 소견과 지혜가 진보함을 믿노라. 논설 끝치기 전에 우리가 대군주 폐하께 송덕하고 만세를 부르나이다. 우리 신문이 한문은 아니 쓰고 다만 국문으로만 쓰는 것은 상하 귀천이 다 보게 함이라 또 국문을 이렇게 귀절을 떼어 쓴즉 아무라도 이 신문 보기가 쉽고 신문 속에 있는 말을 자세히 알아보게 함이라.

각국에서는 사람들이 남녀 무론하고 본국 국문을 먼저 배워 능통한 후에야 외국 글을 배오는 법인데 조선서는 조선 국문은 아니 배우더라도 한문만 공부하는 까닭에 국문을 잘 아는 사람이 드믊이라. 조선 국문하고 한문하고 비교하여 보면 조선 국문이 한문보다 나은 것이 무엇인고 하니, 첫째는 배우기가 쉬우니 좋은 글이요 둘째는 이 글이 조선 글이니 조선 인민 들이 알아서 백사을 한문 대신 국문으로 써야 상하 귀천이 모두 보고 알아보기가 쉬울 터이라 한문만 늘 써 버릇하고 국문은 폐한 까닭에 국문으로 쓴 건 조선 인민이 도로 잘 알아보지 못하고 한문을 잘 알아보니 그게 어찌 한심하지 아니하리요.

또 국문을 알아보기가 어려운 건 다름이 아니라 첫째는 말마디를 떼이지 아니하고 그저 줄줄 내려 쓰는 까닭에 글자가 위에 붙었는지 아래 붙었는지 몰라서 몇 번 읽어본 후에야 글자가 어디 붙었는지 비로소 알고 읽으니 국문으로 쓴 편지 한 장을 보자 하면 한문으로 쓴 것보다 더디 보고 또 그나마 국문을 자주 아니 쓰는 고로 서툴러서 잘못 봄이라.

그런고로 정부에서 내리는 명령과 국가 문적을 한문으로만 쓴즉 한문 못하는 인민은 남의 말만 듣고 무슨 명령인 줄 알고 이편이 친히 그 글을 못 보니 그 사람은 무단이 병신이 됨이라. 한문 못 한다고 그 사람이 무식한 사람이 아니라 국문만 잘하고 다른 물정과 학문이 있으면 그 사람은 한문만 하고 다른 물정과 학문이 없는 사람보다 유식하고 높은 사람이 되는 법이라. 조선 부인네도 국문을 잘하고 각색 물정과 학문을 배워 소견이 높고 행실이 정직하면 물론 빈부귀천 간에 그 부인이 한문은 잘하고도 다른 것 모르는 귀족 남자보다 높은 사람이 되는 법이라, 우리 신문은 빈부귀천을 다름없이 이 신문을 보고 외국 물정과 내지 사정을 알게 하려는 뜻이니 남녀노소 상하귀천 간에 우리 신문을 하루걸러 몇 달간 보면 새 지각과 새 학문이 생길 걸 미리 아노라.

　서재필이 심혈을 기울여 창간한 독립신문은 300부를 발행했지만 점차 부수가 늘어나면서 3,000부 신문으로 성장했다. 그러나 서재필이 미국으로 추방되고 정치적 환경이 바뀌면서 독립신문은 창간 3년여 만인 1899년에 폐간됐다.

고종에 맞서다 미국으로 쫓겨난 서재필

서재필은 조선이 독립국이지만 청나라의 간섭으로 인해 독립국 역할을 제대로 못하고 있다고 보고, 종주국을 주장하는 청나라로부터의 진정한 독립이 중요하다고 생각했다. 아울러 조선을 노리는 일본과 러시아 및 서구 열강으로부터 자주성을 확보하는 게 시급하다고 판단했다. 서재필은 1896년 7월 2일 독립협회를 만들어 우리나라의 독립과 근대화를 추진했다. 상징적 차원에서 과거 중국 사신이 머물던 장소였던 모화관(慕華館)을 독립관으로 바꾸어서 독립협회 사무실로 사용했고, 중국 사신을 맞아들이던 영은문(迎恩門)을 허물고 그 자리에 프랑스 파리 개선문을 본뜬 독립문을 세웠다. 독립문 건립 비용은 모금으로 충당했다.

초기 독립협회에는 조선 정부의 협력 아래 관료와 당대 조선의 지식인이 대거 참여했다. 이상재, 윤치호, 이승만 등 개화파 인사들과 함께 이완용, 안경수 등 조선의 고위 관료들도 회원으로 있었다. 독립문 상단에 있는 한글로 된 '독립문'은 초기 독립협회에 참여했던 이완용이 쓴 글씨다. 이완용은 당시 고종의 측근이었는데, 이는 서재필이 고종의 묵인 아래 활동했음을 보여준다. 국적이 미국인이었던 서재필은 고문직을 맡았다. 신분제 군주 국가 조선에서 서재필의 독립협회 운영은 파격적이었다. 서재필은 애국 헌금을 한 사람에게는 신분과 관계없이 회원 자격을 부여했다. 협회 운영도 서양 의회 민주주의를 모델로 했다. 특히 특정 주제를 놓고 양편으로 갈라 연설을 한 후 박수소리로 승부를 결정하는 대중 토론회를 개최한 것은 군주가 결정권을 갖고 있는 조선에서 보기 드문 장면이었다.

협조 관계였던 고종과의 관계는 만민공동회를 계기로 틀어졌다. 1898년 3월 10일 독립협회는 종로에서 시민 만 명이 참여하는 집회를 개최했다. 만민공동회는 백성들이 직접 모여 정치적인 요구를 한, 한국 역사상 최초의 대중 집회였다. 조선말 한양의 공식 인구는 18만 명 정도였으니, 만 명의 백성이 참석한 집회의 파장은 어마어마했다.

참석자들은 친러파에 휘둘리고 있던 고종에게 러시아 재정 고문과 군사 교관을 해고하고 러시아 주도로 설립된 한로은행 폐지를 요구했다. 고종은 마지못해 요구사항을 어느 정도 수용했지만 심기는 불편해졌다. 이를 계기로 정부 인사들이 독립협회를 탈퇴하는 등 독립협회와 조선 정부의 협력은 끝장

서재필이 세운 독립문. 석조기둥은 영은문 주춧돌이다

났다.

더구나 만민공동회의 요구로 절영도(현 부산 영도)에 석탄저장소를 설치하려다 좌절된 러시아와 석탄저장소를 보유하고 있다가 조선에 돌려준 일본의 반발이 거세졌다. 당시 동북아시아 패권을 놓고 다투던 러시아와 일본에게는 함대의 연료로 사용하는 석탄을 저장하던 석탄저장소를 부산에 확보하는 것은 사활이 걸린 문제였다.

러시아는 고종에게 만민공동회 건 등을 들어 서재필을 추방할 것을 공개적으로 요구했고 일본도 미국까지 끌어들여 서재필 추방을 요구했다. 조선에서 세력 확장을 꾀하던 미국도 서재필 보호에 미온적이었다. 결국 서재필은 귀국 3년여 만인 1898년 5월 미국으로 쫓겨났다. 서재필이 떠난 후에도 독립협회가 주관하는 만민공동회는 계속됐다. 독립협회는 1898년 10월 입헌군주제 실시, 외국에 의존하지 말 것, 예산과 결산을 공개할 것, 언론과 집회를 보장할 것 등을 요구하는 '헌의 6조'를 발표했다. 그러나 전제군주인 고종은 독립협회가 요구하는 입헌군주제를 받아들일 생각이 없었다. 고종은 어용단체인 황국협회를 통해 대대적인 탄압을 가하기 시작했고, 독립협회는 결국 해체됐다. 나라가 망하기 직전 황금 같은 시간을 고종은 오히려 전제왕권을 강화하는 데 쓰면서 시간을 허비했다.

서재필이 키운 거목, 이승만과 주시경

조선에서 서재필이 독립신문 발간과 함께 가장 중점을 두고 추진한 일은 민족의 미래가 걸린 청년 인재양성이었다. 서재필은 미국 선교사 아펜젤러가 세운 근대 교육기관인 배재학당에 출강했다. 배재학당에서는 조선정부가 추천한 학생 200명을 교육시키고 있었다. 서재필은 목요일마다 세계사와 정치학, 세계지리 등을 가르쳤고 학생 토론회 조직인 협성회를 만들어 자유로운 토론을 시켰다. 서재필을 통해 학생들은 미국 독립전쟁사와 법치주의, 미국 국민의 정치적 자유를 배웠다. 그가 처음으로 조선에서 가르친 민주공화정과 3권 분립 등의 미국식 민주주의와 법치주의는 1948년 8월 15일 대한민국 수립의 밑알이 됐다. 이승만과 주시경은 서재필에 의해 양성된 대표적인 인물이다. 서재필에게 교육을 받은 이승만은 후일 상하이 대한민국 임시정부를 거쳐 독립된 대한민국 초대 대통령으로 성장했다. 서재필을 도와 독립신문 조판을 담당했던 주시경은 현재 우리가 쓰는 한글의 기초를 닦았다. 주시경은 조선의 글을 모아 말모이, 즉 조선어사전을 만들기 시작했고, 그의 제자들이 해방 후에 대한민국 최초의 한글 사전을 편찬했다.

조선의 독립을 약속한 카이로선언과 서재필의 독립운동

미국으로 돌아온 서재필은 조선에서의 아픈 기억으로 인해 한동안 독립운동과 거리를 뒀다. 미국과 스페인전쟁 때는 군에 입대해 군의관으로 활동하는 등 미국 시민권자로서 충실하게 생활했다. 미국으로 쫓겨

간 서재필이 다시 독립운동에 뛰어들게 된 계기는 3·1 운동이었다. 3·1 운동 후 서재필은 미국인들을 상대로 친한 여론을 형성하기 위한 활동에 주력했다. 서재필은 3·1 운동 직후 필라델피아에서 1차 한인회의를 개최했고 한국 홍보국 설치·월간지 코리아리뷰 발행·워싱턴 군축회의 참석 등의 다양한 활동을 펼쳤다.

1919년 4월 14일부터 16일까지 열린 제1차 한인회의는 우리 민족의 독립의지를 전 세계에 널리 알리는 행사였다. 한인대회에는 미주동포 150여 명 외에 톰킨스 목사와 스펜서 상원의원 등 서재필과 가까운 미국 내 유력인사들이 참석했다. 서재필의 지인인 스미드 필라델피아 시장은 대회장소로 리틀 극장을 사용할 수 있도록 주선했고 한인들이 시내행진을 할 때 필라델피아시 악단을 보내 격려했다. 1차 한인대회에서는 대한민국 임시정부, 미국 정부와 국민, 파리강화회의, 일본 지식인 등을 대상으로 독립의 의지를 알리는 5개 결의안을 채택했다. 이때 한인대회에서는 한국이 독립을 하면 왕정복고가 아닌 공화정을 수립할 것을 결의했다.

'한국의 친구 연맹'은 한국의 독립 문제를 여론화시키기 위한 목적으로 서재필이 만든 최초의 지한파 미국인 네트워크다. 서재필의 지인인 톰킨스 목사, 오버린 대학 밀러 교수, INS의 베네딕트 기자 등이 참여했다. '한국의 친구 연맹'은 미국 내 21개 도시와 영국 런던, 프랑스 파리에 지부를 둔 조직으로 확대됐다. 이들은 강연회를 개최하고 국무장관이나 상원의원 등 미국 내 영향력이 있는 지도층 인사들에게 한국의 독립을 역설했다.

서재필은 이승만, 정한경 등과 함께 1921년 11월~1922년 2월 개최된 워싱턴 군축회담에도 참석했다. 이 회의는 미국과 영국, 일본, 프랑스, 이탈리아 등 5대 강국이 항공모함 등 해군력을 제한하기 위해 만나는 중요한 일정이었다. 서재필은 대통령 당선자인 하딩을 만나 군축회담에서 한국 문제를 정식 의제로 다뤄줄 것을 요청했다. 또 워싱턴에 가서 독립을 주장하는 '한국인의 호소'란 문건을 제출했다. '한국인의 호소'는 일본의 방해로 회의에 상정되지는 못했지만 미 상원에서는 공식 문서로 채택됐다.

아울러 서재필은 매월 2,000부의 한국 리뷰(The Korea Review)를 발행해서 정부기관과 대학, 교회 등에 배포했다. 한국 리뷰에는 여러 명의 미국인들이 필자로 참여해 한국 독립의 당위성을 설파하는 내용이 담겼다. 또한 서재필은 동아일보와 조선일보 등 고국에서 발행되는 신문과 잡지에도 독립정신을 고양하는 글을 꾸준히 기고했다.

미국과 영국, 중국이 제2차 세계대전 종전 이후 세계질서를 논의했던 1943년 12월 1일 카이로회담 선언문 3항은 국제사회가 한국의 독립을 약속한 첫 번째 사례다. "한국민이 노예적인 상태에 놓여 있음을 상기하면서 한국을 적당한 시기에 자유롭고 독립적인 국가로 만들 것을 결정했다"는 내용이다. 어떻게 한국만 특정하는 문구가 들어가게 됐는지를 놓고 규명 작업이 계속됐지만 속 시원하게 밝혀진 것은 없다. 카이로회담에서 장제스 총통의 역할은 거의 규명됐다. 1943년 7월 26일 김구 주석과 조소앙 외무부장은 장제스 총통을 면담했다. 이들은 카이로회담에 가면 한국의 장래 지위에 대해 국제공동관리 방식이 아니라 한국의 독립을 주장해줄 것을 요청했고, 장제스는 11월 회담에서 실제로 그런 발언을 했다. 하지만 카이로선언의 초안자는 미국 루스벨트 대통령의 보좌관이던 해리 홉킨스(1890~1946)다. 해리 홉킨스는 루스벨트의 지시에 따라 회담이 열렸던 카이로 현지에서 초안을 만들었고 해리 홉킨스는 초안에 한국의 독립과 관련해 "가능한 빠른 시기(at the earliest possible moment)"라고 썼다. 장제스 총통은 이에 찬성했지만 인도와 버마(미얀마) 등의 독립 문제가 걸린 영국의 처칠 수상은 반대 입장이었다. 이를 감안해 루스벨트 대통령이 초안을 일부 수정해 "적절한 시기(at the proper moment)"로 고쳤고, 카이로선언은 이후 얄타회담 등을 거치면서도 크게 수정되지 않았다.

카이로회담에 참석한 루스벨트, 처칠, 장제스를 3거두(巨頭)라고 하지만 태평양에서 일본과 직접 대규모 전쟁을 하는 나라는 미국이었다. 장제스 총통은 미국의 도움이 없으면 중국 본토에서 일본군과 싸우기 힘든 형편이었다. 홉킨스는 세계 50여 개의 식민지 중 유독 한국만을 지목해 자유 독립시키겠다는 내용을 집어넣었다. 당시 일본의 식민지로 일본과 대규모 독립전쟁을 수행하지 못한 한국의 사정을 생각하면 홉킨스가 어떤 경로로 "가능한 빠른 시기에 독립시킨다"는 초안을 넣었는지 의문이 들 수밖에 없다.

초안을 만든 루즈벨트의 최측근 해리 홉킨스는 독실한 기독교 신자였다. 서재필은 자신의 돈을 미국 내 영향력이 큰 기독교 인사와 사회 지도층에게 아낌없이 쓰면서 한국의 독립을 알리는 데 주력했다. 서재필이 1919년 3·1 운동을 전후해 미국 내에 뿌린 씨앗이 카이로선언 초안을 작성하는 홉킨스에게 영향을 미친 것은 아닌지 궁금하다.

독립운동으로 날린 서재필의 전 재산 8만 달러(115억 원)

서재필은 1904년, 후배인 해롤드 디머와 함께 인쇄업을 시작해 큰돈을 벌었다. 1914년부터 서재필이 단독 경영하게 된 필립 제이슨 상회는 필라델피아에 본점과 지점을 둘 정도로 번창한 회사였다. 서재필이 1919년 3·1 운동 후 미국에서 독립운동에 투신할 수 있었던 건 필립 제이슨 상회에서 많은 돈을 벌었기 때문이다. 서재필은 1919년 3·1 운동 이후 한국 리뷰 발행과 '한국의 친구 연맹' 설립·군축회담 참석 등 1922년까지 독립운동을 하면서 7만 달러에서 8만 달러의 사재를 썼다.

당시 서재필이 쓴 돈이 얼마나 큰돈인지는 상하이 임시정부의 예산과 비교하면 알 수 있다. 임시정부 원년인 1919년 5월에서 1920년 2월까지 임시정부 총수입은 6만 4,118달러였고 2차 연도의 수입 총액은 6만 9,000달러였다. 서재필이 한국의 독립을 위해 쏟아 부은 돈은 임시정부 1년 예산보다 많았다. 한국은행은 1920년의 1달러는 현재 12.71달러의 가치가 있다고 분석했다. 환율을 감안할 때 서재필은 무려 100억 원에서 115억 원에 달하는 막대한 사재를 독립운동을 위해 사용했다. 그

러는 사이 독립운동에 투신하느라 제대로 돌보지 못한 인쇄업은 거덜이
났다.

경제상황이 어려워지자 서재필은 62세 나이에 펜실베니아대 의학부
에 입학해 병리학 전문의가 됐고 의사로 다시 돈을 벌었다. 부인 뮤리엘
여사는 남편이 이제 한국 문제를 잊기를 바랐지만 그의 고집을 꺾을 수
는 없었다. 1941년 태평양전쟁이 발발하자 미국이 승리하면 한국이 해
방될 것이라는 희망을 갖고 다시 징병검사관으로 일했다. 서재필의 희
망대로 미국은 태평양전쟁에서 승리했고 대한민국은 드디어 독립을 쟁
취했다. 광복 후 미군정의 요청으로 일시 귀국했던 서재필은 "통일된 조
국을 위해 노력해 달라"고 당부하며 미국으로 돌아갔다. 미국에서 들은
조국의 6·25 전쟁 소식은 고령의 서재필에게 큰 충격이었다. 서재필은
1951년 1월 87세의 나이로 타계했다. 말년에 살던 집은 그의 생애와 독
립을 위한 평생의 노력을 보여주는 서재필기념관으로 개조되어 그의 생
을 알려주고 있다.

공화정을 택한 조선의 선비

1904년 2월, 일본이 러일전쟁을 일으킨 지 두 달 후 서재필은 자신의
제자였던 이승만에게 편지 한 통을 보냈다. 서재필은 편지에 "한국이 스
스로 노력하면서 다른 나라의 도움을 받고자 하지 않는 한 일본이나 어
느 나라도 한국을 도와주지 못할 것이오. 만일 한국이 계속 어린애 같이
행동한다면 필경 어느 다른 나라의 속국이 되어버릴 것이오"라고 썼다.

서대문 독립공원 내 서재필 동상

116년 전 조선을 둘러싼 국제정세를 봤던 혜안이 놀랍다. 당시 조선은 풍전등화와 같은 위기 속에서 청나라·일본·러시아·미국에 기대 살아 남으려고 했지만 결과는 망국이었다.

입헌군주제를 통해 조선의 개혁을 추진했던 서재필은 1910년 조선이 망하자 더 이상 전제왕권에 미련을 두지 않았다. 서재필 주도로 1919년 4월 열린 제1차 미주 한인회의 결의 중 가장 중요한 내용은 독립 후 공화정 수립이었다. 참석자들은 이를 미국을 비롯한 세계에 공표했다. 과거시험에 합격했던 왕조국가 조선의 엘리트 관료이자 선비였던 서재필은 공화정으로 가는 문을 활짝 열었다.

성북동 만해산책공원 만해 한용운 동상

-3·1 독립만세운동의 조율자

한용운(1879~1944)

한용운은 3·1 독립선언서 공약삼장을 지은 승려이자 시인이면서 독립운동가이다. 고향인 홍성에서 한학을 배웠고, 훈장으로 학동들을 가르쳤다. 1896년 의병 운동에 참여했으나 실패한 뒤에 고향을 떠났다. 추후 오세암을 거쳐 백담사에서 승려가 됐다. 1908년에 시찰단의 일원으로 일본으로 넘어가 선진문물을 배웠다. 불교의 현실 참여를 주장하고 무능한 불교를 개혁하려 한 대표적 인물이다. 3·1 운동을 막후에서 주도했으며 손병희와 거사를 놓고 담판을 벌이기도 했다. 독립선언서 공약삼장을 지었고 33인 민족대표로 서명했다. 이후 3·1 운동 주모자로 손병희 등과 함께 가장 긴 징역 3년 형을 선고받았지만 수감 중에도 지조를 굽히지 않았다. 옥에서 나온 뒤 1926년에 시집 『님의 침묵』을 출간했다. 이후 신간회, 조선불교청년회 등을 통해 독립사상 고취와 불교 대중화에 노력했다. 1937년에는 불교관계 항일단체인 만당사건의 배후자로 체포되기도 했다. 해방 직전인 1944년, 자신의 집인 성북동 심우장에서 사망했다. 1962년 건국훈장 대한민국장을 받았다. 만해산책공원 동상은 2012년 성북구 주관으로 설치됐다.

찾아가는 길

벚꽃이 한창이던 2019년 4월 중순, 그리고 한여름 더위가 한창이던 8월 중순 두 차례 한용운 동상을 찾았다. 지하철 한성대입구역 6번 출구에서 1111번이나 2112번 초록색 버스를 탄 다음 다원학교 앞 '한용운 활동터'에서 내려서 길을 건너면 만해산책공원이 있다. 한용운 동상은 만

만해산책공원의 한용운 동상

해산책공원 중심에 자리 잡고 있다. 버스 정류장 인근 길가에 있어 힘들
이지 않아도 쉽게 찾을 수 있다. 하지만 4월에 처음 방문했을 때는 한용

운의 집 심우장(尋牛莊)으로 올라가는 계단을 새로 만드는 중이어서 한참
을 헤맸다. 만해산책공원에 잔뜩 쌓여 있는 공사자재와 공사 차량 때문
에 동상이 가려져 있어서 그냥 심우장까지 올라갔다. 심우장에서 마당-
부엌-굴뚝 쪽으로 한 바퀴 돌았는데도 동상은 없었다. 결국 심우장 관
리인에게 위치를 물어 길가에서 동상을 찾았다. 다행히 8월에는 공사가
말끔히 끝나 있어 그런 수고를 덜었다.

평생의 역작 〈님의 침묵〉과 함께

동상은 의자처럼 만든 긴 사각형 화강암에 한용운이 앉아 있는 좌상
이다. 오른쪽에는 한용운 동상, 왼쪽에는 그의 대표작 〈님의 침묵〉이 새
겨진 둥근 시비가 세워져 있다. 돌에 앉아 있는 한용운은 입을 굳게 다
물고 정면을 바라보면서 무언가를 골똘히 생각하고 있다. 한용운이 성
북동에 집을 짓고 살기 시작한 건 55살 때였다. 이마에 있는 주름살이
뚜렷하고 입 주변에도 주름이 많은 걸로 봐서 동상은 심우장에서 살기
시작한 이후의 모습이다.

두루마기 한복에 발목 부근의 대님을 단단히 맸고 고무신을 신었다.
오른손은 손바닥을 자연스럽게 펴서 무릎을 잡고 있고 왼손에는 둘둘
만 원고를 쥐고 있다. 한용운이 들고 있는 원고에는 별다른 표시는 없지
만 그의 대표작 〈님의 침묵〉처럼 보인다. 왼쪽에 있는 시비는 둥근 오석
에 시 〈님의 침묵〉을 그대로 새겨 넣었다. 말끔하게 갈아낸 오석 바탕에
자연스럽게 흰색 글씨가 새겨진 형태여서 읽기가 어렵지 않다.

님의 침묵

님은 갔습니다.

아아, 사랑하는 나의 님은 갔습니다.

푸른 산빛을 깨치고

단풍나무 숲을 향하여 난 작은 길을 걸어서

차마 떨치고 갔습니다.

황금의 꽃같이 굳고 빛나던 옛 맹세는

차디찬 티끌이 되어서 한숨의 미풍에

날아 갔습니다.

날카로운 첫 키스의 추억은

나의 운명의 지침을 돌려놓고

뒷걸음쳐서 사라졌습니다.

나는 향기로운 님의 말소리에 귀먹고

꽃다운 님의 얼굴에 눈멀었습니다.

사랑도 사람의 일이라 만날 때에 미리 떠날 것을

염려하고 경계하지 아니한 것은 아니지만,

이별은 뜻밖의 일이 되고

놀란 가슴은 새로운 슬픔에 터집니다.

그러나 이별을 쓸데없는 눈물의 원천을 만들고 마는 것은

332 한국의 선각자를 찾아서

만해산책공원에 있는 〈님의 침묵〉 시비

스스로 사랑을 깨치는 것인 줄 아는 까닭에,

걷잡을 수 없는 슬픔의 힘을 옮겨서

새 희망의 정수박이에 들어부었습니다.

우리는 만날 때에 떠날 것을

염려하는 것과 같이

떠날 때에 다시 만날 것을 믿습니다.

아아, 님은 갔지마는

나는 님을 보내지 아니 하였습니다.

제 곡조를 못 이기는 사랑의 노래는

님의 침묵을 휩싸고 돕니다.

〈님의 침묵〉은 만해가 1925년 8월 29일 백담사에서 88편의 시를『님
의 침묵』이란 제목의 책으로 묶어 내놓은 것이다. 이 시집은 1926년 5월
20일 회동서관(匯東書館)에서 출판되자마자 문단에 큰 충격을 줬다. 〈님
의 침묵〉은 근대적인 자유시가 창작되기 시작한 이래 형이상학적 사유
를 자유시라는 형식 속에 녹여낸 최초의 시라는 평을 들었고, 이후 우리
문학사에 길이 남는 역작이 됐다.

동상 주위에 만해산책공원 한용운 동상과 시비를 누가 만들었는지 알
려주는 표석이나 안내 글이 없어서 서울 성북구청을 통해 사실 관계를
확인했다. 동상과 시비는 2012년 8월 한양도성·성북동 관광안내 광장
조성계획에 따라 진행된 공공미술특화거리 조성 성북동 아트벤치 프로
젝트의 일환으로 제작되었으며 조각가는 제일미술에서 아트벤치 프로
젝트를 수주한 장성재 작가였다. 부천 안중근공원 안중근 부조 상을 만
든 장성재는 "심우장에 살던 50대 중반 만해의 고뇌를 생각해 동상을 만
들었다"며, "동상을 찾는 시민들이 동상 옆에 앉아서 사진도 찍고 힘들
면 쉬었다가 갈 수 있도록 동상과 벤치를 조성했다"고 밝혔다. 관련 내
용이 동상 주변에 소개됐으면 하는 아쉬움이 남는다.

3·1 운동 거사를 놓고 손병희와 벌인 담판

충남 홍성에서 태어난 만해 한용운(1879~1944)은 승려이자 3·1 운동의 주역으로서 불교계를 대표한 민족의 지도자다. 또 불교의 낙후성을 비판한 〈조선불교유신론〉(1910년에 발표)을 비롯해 〈불교대전〉, 〈정선강의 채근담〉, 〈조선독립의 서〉, 〈불교의 유신은 파괴로부터〉, 〈여성의 자각이 인류해방요소〉, 〈조선청년과 수양〉, 〈님의 침묵〉 등 수많은 시와 글을 남긴 당대의 지성인이다. 불교잡지 「유심」을 창간하는 등 언론인이자 출판인으로 활동하기도 했다.

만해산책공원 한용운 동상의 뒷모습

한용운의 어릴 적 이름은 '유천'으로, 고향에서 한학을 공부했다. 1896년 홍성에서 의병 운동에 참여했으나 실패한 뒤 1897년에 고향을 떠나 절집을 떠돌다 1905년 백담사에서 연곡 스님을 은사로 모시면서 정식으로 승려가 됐다. 이때 받은 법명이 '용운'이다. 한용운은 백담사와 오세암을 오가며 대장경을 독파했고 『기신론』과 『능엄경』, 『원각경』 등 다양한 불교경전을 공부했다. 1908년에는 일본으로 건너가 도쿄 조동종 대학에서 불교와 서양철학을 공부했는

데, 이때 후일 3·1 운동을 주도하는 천도교의 최린을 만나 교류를 하게
된다. 당시 조선에 진출한 일본이 새로운 측량기술을 토대로 토지를 빼
앗기 일쑤였다는 사실을 알고 있던 한용운은 일본에 체류하는 동안 측
량학을 공부한 후 측량기계를 들고 귀국했다. 조선이 일본에 병탄된 후
인 1911년에는 독립군 활동 상황 등을 파악하려고 만주에 갔다 밀정으
로 오인 받아 총격을 당하고 간신히 살아남기도 했다. 당시 만해에게 총
격을 가한 청년들은 독립운동가 이회영 등이 설립한 신흥무관학교에 다
녔던 투사들로 알려져 있다.

한용운이 3·1 운동에 깊숙이 개입하게 된 시기는 잡지 「유심」 3호를
발간하던 1918년 12월 무렵이었다. 1918년 11월 11일 독일이 항복하면
서 제1차 세계대전이 끝나자 세계정세가 급변했다. 미국의 윌슨 대통령
은 종전 이후 구상으로 민족자결주의를 주장했다. 이를 계기로 발칸반
도에서 여러 나라가 독립을 얻는 것을 본 조선의 지식인들은 거국적인
궐기를 준비했다. 한용운도 일본 유학 시절 도쿄에서 독립운동 문제를
놓고 의견을 교환했던 천도교의 최린과 의기투합했고, 권동진과 오세창
도 이에 합류했다.

이와 관련해 한용운이 3·1 운동 참여 시기를 놓고 고민 중이던 천도
교 교주 의암 손병희 선생을 만나서 설득했다는 일화가 남아 있다. 당시
한용운은 손병희에게 3·1 운동에 천도교가 참여할 것을 요청했다. 그러
자 손병희는 당시 명망가였던 월남 이상재가 승낙했는지를 물었다. 이
에 한용운은 "손 선생께서는 이상재 선생의 뜻으로만 움직입니까? 그러

면 이상재 선생이 반대하니 선생도 그에 따르렵니까?"라고 되물었고 손병희가 이 말을 듣고 결심을 굳히면서 3·1 운동 준비가 탄력을 받기 시작했다는 내용이다.

당초 한용운, 손병희, 이종일 등 거사를 준비하던 사람들은 구 대한제국 출신 고위관료를 포함해 지도급 인사 200명을 민족지도자로 계획했다. 그러나 독립협회 부회장을 지낸 월남 이상재나 박영효, 한규설, 윤용구 등 대한제국 출신 고위 관료들은 참여를 거부했고 최종적으로 민족대표는 종교계 인사만 남게 됐다. 한용운은 천도교, 기독교와 마찬가지로 불교계에서도 15명 정도의 민족지도자를 계획하여 오성월 등 큰스님들에게 접촉했으나 설득에 실패했다. 불교계에서 최종적으로 참여한 사람은 한용운과 불교 대중화를 위해 경전 한글 번역에 매진하고 있었던 백용성 두 사람뿐이었다. 한용운은 1919년 2월 25일 백용성 스님이 있는 대각사를 찾아가 "지금 파리에서 강화회의가 열리고 있는데 이 기회를 이용해 각 종교계가 중심이 되어 독립운동을 하려 한다"고 말했고 백용성은 이에 흔쾌히 동의했다.

독립선언서 공약삼장을 쓰다

3·1 운동 독립선언서는 당대의 유명한 문인이자 작가인 최남선이 작성했다. 최남선은 최린에게 "학자로서 표면에 나서지는 않겠으나 선언문은 짓겠다"고 주장했고 최린이 이를 받아들였다.

이를 뒤늦게 알게 된 한용운은 민족대표로 참여하지 않은 최남선이 독립선언서를 작성하는 것은 옳지 않다며 자신이 독립선언서를 짓겠다고 했으나, 시일이 촉박하다는 최린의 설득을 받아들였다. 후일 최남선이 변절해 조선총독부 중추원 참의를 지내는 등 일제 식민 통치에 협력자가 됐다는 점에서 한용운의 이런 입장이 옳았다는 게 증명된다. 최린이 최남선으로부터 독립선언서 초안을 넘겨받은 건 1919년 2월 15일이었다. 한용운은 최남선이 지은 독립선언서 자구를 일부 수정하고 마지막에 '공약삼장'을 추가했다.

공약삼장(한글 해석본)

-오늘 우리들의 이 거사는 정의·인도·생존·번영을 찾는 겨레의 요구이니, 오직 자유의 정신을 발휘할 것이고, 결코 배타적 감정으로 치닫지 말라.

-마지막 한 사람에 이르기까지, 마지막 한 순간에 다다를 때까지, 민족의 올바른 의사를 시원스럽게 발표하라.

-모든 행동은 먼저 질서를 존중하여, 우리들의 주장과 태도를 어디까지나 공명정대하게 하라.

오세창은 공약삼장이 추가된 독립선언서를 받아 천도교에서 경영하는 인쇄소인 보성사에 보냈다. 보성사 사장 이종일은 2월 27일부터 비밀리에 독립선언서를 인쇄했다. 다음날인 2월 28일, 한용운은 1만 장의 독립선언서를 인수받은 뒤에 그날 밤 평소 자신을 따르던 불교중앙학림(현 동국대학교) 학생들을 자신의 계동 집인 유심사로 모이게 했다. 한용운은 1918년부터 불교중앙학림 강사로 재직 중이었다. 이들에게 독립선언서를 건네준 한용운은 3월 1일 오후 2시 서울 시내에 배포하도록 지시했다. 독립선언서를 받은 김법린 등 중앙학림 학생들은 범어사 포교당으로 자리를 옮겨 긴급회의를 했고 그 결과 8가지 방략을 결정했다. 가장 연장자인 신상완 등 3명은 서울에 남아 지휘를 하고 나머지 학생들은 연고가 있는 지역 사찰로 가서 만세운동을 주도하기로 한 것이다. 김법린과 김상헌은 동래 범어사, 오택언은 양산 통도사, 김봉신은 합천 해인사, 김대용은 대구 동화사, 정병헌은 구례 화엄사에서 만세운동을 맡았다.

이들은 시골 사람이나 노동자로 변장하고 선언서를 수백 매씩 보따리에 싸서 지방으로 향했다. 불교중앙학림은 이 사건으로 총독부로부터 강제 폐교를 당하게 된다. 이처럼 불교계에서 3·1 운동이 확산되는 데는 민족대표 한용운의 네트워크와 역할이 절대적이었다.

태화관 3·1 독립 연설의 주역

3월 1일이 되자 한용운은 독립선언서에 서명한 민족대표들과 함께 태화관으로 향했다. 당초 민족대표들은 탑골공원에서 독립선언서를 읽고 선포식을 하기로 했으나 선언문을 낭독한 후 경찰에 연행될 때 학생들과 경찰이 충돌할 것을 우려해 2월 28일 밤 사전모임에서 급히 장소를 변경했다. 민족대표 33인 중 29명이 참석한 태화관에서 한용운이 독립선언서를 읽는 대신 참석자를 대표해 짧은 연설을 했다.

우리는 대한 독립을 세계만방에 엄숙하게 선포했습니다. 우리는 기필코 민족의 독립을 쟁취할 것으로 믿습니다. 독립이 선포된 이상 우리는 최후의 일인까지 최후의 일각까지 싸워야 합니다. 이제 독립을 선언했으니 우리가 싸우다 쓰러지더라도 탓할 일은 없습니다. 국제 정세의 추이는 바야흐로 우리 민족에게 독립을 허용하지 않을 수 없을 것입니다. 우리 민족은 그동안 간악할 일제의 철쇄를 풀고 자유 천지를 향해 궐기하려는 힘을 구축한 것입니다. 오늘 우리들의 이 모임은 민족 독립의 거룩한 일을 뒷받침하는 뜻깊은 일이 아닐 수 없습니다. 이제 우리는 죽어도 한이 없습니다.

연설을 마친 후 한용운은 만세삼창을 제의했다. 민족지도자들은 만세삼창을 마치고 현장에서 체포되어 마포경찰서로 끌려갔다. 이후 다시 남산 왜성대 총감부로 이송돼 조사를 받았고, 최종적으로는 서대문형무소에 수용됐다. 1910년 10월 선고 공판에서 한용운은 3·1 운동 준비 과정에서 주도적인 역할을 하고 공약삼장을 추가한 점과 재판과정에서 투쟁을 이어간 점 등이 복합적으로 작용해 손병희 등과 함께 가장 긴 3년형을 선고받았다.

옥중으로 이어진 독립만세 투쟁

한용운은 감옥에서도 독립에 대한 의지를 굽히지 않았다. 그는 옥중에서 자신의 생각을 정리해 민족 독립의 심오한 사상적 근거를 제시한 『조선독립의 서』를 집필했다. 『조선독립의 서』에서 그는 민족 자존성, 조국사상, 자유주의, 대세계의 의무 등을 거론하며 조선 독립이 필수불가결한 일이라고 밝혔다. 1921년 12월 22일 감옥에서 출소한 한용운은 다시 독립운동에 뛰어들었다.

1922년 5월 조선불교청년회 주최로 열린 철장철학 강의에서 한용운은 "개성 송악산에 흐르는 물이 만월대의 티끌은 씻어가도 선죽교의 피는 못 씻으며 진주 남강에 흐른 물이 촉석루의 먼지는 씻어가도 의암에 서린 논개의 이름은 씻지 못합니다"고 밝혔다. 조선의 독립은 역사가 흘러가도 불가피하다는 점을 강조한 것이다. 1925년에는 조선불교청년회 총재로 대중불교운동에 나섰고, 1927년에는 불교청년회를 불교총동맹으로 개편하여 10년 동안 일제의 조선불교 말살정책에 반대했다. 같은 해 서울에서 좌우합작의 단일투쟁 기구인 신간회가 조직되자 중앙집행위원장과 경성지회장을 맡았다. 1931년에는 「불교」지를 인수해 불교계의 각성을 촉구하는 글을 실었고 그 이듬해에는 불교청년들의 비밀결사 조직인 '만당' 총재를 맡아 사망할 때까지 조직을 이끌었다.

한용운의 영원한 안식처 심우장

서울 성북구에 있는 심우장은 한용운이 인생 후반기를 보낸 편안한
안식처였다. '심우장(尋牛莊)'이란 명칭은 수행자가 수행을 통해 본성을
깨닫는 10단계 과정을 잃어버린 소를 찾는 일에 비유한 '심우(尋牛)'에서
유래했다. 현재 걸려 있는 심우장 현판은 함께 독립운동을 했던 독립운
동가이자 서예가인 오세창(1864~1953)이 쓴 것이다. 조선총독부는 한용
운이 잡지나 신문에 글을 기고하는 일을 막아버렸고, 이 때문에 그는 극
심한 생활고에 시달렸다. 이를 안타까워한 조선일보 방응모 사장과 박
광 등이 성금을 내고 벽산 스님이 집터를 기증해 지은 집이 심우장이다.

서울특별시 기념물 제7호로 지정된 한용운의 집 심우장

지인들은 터를 남향으로 잡아 집을 짓자고 했으나 한용운은 조선총독부를 바로 보지 않겠다며 집을 동북향으로 지었다. 평생 독립을 염원하면서 타협을 거부하며 총독부가 만든 호적조차 갖지 않았던 그는 해방을 1년 앞둔 1944년 6월 29일 심우장에서 숨을 거뒀다.

내가 내 나라를 찾자는 것이 왜 죄가 되느냐

한용운이 심우장에 살던 1930년대 중반 이후, 제국주의 일본의 국력은 전성기를 구가하고 있었다. 평생의 동지이던 3·1 운동의 주역 최린도 1934년에 변절해 중추원 칙임관 대우 참의로 일하고 있었고 최남선도 그 무렵 변절했다. 그러나 한용운은 회유의 돈뭉치를 들고 온 일제 앞잡이를 후려쳤고, 학병 출정을 독려하는 글에 이름을 빌려 달라는 신문기자의 사진기를 뺏어 던져버렸으며 외동딸을 학교에 보내지 않고 끝까지 자신이 가르쳤다.

동상과 시비가 있는 만해산책공원에서 심우장까지는 5분이면 갈 수 있는 짧은 거리다. 가파른 언덕길 난간에는 그가 남긴 어록이 여러 개 걸려 있어 후손들에게 많은 교훈을 주고 있다. 한용운이 3·1 운동 주동자로 체포돼 검사 신문과 재판 과정에서 당당하게 한 말이다.

"나는 내 나라를 세우는데 힘을 다한 것이니 벌을 받을 리 없을 줄 안다"

"자유는 만유의 생명이요 평화는 인생의 행복이라"

"각 민족의 독립 자결은 자존성의 본능이요, 세계의 대세이며, 하늘이 찬동하는 바로써 전 인류의 앞날에 올 행복의 근원이다. 누가 이를 억제하고 누가 이것을 막을 것인가"

"어찌 자기 나라의 수천 년 역사가 외국의 침략에 의해 끊기고, 몇 백 몇 천만의 민족이 외국인의 학대 하에 노예가 되고 소와 말이 되면서 이를 행복으로 여길 자가 있겠는가?"

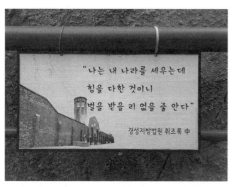

심우장으로 가는 길에 만해가 취조와 공판 과정에서 한 말이 걸려 있다

한용운의 어록을 보면, 그에게 있어 일제의 지배를 받는 조선은 거대한 감옥 속에서 살고 있는 노예였다. 한용운은 불멸의 시 〈님의 침묵〉에서 "아아, 님은 갔지마는 나는 님을 보내지 아니하였습니다"라고 했다. '님'은 독립이자 자유이고 평화였다. 그는 일제가 만든 거대한 감옥에서 벗어나기 위해 고난의 칼날 위에 서는 것을 멈추지 않았고, 죽을 때까지 성북동 깊은 산골짜기에 기거하며 조국과 민족을 생각하였다. 한용운은 신념을 꺾지 않은 이 땅의 진정한 지도자이자 대한민국을 탄생시킨 주역이다.

효창동 효창공원 이봉창 의사 동상

-제국주의의 심장 도쿄에서 일왕을 떨게 한 기개

이봉창(1900~1932)

　이봉창은 일본 도쿄 사쿠라다몬(櫻田門)에서 일왕에게 폭탄을 던진 독립운동가이다. 평범한 가정에서 태어나 문창보통학교를 졸업했다. 일본 과자점 점원과 용산역 전철수 및 연결수를 거쳤고 일본으로 이주한 뒤에는 철공소 직원 등으로 근무했다. 독립운동에 투신하겠다는 생각에 1930년 중국 상하이로 갔고, 1931년 그곳에서 김구를 만나 한인애국단원이 됐다. 1932년 1월에 다시 일본으로 돌아와 도쿄 사쿠라다몬을 지나던 일왕 히로히토에게 폭탄을 던졌으나 폭탄 불량으로 폭살에는 실패했다. 이후 일왕 살해 혐의로 체포되어 일본 이치가야 형무소에서 사형 당했다. 1946년에 일본에서 유해가 운구되어 자신의 고향인 용산에 있는 서울 효창공원에 묻혔다. 1962년 건국훈장 대통령장이 추서됐다. 백범기념관 앞 동상은 1995년 동아일보사 주도로 건립됐다.

찾아가는 길

　꽃샘추위가 한창인 2019년 3월 말, 그리고 6달 뒤인 9월에 이봉창 동상을 찾았다. 동상을 가려면 숙명여대 쪽에서 효창운동장·백범기념관으로 가는 방법, 한겨레신문사 앞 버스정류장에서 내려 마을버스를 갈아타고 종점까지 가는 방법이 있다. 3월에는 한겨레신문사 앞 코스를 택했다. 종점에서 내려 20여 미터를 걸어가면 효창공원 입구다. 공원에 들어서면 맑은 물이 흘러 넘쳤다는 기록이 있는 샘터가 나온다. 지금도 물은 흘러넘치지만 식수 부적합 판정을 받아 마실 수는 없다.

효창공원의 이봉창 동상

효창공원은 엄숙한 공간이지만 숲길에 조성된 산책로를 따라 가볍게 걷거나 운동기구를 이용해 체력을 단련하는 사람들이 많았다. 선열의 유해가 묻혀 있지만 시민들이 자유롭게 이용할 수 있는 공원이라는 두 가지 기능이 잘 조화된 곳이다. 샘터를 지나 산책로를 따라서 북한 반공투사위령탑과 백범 김구 선생의 묘를 지나니 백범기념관 쪽 울창한 소나무 사이로 이봉창 동상이 보인다. 이봉창 동상은 백범기념관 바로 앞에 있다. 동상을 기준으로 위쪽은 백범기념관, 오른쪽은 의열사, 왼쪽은 효창운동장이다.

도쿄 사쿠라다몬에서 폭탄을 던진 이봉창

동상 높이는 3.5미터, 좌대 높이는 3미터다. 좌대와 기단은 모두 팔각형 구조다. 정면에는 세로로 '이봉창 의사 상(李奉昌 義士 像)'이, 왼쪽 면에는 '애국(愛國)', 뒷면에는 '살신(殺身)', 오른쪽 면에는 '독립(獨立)'이라는 단어가 각각 한자로 새겨져 있다. 동상은 김영중, 글씨는 박종희 작품이다.

수류탄을 던지려는 이봉창

이봉창은 1932년 1월 8일 그날처럼 상체는 뒤로 젖히고 오른팔을 뒤로 뻗어 히로히토 일왕에게 수류탄을 막 던지려 하고 있다. 시선은 하늘 쪽으로 향하고 있고 수류탄이 날아가는 걸 보기 위해 실눈을 떴다. 입은 굳게 다물었고 머리칼은 뒤로 넘겨 올백 스타일로 다듬었다. 이마가 시원하고 이목구비가 뚜렷한 인상이다. 양복에 긴 코트 차림으로, 양복저고리 윗 단추는 굳게 채워져 있고 넥타이를 단단히 맸다. 왼손으로 긴 코트의 중간을 잡아 코트가 수류탄을 던지는 데 방해가 되지 않도록 했다. 왼발은 정면을 향한 채 앞으로 뻗어 살짝 굽혔고 오른발은 약간 틀어 무릎을 조금 구부렸다. 구두는 바닥이 넓고 앞코가 두툼하여 튼튼해 보인다. 수류탄을 오른손 손바닥으로 안정되게 잡고 엄지와 나머지 손가락으로 단단히 거머쥐었다. 군에서 수류탄 투척 훈련을 받을 때가 번뜩 생각났다.

이봉창이 던진 수류탄은 18미터를 날아갔다. 히로히토 일왕이 괴뢰국이었던 만주국 황제 푸이(溥儀)와 도쿄 요요기 연병장에서 관병식을 마치고 돌아갈 때였다. 마차 대열이 흐트러지고 사람들이 비명을 지르며 달아났지만 수류탄이 제대로 터지지 않아 폭살 계획은 실패로 끝났다.

이봉창은 현장에서 경찰이 한 남자를 체포하는 것을 보고 큰 소리로 자신이 수류탄을 던졌다고 밝히고 자진하여 일본 경찰에게 체포됐다. 현장에서 체포된 이봉창은 일본 법정에서 사형을 선고받았다. 일본 메이지헌법 3조에 "천황은 신성으로 침범할 수 없다"는 조항이 있어 일왕에게 위해를 가한 이봉창은 대역죄인인 국사범에 해당됐다. 그해 10월 이치가야 형무소에서 이봉창은 32세의 나이로 교수형을 당했다. 유해는 도쿄 서북쪽 사이타마현 포화형무소 묘지에 묻혔다가, 해방 후 환국한 김구 주석에 의해 효창원에 안장되었다.

평범한 식민지 청년, 의열투쟁가가 되다

이봉창은 1901년 8월 10일 서울 원효로에서 태어났다. 20대 중반까지는 독립운동과 관련이 없는 평범한 식민지 청년의 삶을 살았다. 천도교에서 세운 문창학교를 졸업한 후 일본인이 경영하는 과자점에 취직했고, 1918년 8월쯤에 조선총독부 철도국이 운영하는 용산역 조차계 시용부로 자리를 옮겼다. 조차계는 기관차나 화물차를 연결하거나 바꿔달고 다른 선로에 넣거나 나누는 작업을 하는 부서였다. 머리회전이 빠르고 손재주가 좋았던 이봉창은 2년여 만에 정식 직원이 아닌 인부에서 역부, 역부에서 전철수·연결수로 승진했다. 연결수는 한 달에 40~48원의 월급을 받았다. 그 정도 월급이면 사범학교를 나온 교사나 순사와 비슷할 정도로 대우가 괜찮은 편이었다. 다만 연결수와 전철수는 일의 특성상 사고에 노출되기 쉬웠다. 그래서 일본인 동료는 일정한 시간이 지나면 승진하여 현장직에서 빠져나갔지만 조선인인 이봉창은 그렇지 못했다. "돌대가리라도 일본인으로 태어나야 한다. 같은 인간으로서 왜 이렇게 차별을 받아야 하는가?"라는 불만을 토로한 이봉창은 철도국에서 나와 1925년 더 나은 생활을 꿈꾸며 일본 오사카로 갔다.

철공소 직원, 비누공장 점원, 해산물 도매상 등을 전전하던 이봉창은 교토에서 일생에 일대 전환을 맞게 된다. 히로히토의 즉위식을 구경하러 교토에 갔다가 한글 편지를 갖고 있다는 이유로 일본 경찰에 끌려가 9일간 유치장에서 갇혀 고초를 겪었던 것이다. 유치장에서 조선인이 겪는 차별과 멸시에 분개한 이봉창은 독립운동에 뛰어들기로 결심했다.

1930년 12월, 일본을 떠나 중국 상하이로 간 이봉창은 1931년 1월 상하이 프랑스 조계 내 임시정부와 함께 있는 대한교민단 사무실을 찾아갔다. 이봉창은 "당신들은 독립운동을 한다면서 왜 천황을 못 죽입니까?"라며 "내가 작년 일본에 있을 때 천황이 능행(陵幸)한다고 엎드리라고 해서 엎드려 생각하기를, 내게 지금 폭탄이 있다면 쉽게 죽일 수 있지 않을까 싶었다"고 말했다. 임시정부를 와해시키기 위한 밀정이 도처에 깔려 있고 갖가지 공작이 비일비재한 상하이에서 이봉창의 옷차림과 말, 행동은 일본군 첩자로 오인받기 딱 좋았다. 상하이 임시정부는 '기노시타 쇼조(木下昌藏)'라는 일본 이름을 쓰는 괴청년이 게다를 신고 하오리

(羽織 일본 성인 남자 옷)를 입고 나타나 떠드는 말을 믿을 수가 없었다. 이봉창은 일본에서 철공소 직원으로 일할 때 주인의 양자로 들어갔는데, 이때 얻은 이름이 '기노시타 쇼조'였다. 이때 이를 옆방에서 듣고 있던 임시정부 경무국장 김구가 이봉창을 자기 방으로 불러 대화를 나누었다. 이봉창은 백범 김구에게 자신의 진심을 토로했다.

제 나이가 31세입니다. 앞으로 다시 31년을 더 산다 해도 과거 반생에서 맛본 방랑 생활에 비한다면 늙은 생활에 무슨 취미가 있겠습니까? 인생의 목적이 쾌락이라면 31년 동안 인생의 쾌락은 대강 맛보았습니다. 그런 까닭에 이제는 영원한 쾌락을 얻기 위하여 우리 독립 사업에 헌신하고자 상하이에 왔습니다.

김구는 이봉창의 진정성을 알아봤고 거사를 위한 준비에 착수했다. 김구는 중국군에서 복무하고 있던 김홍일을 통해 1발, 김현에게서 1발 등 수류탄 2발을 구했고, 그 사이 이봉창은 상하이에서 취직해 때를 기다렸다. 일본어에 능숙하고 신분도 일본인이었던 이봉창은 상하이에서 취직하고 사는 데 아무 문제가 없었다. 무기를 구한 김구는 수류탄과 함께 중국 돈 300원을 이봉창에게 건네줬다. 300원이면 임시정부 몇 달치 운영자금에 해당하는 큰돈이었다. 하와이 국민회가 교포들에게 걸어 임시정부에게 보내준 것이었다.

이봉창과 윤봉길이 낭독한 선서문의 무대, 안공근의 집

이봉창은 1931년 12월 13일, 한인애국단 본부였던 안공근의 집에서 결의를 다지는 선서식을 했고 김구 앞에서 자신이 직접 쓴 선서문을 낭독했다. 4개월 후 상하이 훙커우공원 의거의 주역 윤봉길도 안공근의 집에서 선서를 했다. 선서문을 읽은 후 이봉창은 한인애국단 1호 단원으로서 김구와 함께 사진을 찍었다. 태극기를 배경으로 서서, 가슴에 선서문을 붙인 채 수류탄 2개를 양손에 들고 삶을 초월한 듯 환하게 웃고 있는 사진이다. 김구는 『백범일지』에 이봉창이 사진

이봉창이 쓴 선서문과 이를 해석한 글이 새겨진 석판

을 찍기 전, "나는 영원한 쾌락을 향코자 이 길을 떠나는 터이니 우리 두 사람이 희열한 안색을 띠고 사진을 찍읍시다"라며 자신을 위로했다고 썼다.

나는 적성(赤誠)으로써 조국의 독립과 자유를 회복하기 위하여 한인애
국단의 일원이 되어 적국의 수괴를 도륙하기로 맹세하나이다.

대한민국 13년 12월 13일 선서인 이봉창

한인애국단 앞

동상 왼쪽 뒤편에는 선서문 원본과 이를 풀이한 내용, 그리고 수류탄
을 들고 사진을 찍고 결의를 다진 경위가 오석판에 새겨져 있다. 국한문
혼용체로 쓰인 원문을 보면 달필은 아니어도 결연한 의지를 다졌던 이
봉창의 기개를 느낄 수 있다. 선서문은 2019년 2월 친필 편지 및 봉투,
의거자금 송금증서와 함께 문화재로 지정됐다.

애국지사 묘역이 된 조선 왕실의 묏자리, 효창원

효창공원의 원래 주인은 조선 임금 정조의 아들인 문효세자였다.
1786년 정조는 5살에 홍역으로 죽은 문효세자와 출산을 앞두고 숨진 문
효세자 생모인 의빈 성씨의 묏자리로 이곳을 택했다. 정조는 소나무가
울창하고 한강이 보이는 언덕의 이름을 '효창(孝昌)'이라고 지었다. 효성
스럽고 번성한다는 뜻이다. 효창원(孝昌園)은 왕실이 관리하는 곳이라
인적도 드물고 울창한 소나무 숲과 광활한 묘역을 자랑했지만 조선이
일제의 식민지가 되면서 훼손되기 시작했다. 일본군은 효창원을 '구용

이봉창 동상. 왼쪽 담은 의열사로 연결된다

산 고지'로 부르며 군 숙영지 겸 비밀 병참기지로 활용했다. 1924년에는
부지 중 일부를 공원용지로 바꿔 유람지로 만들었고, 1945년에는 왕실

묘소 전부를 경기도 고양시 서삼릉으로 이장했다.

효창공원에 다시 묘역이 조성된 건 해방 이후다. 김구가 1946년 7월 이봉창·윤봉길·백정기의 유해를 일본에서 가져와 삼의사 묘역을 조성한 것이다. 백정기는 중국 상하이에서 아리요시 주중 일본 대사를 저격하려다 붙잡혀 옥사한 독립운동가다. 용산에서 태어난 이봉창은 효창공원에 묻힌 독립운동가 중에 유일하게 자신의 고향에 묻혔다. 1948년 8월에는 김구의 아들 김신이 중국에서 돌아오면서 이동녕 임시정부 초대 주석의 유해를 가져와 묻었다. 임시정부 비서장인 차리석과 군무부장 조성환의 묘역도 효창공원에 조성됐다. 김구도 1949년 암살돼 효창공원에 묻혔다.

그렇지만 효창공원 내 안중근 묘역은 빈 무덤이다. 1946년 김구 선생은 안중근의 유해가 봉환되면 안장하기 위해 빈 무덤을 만들었지만 74년이 지난 지금도 무덤의 주인은 돌아오지 못하고 있다. 의열사는 이곳에 묻힌 김구·백정기·윤봉길·이동녕·이봉창·조성환·차리석 영정을 모신 사당이다. 들어가면 선열 7명의 영정은 정면을 바라보고 있고 위패도 있지만, 무덤이 비어 있는 안중근 영정은 오른쪽에 따로 모셔져 있다.

이봉창 동상을 세운 동아일보

이봉창의 생애와 일왕에게 폭탄을 던지게 된 경위 및 취지가 일목요

연하게 정리된 약전은 동상 옆에 있다. 오석으로 된 판석에 글이 빽빽하
게 새겨져 있다.

나라가 일제에 의해 강점되었을 때 조국광복을 위해 목을 바친 이봉창
의사의 드높은 민족혼과 독립정신은 겨레의 가슴에 영원히 불타고 있
다. 의사는 1901년 8월 10일 서울 용산에서 태어났다. 의사는 원흉인
일왕 히로히토를 폭살 제거하는 일이 바로 일제의 침략과 만행을 전 세
계에 고발하고 응징하여 독립을 앞당기는 길이라 믿고 상하이로 건너
가 김구 선생에게 거사를 자청, 허락을 받았다. 1932년 1월 8일 도쿄에
서 관병식을 마치고 돌아가는 히로히토에게 폭탄을 던졌으나 목숨을
빼앗지 못하고 현장에서 체포되어 그해 10월 10일 이치가야 형무소에
서 교수형을 당해 32세 나이에 순국하였다. 의사의 위대한 애국사상과
독립정신을 기리고자 광복 50주년과 의거 및 순국 63주년을 맞이하여
여기 동상을 세운다.

1995년 11월 6일
이봉창의사 기념사업회 회장 김재홍
이봉창의사 동상건립위원회 회장 김병관
후원 동아일보사

약전 하단을 보면 동상을 세운 날짜와 함께 후원사로 동아일보사가
적혀 있고, 이봉창의사 동상건립위원회 회장으로 김병관(1934~2008)의
이름이 올라와 있다. 김병관은 동아일보 사장과 회장·명예회장을 지냈

고 고려대 법인인 고려중앙학원 이사장을 지낸 이다. 동상이 세워질 당시에는 동아일보 사주였다. 좌대 오른쪽에는 재정 후원을 한 사람과 단체를 새긴 '동상건립에 뜻을 모은 분' 표석이 세워져 있다. 포항제철 명예회장을 지낸 박태준 전 총리가 이봉창의사 의거 및 순국 60주년 기념사업회 회장을 맡았고 김석준 쌍용그룹 회장·현재현 동양그룹 회장·장치혁 고합그룹 회장·일민문화재단이 참여했다. 일민문화재단은 동아일보가 김병관 회장의 부친인 일민 김상만 선생(1910-1994)의 유지를 기리기 위해 1994년 설립한 재단이다. 두 기록을 보면 이봉창 동상 건립은 사실상 동아일보가 주도했다는 걸 확인할 수 있다.

동상 설계와 조각을 한 우호 김영중(又湖 金泳仲, 1926~2005)도 동아일보와 관련이 깊다. 김영중은 매헌초등학교 윤봉길 흉상과 어린이대공원 이승훈 동상, 소파 방정환 동상, 육영수 여사 흉상 등 82점의 각종 동상 작품을 남긴 조각계의 거물이다. 김영중은 1967년 동아일보사에 동아공예대전·동아국제판화비엔날레·동아미술제 개최를 건의했고 1974년에는 전라북도 부안군 부안 김상만 가옥에 김상만 회장 흉상을 만들었다. 김영중에게 이봉창 동상 조각을 맡긴 건 이런 인연이 작용한 것으로 보인다.

이봉창의 의거가 일어났던 1932년 1월 9일자 동아일보 호외 1면에는 동경발 기사로 "금일(8일) 오전 천황폐하께서 관병식 환행하옵시는 길에 앵전문(櫻田門) 외 경시청 앞에서 수척탄(수류탄)을 던진 자가 있었다. 범인은 곧 체포되었는데 조선 경성 출신 이봉창이다"라는 내용이 실렸다.

그 다음 날인 10일자 1면에는 '대불경 사건 돌발'이라는 제목으로 "폐하께서는 무사어환행(無事御還幸, 무사히 돌아옴)", "범인은 경성출신 이봉창"이라는 보다 상세한 내용을 게재했다. 동아일보의 보도는 일본 내무성의 발표를 그대로 실은 것이다. 동아일보사가 왜 이봉창 동상 건립을 주도했는지는 알 수 없다. 다만 60여 년 전 기사가 마음의 빚으로 남아 있었던 것은 아닌지 추론할 뿐이다.

제국주의의 심장 도쿄를 떨게 한 기개

이봉창의 일왕 암살 시도는 비록 실패했지만 군국주의로 치닫던 당시일본과 일본의 침략에 시달리던 중국, 그리고 식민지 조선을 발칵 뒤집어 놓은 사건이었다. 어느 누구도 일본 제국주의의 심장부 도쿄, 그것도일왕이 타고 있던 마차를 향해 폭탄을 던질 것이라고 상상하지 못했다. 일본의 침략에 시달리던 중국에서는 이를 크게 보도했다. 중국 국민당의 기관지 청도 민국일보는 "한인 이봉창이 일본 천황을 저격하였으나불행히도 명중하지 않았다"고 전했다. 일본에서는 경호 책임자 등에 대한 대대적인 문책이 단행됐다.

이봉창의 의거는 재정난으로 명맥만 이어가고 있던 대한민국 임시정부가 중국 장제스 정부의 도움을 받는 단초가 됐다. 이봉창이 없었다면우리가 알고 있는 독립운동사는 크게 바뀌었을 것이다. 이봉창의 의거는 대한민국으로 가는 문, 민족의 미래를 연 성공적인 거사였다.

제7장

서초·영등포 권역

양재동 시민의숲 매헌 윤봉길 의사 동상

-독립투사가 된 유학자 농민운동가

윤봉길(1908~1932)

윤봉길은 상하이 훙커우공원 폭탄 의거를 성공시킨 독립운동가이자 농민운동가다. 고향인 충남 예산 덕산초등학교에 입학했다가 자퇴하고 오치서숙에서 한학을 공부했다. 이후 농민계몽가 및 활동가로 일하면서 농촌사회활동에 주력했으며, 농민들을 가르치기 위해 1926년 『농민독본』을 저술했다. 조국을 위해 더 큰일을 하겠다는 신념으로 1930년에 만주로 망명했다가 1931년에는 상하이로 이동했다. 1932년 4월에 김구가 주도한 한인애국단에 가입한 후 훙커우공원에서 열린 천장절 행사에서 물통 모양 폭탄을 던졌다. 이로 인해 시라카와 일본군 대장이 숨지는 등 큰 피해를 입혔다. 그는 현장에서 체포돼 일본으로 이송된 후, 총살을 당했다. 1962년에 건국훈장 대한민국장이 추서됐다. 양재시민의숲공원에 있는 동상은 1992년 김영삼 전 대통령 주도로 건립됐다. 매헌초등학교에 있는 흉상은 2008년에, 양재시민의숲 역에 있는 흉상은 2018년에 설치됐다. 1972년 사적지로 지정된 충남 예산군 덕산면에도 그의 동상이 세워져 있다.

찾아가는 길

매헌 윤봉길 의사 동상을 보기 위해 2019년 4월과 8월 두 차례에 걸쳐 양재시민의숲을 방문했다. 양재시민의숲 버스정류장에서 내리면 윤봉길의 흔적이 물씬 풍긴다. 버스정류장에서 공원으로 건너가는 다리는 매헌교, 길 이름은 매헌로, 인근에 있는 초등학교 이름은 매헌초등학교다. '매헌(梅軒)'은 오치서숙에서 글을 가르치던 스승 매곡 성주록이 윤봉길에게 내려준 호다.

윤봉길의 생애를 보면 호를 아주 잘 지었다는 생각이 든다. '매헌'은 찬바람을 뚫고 꽃을 피워 세상에 맑은 향기를 가득 퍼뜨리는 매화의 모습이 고결한 인품을 가진 군자의 풍모를 닮았다 하여 붙여진 호다. 윤봉길의 스승인 매곡 선생이 자신의 호에서 '매(梅)'와 인근 홍성 출신의

양재동 시민의숲에 있는 윤봉길 의사 동상

큰 인물인 성삼문의 호 '매죽헌(梅竹軒)'에서 '헌(軒)'을 따왔다는 일화가 있다.

매헌교를 건너 공원 산책로를 따라 7~8분을 걸으면 매헌기념관이다. 매헌기념관에서 왼쪽으로 이동하면 윤봉길 의거 제61주년을 기념해 건립된 높이 2.14미터의 천추의열 윤봉길 의사 숭모비가 있다. 동상은 숭모비에서 10여 미터 떨어진 곳에 세워져 있다.

이 은혜 길이길이 우러러 보리

윤봉길의 눈은 부리부리하고 강하다. 지금 당장이라도 조선의 독립을 막 외칠 것 같다. 왼발은 정면, 오른발은 오른쪽으로 45도 틀어 꼿꼿하게 섰다. 왼손은 아래로 내려 살짝 구부린 채 주먹을 꽉 움켜쥐었다. 오른손은 앞으로 뻗어 눈높이까지 치켜들고 손바닥을 폈다. 손가락은 하늘을 향하고 있다. 턱은 살짝 들어 자연스럽게 하늘을 바라보고 있고 눈동자에는 흔들림이 없다. 굳게 다문 입, 뚜렷한 광대뼈, 넓은 이마, 가운데 가르마가 인상적이다. 한눈에 봐도 독립운동에 뛰어들어 25살 젊은 나이로 생을 마친 대한민국 청년의 기개가 돋보인다. 상하의 양복에 조끼를 입고 넥타이를 단정하게 맸다. 그 위에는 무릎까지 내려오는 긴 코트를 입었다. 코트의 깃은 세워져 있고, 오른팔을 들고 있어 코트 자락

윤봉길이 의거 후 끌려가는 모습을 표현한 동상의 부조

이 살짝 들려 있다. 바지에는 한 줄 주름이 잡혀 있다. 그 아래에는 당시 유행하던 끈 있는 구두를 신었다.

화강암으로 된 좌대 중앙에는 한자로 '매헌 윤봉길 의사 상'이라는 제호가 새겨져 있다. 중앙 좌대를 중심으로 왼쪽에는 윤봉길이 일본군에 끌려가는 장면이 부조로 조각되어 있고 오른쪽에는 윤봉길의 유시 〈홍구공원에서 푸른 풀을 밟으며〉가 새겨져 있다. 왼쪽 부조를 보면 긴 칼을 든 일본 헌병 간부가 윤봉길의 왼팔을 잡고 있고, 착검한 총을 든 다른 헌병이 남은 오른팔을 잡은 채 끌고 가고 있다. 이들 뒤에 있는 헌병은 착검한 총을 들고 주변을 경계하고 있다. 윤봉길은 긴 코트에 양복을 입었고 중절모를 왼손에 들고 있다. 거사 직후의 복장이다. 살짝 미소를 띤 채 오른쪽을 바라보고 있어 거사를 성공시켰다는 자부심이 느껴진다. 반면 일본 헌병은 입을 굳게 다문 심각한 얼굴이다. 윤봉길의 거사를 막지 못한 당황함이 역력하다. 화강암 부조 위에는 '이 은혜 길이길이 우러러 보리'란 글자가 새겨져 있다.

동상 조각은 심정수, 제호는 여초 김응현, 나머지 글씨는 구당 여원구 선생 작품이다. 심정수는 서울조각회회장·민족미술인협회 고문·서울조각회 이사 등을 지냈고 인하대학교와 숙명여자대학교 등에 출강했다. 춤 동작이나 바람, 추락했다가 튕겨 오르는 물체의 비상, 뒤틀린 인체 조각을 통해 시대상을 고발한 구상 조각 흐름의 대표주자다. 성균관대 자연과학캠퍼스 심산 김창숙 동상과 독립기념관 이육사 시비, 국립중앙도서관 책의 날 기념조각상 등의 작품이 있다. 글씨를 쓴 구당 여원구 선생은 동방연서회 회장·한국미술협회 고문·한국미술협회 부이사장·대한민국서예대전 심사위원장을 지냈다.

농민운동가에서 독립투사가 된 선비

윤봉길은 대한제국 말기인 1908년 충남 예산에서 태어났다. 1918년 덕산보통학교에 입학했다가 다음 해 자퇴했고 오치서숙에서 7년여 동안 매곡 성주록에게 한학을 배웠다. 1926년에 서숙생활을 마친 후에는 독학으로 일본어를 배우고 신학문을 익혔다.

한 청년이 자기 아버지의 묘를 찾는다고 공동묘지 팻말을 모두 뽑아

윤봉길 동상 좌대에 새겨진 『농민독본』의 일부

들고 와서 "글을 아느냐"고 묻는 것을 듣고, 윤봉길은 이런 무지가 나라를 일본에 빼앗기는 원인이 됐다고 탄식했다. 이를 계기로 그는 농촌계몽운동에 뛰어들었다. 1970년대 새마을운동과 비슷한 활동이 한 선각자에 의해 일제 강점기 때 충남 예산을 중심으로 진행되었다. 윤봉길은 19세에 야학당을 개설한 데 이어 각곡독서회를 조직해 문맹 퇴치운동과 농민계몽운동을 펼쳤다. 그 뒤에는 목계후생회를 통해 증산운동·영농기술 개발과 보급·양돈과 양잠 권장·생활환경 개선에 나섰고, 월진회(月進會)를 통해 농촌 부흥과 구국독립을 꾀했다. 이밖에 수암체육회를 만들어 청년들의 협동심을 기르고 패기를 북돋우기 위해 노력하기도 했다.

인생은 자유의 세상을 찾는다.
사람에게 천부의 자유가 있다.
머리에 돌이 눌리우고 목에 쇠사슬이 걸린 사람은
자유를 잃은 사람이다.

자유의 세상은 우리가 찾는다.
자유의 생각은 귀하다.
나에 대한 생각 민중에 대한 생각 개인의 자유는
민중의 자유에서 나아진다.

농민은 인류의 생명창고를 그 손에 잡고 있습니다.
우리 조선이 돌연히 상공업 나라로 변하여

하루아침에 농업은 그 자취를 잃어버렸다 하더라도

이 변치 못할 생명창고의 열쇠는 의연히

지구상 어느 나라의 농민이 잡고 있을 것입니다.

　동상 뒤편 오른쪽 좌대에는 윤봉길이 농민계몽활동을 할 때 쓴 책인
『농민독본』에서 발췌한 글이 새겨져 있다. 글 전반부는 농민독본 3권 '자
유'에서, 후반부는 '농민'에서 인용했다. 『농민독본』은 1927년 20세의 윤
봉길이 농민들을 가르치기 위한 야학교재로 만든 것이다. 총 3권인 농
민독본은 1권 〈조선글편〉, 2권 〈계몽편〉, 3권 〈농민의 앞길편〉으로 구
성됐다. 1권은 농민들에게 한글을 가르치기 위해 만든 것으로 한글철자
법이 수록되어 있고, 2권은 관혼상제 인사말 등 각종 예절과 편지 작성
법, 조선 지도, 구구단으로 구성되어 있다. 3권에는 양반과 농민, 자유,
조선의 농업, 공동생산 등 농업의 중요성을 강조하고 농민을 자각시키
는 내용이 담겨 있다.

　윤봉길이 고향을 떠나게 된 이유는 야학교 운영에 대한 일제의 탄압
때문이었다. 윤봉길이 학생들에게 애국사상을 고취하고 있다는 정보를
입수한 일본 경찰은 그를 체포했고, 이후 3주간 구속과 함께 야학교 폐
쇄 결정을 내렸다. 그러자 그는 1930년 3월 농촌계몽운동보다 조국을
위해 직접 목숨을 바치겠다는 각오로 고향을 떠났다.

　중국으로 가는 도중 선천에서 미행하던 일본 경찰에 발각되어 45일간
옥고를 치렀고, 그 뒤에는 중국 칭다오(青島)로 건너가 1931년 여름까지

1년간 세탁소 직원으로 일했다. 윤봉길이 더 큰 뜻을 펼치기 위해 상하이에 도착한 건 1931년 8월이었다. 상하이에 도착한 그는 김구를 만나 자기의 내력과 상하이에 온 목적을 알렸다.

대한민국 독립운동사의 쾌거, 홍커우공원 의거

윤봉길은 1932년 4월 29일 홍커우(虹口)공원에서 대한민국 독립운동사에 큰 족적인 폭탄 투척을 성공시켰다. 1932년 봄 상하이에서 임시정부를 이끌던 백범 김구와 상하이로 와서 채소장사를 하며 기회를 노리던 윤봉길의 합작품이었다. 윤봉길은 일왕의 생일인 천장절 기념행사가 열리는 홍커우공원에 일본인만이 참석할 수 있으며 참석자들에게는 도시락 1개와 물통이 허용된다는 상하이 일일신문의 보도를 봤다. 이에 윤봉길은 김구에게 의열투쟁을 자원했고, 김구는 조선인 출신으로 상하이 병공창에서 중국군 장교로 복무하고 있던 김홍일을 통해 폭탄을 입수했다. 도시락과 물통 폭탄은 중국인 폭탄기술자 왕바이슈가 만들었다.

의거 이틀 전인 1932년 4월 27일 윤봉길은 상하이 임시정부 산하 비밀결사대인 한인애국단에 가입했다. 입단선서식은 김구의 최측근이자 안중근의 동생인 안공근의 집에서 열렸다. 안공근은 김구의 지시에 따라 한인애국단을 실질적으로 지휘하고 있었고, 그의 집은 애국단 본부였다. 선서식에는 윤봉길과 김구, 안공근, 그리고 안공근의 차남인 안낙생이 기록자로 참석했다. 윤봉길은 단장 김구 앞에서 "나는 적성(赤誠)으로써 독립과 자유를 회복하기 위하여 한인애국단의 일원이 되어 중국을 침략하는 적의 장교를 도륙(屠戮)하기로 맹세하나이다"라고 선서문을 낭독했다. 이어 태극기를 배경으로 가슴에 선서문을 달고 왼손에는 수류탄, 오른손에는 권총을 들고 사진을 찍었다. 다시 양복 차림으로 한 장, 또 김구와 함께 한 장을 더 찍었다.

의거 당일 윤봉길은 성인 남자의 손바닥만 한 크기의 저격용 물통과 자결용 도시락 폭탄을 들고 무사히 행사장에 입장했고, 일왕 생일 축하 열기가 한창일 때 단상을 향해 물통 폭탄을 던졌다. 폭탄이 터지면서 일본군 시라카와 대장과 거류민 단장 가와바타가 사망했고 제3함대 사령관 노무라 중장과 제9사단장 우에다 중장, 주중공사 시게미쓰, 상하이 총영사 무라이가 크게 다쳤다.

현장에서 체포된 윤봉길은 5월 25일 상하이 일본 군법회의에서 사형을 선고받았다. 그해 11월 18일 우편선 다이요마루 편으로 일본으로 이송돼 오사카 위수형무소에 수감됐다. 군법처 회의에서 사형이 확정된 윤봉길은 12월 17일 육군 가나자와 형무소로 이송됐으며 12월 19일에 총살됐다.

윤봉길의 두 아들 그리고 장손녀인 윤주경 미래통합당 의원

좌대 오른쪽에 새겨진 〈홍구공원에서 푸른 풀을 밟으며〉는 윤봉길이 물통 폭탄을 던지기 이틀 전인 1932년 4월 27일 현장을 답사하고 지은 유시(遺詩)다. 윤봉길이 폭탄을 던졌던 홍커우공원은 지금은 루쉰(魯迅)공원으로 이름이 변경됐다. 김구는 사전 답사를 마치고 돌아온 윤봉길에게 "최후를 앞두고 경력과 감상 등을 써달라"고 부탁했다.

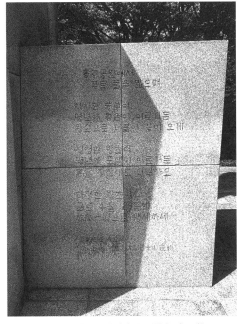
윤봉길의 유시, 〈홍구공원에서 푸른 풀을 밟으며〉

윤봉길은 평소 갖고 다니던 작은 수첩에 시를 썼다. 시를 읽으면 의거를 앞둔 그의 마음이 절절하게 느껴진다. '방초(芳草)'의 원래 뜻은 '향기롭고 아름다운 풀'이다. 그러나 이 유시에서 방초는 홍커우공원의 푸릇푸릇한 잔디를 빗댄 말이 되었다. 이 시는 밟히고 밟혀도 다시 일어나는 잔디의 경이적인 생명력에 자신을 빗대어 쓴 거사가(擧事歌)다. 윤봉길은 방초에게 "명년에 춘색이 이르거든 고려(高麗) 강산에도 다녀가오"라고 했다. 고향 고려에 다녀오라는 건 자신은 살아서 조국 땅에 갈 수 없다는 의미로 해석된다. '방포(放砲)'는 포나 총을 쏜다는 뜻이다. 이틀 뒤 윤봉길은 유시에 쓴 대로 홍커우공원에서 방포했다.

홍구공원에서 푸른 풀을 밟으며

처처한 방초(芳草)여
명년에 춘색(春色)이 이르거든
왕손으로 더불어 같이 오게

청청한 방초여
명년에 춘색이 이르거든
고려(高麗) 강산에도 다녀가오

다정한 방초여
금년 4월 29일에
방포(放砲) 일성(一聲)으로 맹세하세

   윤봉길은 이 시 외에 〈백범 선생에게〉라는 유시와 죽은 뒤의 일을
부탁하는 유촉시(遺囑詩) 두 편을 더 남겼다. 보물 556호로 지정된 유촉
시 〈강보(襁褓)에 싸인 두 병정(兵正)에게〉는 죽음을 결심한 스물다섯
청년이 두 아들에게 쓴 시다. 첫째 아들은 고작 세 살이었고, 둘째는 아
내의 뱃속에서 태어나기도 전이었다.

강보(襁褓)에 싸인 두 병정(兵正)에게

너희도 만일 피가 있고 뼈가 있다면
반듯이 조선을 위해 용감한 투사가 되어라
태극의 깃발을 높이 드날리고
나의 빈 무덤 앞에 찾아와 한잔 술을 부어 놓으라
그리고 너희들은 아비 없음을 슬퍼하지 말아라
사랑하는 어머니가 있으니

어머니의 교양으로 성공한 사람들을 동서양 역사에서 보건대
동양에는 문학가 맹자가 있고
서양에는 프랑스 혁명가 나폴레옹이 있고
미국에는 발명가 에디슨이 있다.

바라건대 너희 어머니는 그의 어머니가 되고
너희들은 그 사람이 되어라.

윤봉길은 두 아들에게 독립투사가 될 것을 주문했다. 강보에 있던 두 병정 중 큰 아들 윤종은 살아남았지만 둘째였던 윤담은 2살 때 영양실조로 사망했다. 2020년 4월 15일 21대 총선에서 미래한국당(지금은 미래통합당과 합당되었다) 비례대표로 국회의원이 된 윤주경 전 독립기념관장이 윤종의 맏딸이다. 윤봉길에게는 장손녀가 된다.

윤봉길과 그를 선양한 박정희와 전두환, 그리고 김영삼

해방이 된 후 대한민국이 탄생했지만, 윤봉길은 자유당 이승만 정권에서 독립운동가로서 적절한 대우를 받지 못했다. 윤봉길이 독립유공자로 건국훈장 대한민국장을 받은 건 1962년 박정희 정권이 들어선 후다. 그 후 윤봉길의 고향인 충남 예산군 덕산면에 윤봉길 의사 사적지가 조성되는 등 선양사업이 본격화됐다. 예산 덕산면에는 윤봉길 의사의 영정을 모신 사당인 충의사와 기념관, 복원된 생가, 동상 등이 들어섰다. 충의사의 현판은 1968년에 조성될 때 박정희 전 대통령이 화선지에 쓴 글씨를 새긴 것이었다. 그러나 2005년 박정희에 반대하는 단체가 현판을 도끼로 쪼개면서 원형이 훼손됐다.

서울 양재동에 있는 매헌 윤봉길의사기념관은 1988년 12월 1일 완공됐다. 지하 1층, 지상 3층 규모인 기념관은 매헌 윤봉길 의사 의거 55주년 기념사업회(회장 김상만)가 주도해 세웠다. 윤봉길의사기념관에는 삼성그룹 이건희 회장과 현대그룹 정세영 회장 등이 활동하던 전국경제인연합회가 성금을 냈으며 전두환 전 대통령과 화가 천경자 등이 특별헌금을 냈다는 기록이 남아 있다. 전두환 전 대통령의 퇴임은 1988년 2월이고 기념관 완공은 12월이다. 전두환이 퇴임한지 10개월 후에 기념관이 완공됐다. 하지만 양재 시민공원 조성과 기념관 건립에 대규모 토지와 비용이 소요된 점을 감안하면, 전두환의 내락 없이는 추진되기 어려웠을 사업이다. 공사기간 등을 살펴볼 때 전두환 시대에 기념관 건립이 추진된 게 확실하다.

양재시민의숲에 있는 윤봉길 동상

양재시민의숲에 윤봉길 동상 건립을 주도한 사람은 매헌 윤봉길 의사 의거 제60주년 기념사업회 추진위원장이었던 김영삼(1927~2015) 전 대통령이다. 김영삼은 1992년 4월 제막식에서 "우리 국민의 성숙된 지혜와 역량으로 민족의 염원인 번영된 통일 민주국가를 건설해 21세기 세계사에 우뚝 서는 것이 윤 의사의 거룩한 뜻을 이 시대에 구현하는 길"이라고 말했다. 그리고 김영삼은 그해 12월 치러진 14대 대통령 선거에서 승리했다. 1994년 중국 상하이 훙커우공원에 2층으로 된 윤봉길 의사 사당을 건립하는 등 김영삼은 대통령이 된 후에도 윤봉길에 대해 지속적인 관심을 표했다. 측근 김덕룡 전 의원도 윤봉길기념사업회 회장을 지내면서 매헌기념관 인근 초등학교 이름을 매헌초등학교로 정하는 데 기여하는 등 윤봉길 선양에 앞장섰다.

선비 윤봉길과 장부출가생불환(丈夫出家生不還)

해방 후인 1946년 5월, 아리요시 공사 암살기도사건에 연루돼 체포돼 복역했던 이강훈이 일본에서 윤봉길의 유해를 찾는 작업을 시작했다. 이강훈은 도쿄 서북쪽 이시카와 현의 현청 소재지인 가나자와 공동묘지에서 윤봉길의 유해를 찾았다. 거사 당시 입었던 자색 양복과 검정 구두, 중절모도 함께 발견됐다. 그해 5월 환국한 윤봉길의 유해는 7월 7일 수십만의 인파가 운집한 가운데 이봉창·백정기의 유해와 함께 광복 후 처음으로 서울운동장에서 국민장을 치르고 효창공원 삼의사 묘역에 안장됐다.

윤봉길은 1918년 덕산보통학교에 입학한지 1년 만에 그만두고 1926년까지 오치서숙에서 한학을 공부했다. 조선이 망하지 않았다면 과거를 보고 관료가 되거나 선비의 길을 걸었을 것이다. 윤봉길은 고향 예산을 떠날 때 '장부출가생불환(丈夫出家生不還)'이란 글을 남겼다. "장부가 뜻을 품고 집을 나가면 살아서는 돌아오지 않는다"는 뜻이다. 식민지 조선에서 한학을 공부했던 윤봉길은 독립투사의 길을 걸었고 자신의 말대로 뜻을 이룬 후 죽어서 한국 땅으로 돌아왔다. 윤봉길의 그런 희생이 공화국 대한민국을 탄생시켰다.

매헌초등학교 및 양재시민의숲 역 윤봉길 흉상

-한·중·일 3국을 뒤흔든 윤봉길의 폭탄

찾아가는 길

서울의 낮 기온이 35.9도로 한여름 폭염이 계속되던 2019년 8월 초에 서울 서초구 매헌초등학교를 찾았다. 지하철 양재시민의숲역에서 양재 근린공원 방향으로 5분여를 가면 된다. 매헌초등학교는 양재 근린공원의 울창한 숲과 근린공원 안에 있는 운동장을 담장으로 삼고 있어 시원한 느낌을 준다. 한여름인데도 운동장에서는 축구교실에 참가 중

매헌초등학교 윤봉길 흉상

인 학생들이 편을 나눠 경기를 하고 있었고 트랙에서는 조깅을 하는 학생들이 여럿이었다.

윤봉길 흉상은 매헌초등학교 안에 있다. 학교에 출입하려면 학교 보안관에게 출입 목적을 말하고 교무실에 연락을 한 후 허락을 받아야 하는 절차가 필요하다. 다만 방학 중이라 특별한 제한 없이 학교에 들어갈 수 있었다. 흉상은 학교 건물에서 양재 근린공원으로 연결되는 진출입

로 초입에 설치되어 있다. 옆에는 학생들이 자연학습에 이용하는 텃밭
이 조성돼 있어 옥수수를 비롯한 각종 작물이 자라고 있었다.

부식된 녹이 흘러내린 매헌초등학교 윤봉길 흉상

윤봉길 흉상은 얼굴은 그대로 살리고 가슴 부분에서 자른 인물상으로
양복에 와이셔츠를 입은 뒤 넥타이를 맨 정장 차림이다. 얼굴은 호리호
리하고, 머리는 올백 스타일로 뒤로 단정히 빗어 넘겼다. 콧날이 오뚝하
고 눈썹이 짙으며 이마는 시원하게 표현됐다. 눈에 거슬리는 건 입 주변
이 보기 흉하게 변색됐다는 점이다. 관리가 제대로 되지 않았는지 입술
과 인중, 턱 부분이 모두 시커멓게 변색되어 있다. 부식된 녹이 턱을 넘
어 목까지 내려오고 있다. 화강암 좌대 정면에는 세로로 '매헌 윤봉길 의
사 상'이라는 한글로 쓴 오석판이 부착되어 있다. 하지만 좌대 옆에 심은
측백나무 두 그루가 흉상 어깨높이까지 자라 제호 중에 마지막 두 글자
는 아예 보이지 않는다. 이대로 두면 곧 제호 전체를 가릴 것 같다.

흉상 주위에는 윤봉길 의사가 누구인지 알려주는 표석이나 안내문도
설치되어 있지 않다. 흉상을 만든 작가가 누구인지도 따로 없다. 다만
흉상 뒤 목 부근에 '김영중 작'이라는 글씨가 남아 있어 작가는 누군지
추정이 가능하다. 김영중(1926~2005)은 한국 현대 조각 1세대로 세종문
화회관 외벽의 석부조 '비천상', 독립기념관의 '강인한 한국인 상', 광주
비엔날레 상징 '경계를 넘어' 등의 작품을 남긴 인물이다.

녹물이 흐르고 무성해진 나무가 제호를 가리고 있다

국가보훈처 기록을 보면 흉상은 2008년 4월 23일 윤봉길 의사 탄신 100주년 기념사업회 주관으로 설치됐다. 제막식에는 김학준 기념사업회장과 김덕룡 의원 등 관계자 30여 명이 참석했다. 그런데 설치된 지 불과 10여 년밖에 지나지 않았는데도 관리가 제대로 안 되고 있다. 흉상을 설치한 건 윤봉길의 나라사랑 정신을 후세에게 알려주기 위해서였을 텐데, 아이들에게 무얼 가르치고 있는지 안타깝다.

한층 더 강의한 사랑 양재시민의숲 역 흉상

발길을 돌려 매헌초등학교와 가까운 신분당선 양재시민의숲 역으로 향했다. 지상에서 역사 에스컬레이터를 타고 내려가 승강장 방향으로 가면 윤봉길 의사 흉상과 어록이 설치되어 있다. 흉상은 오석 기단 위에

양재시민의숲 역에 있는 윤봉길 의사 흉상과 어록

양복과 와이셔츠, 넥타이를 맨 상반신 상이다. 매헌초등학교에 있는 흉상과 같은 모양이다. 왼쪽에는 세로로 윤봉길이 쓴 '장부출가생불환'과 이를 해석한 "장부가 뜻을 품고 집을 나가 살아서는 돌아오지 않는다"는 글이 적혀 있다. 오른쪽에는 윤 의사가 1930년 10월 18일 중국 칭다오에서 어머니에게 쓴 편지 일부를 발췌한 '한층 더 강의한 사랑'이 쓰여 있다. '강의(剛毅)'는 의지가 굳세고 강직하여 굽힘이 없다는 뜻이다. 칭다오는 윤봉길이 중국으로 망명한 후 처음 정착했던 곳이다. 그곳에서 윤봉길은 세탁소에서 일했다.

한층 더 강의(剛毅)한 사랑

사람은 왜 사느냐.
이상을 이루기 위하여 산다.
보라! 풀은 꽃을 피우고 나무는 열매를 맺는다.
나도 이상의 꽃을 피우고 열매 맺기를 다짐하였다.

우리 청년 시대에는 부모의 사랑보다
형제의 사랑보다 처자의 사랑보다도
더 한층 강의한 사랑이 있는 것을 깨달았다.
나라와 겨레에 바치는 뜨거운 사랑이다.

나의 우로(雨露, 비와 이슬)와 나의 강산과 나의 부모를
버리고라도 그 강의한 사랑을 따르기로

결심하여 이 길을 택하였다.

윤봉길은 "나의 강산과 나의 부모를 버리고라도 그 강의한 사랑을 따르기로 결심"하였다고 썼다. 시 곳곳에서 그의 의지가 얼마나 강한지가 묻어난다. 흉상과 어록은 신분당선 운영사인 네오트랜스와 매헌 윤봉길 의사 기념사업회가 윤 의사 탄생 110주년을 맞아 2018년 8월 27일에 설치했다. 제막식에서 네오트랜스 정민철 사장은 "이번에 설치된 흉상은 유명 조각가 김영중의 작품으로 윤봉길 의사의 뜻이 널리 알려지도록 노력하겠다"고 말했다.

강국(일본)도 나뭇잎처럼 자연도태의 시기가 올 것이다

지난 2001년 동아일보는 상하이 의거 후 일본으로 압송된 윤봉길을 상대로 진행된 일본 내무성 신문보고서를 입수해 공개했다. 이를 보면 윤봉길이 어떤 생각을 갖고 상하이 홍커우공원 의거를 했는지 알 수 있다. 윤봉길은 강국(일본)도 나뭇잎처럼 자연도태의 시기가 올 것이라고 전망했다.

현재 조선은 실력이 없기 때문에 적극적으로 일본에 반항하여 독립하기가 불가능하다. 만약 세계대전이 발발하여 강국(일본을 지칭)이 피폐될 날이 도래하면 그때 조선은 물론 각 민족이 독립을 얻을 것이다. 현재의 강국도 나뭇잎처럼 자연도태의 시기가 올 것이 필연적이어서 우리 독립운동자는 국가성쇠의 순환을 앞당기는 역할을 하게 될 것이다. 물론 한두 명의 상급군인을 살해한다고 하여 독립이 쉽게 이루어지지는 않는다. 따라서 이번 사건과 같은 것도 독립에 직접적인 효과가 없다는 것은 잘 알고 있다. 단지 목적으로 하는 것은 이것이 계기가 되어 조선인의 각성을 촉구하고 또한 세계로 하여금 조선의 존재를 명료하게 알리는 데에 있다. 현재 세계지도에서 조선은 일본과 같은 색깔로 칠해져 각국인은 조선의 존재를 전혀 알지 못하는 상황에 있다. 따라서 이 기회에 조선이라는 관념을 그들의 뇌리에 깊이 새겨주는 것은 앞으로 우리의 독립운동에 있어서 결코 헛되지 않다는 것을 믿는다.

1932년 대만과 조선을 식민지로 삼고 만주를 장악한 제국주의 일본의 국력은 최고에 달했다. 제1차 세계대전 참전국이 아니었던 일본은 전쟁을 하던 유럽 강대국에 각종 군수물자 등을 팔면서 막대한 부를 축적했고, 이후 영국과 미국과 함께 세계 3대 강국이라고 자랑할 정도로 국력이 막강해졌다. 이를 바탕으로 일본은 1931년 9월 만주사변을 일으켜 중국 북동부를 점령했으며 1932년 3월 1일에는 만주국을 세워 청의 마지막 황제 푸이를 집정에 앉히는 등 만주 일대를 완전히 장악했다. 1937년 7월에는 중일전쟁을 일으켜 중국 본토 정복에 나섰고, 1941년 12월 7일에는 하와이를 공격하면서 태평양전쟁을 시작했다. 그러나 승승장구하던 일본은 미국과의 전쟁에서 패배하면서 몰락했다.

한·중·일 3국을 뒤흔든 물통 폭탄

윤봉길이 던진 물통 폭탄은 전 세계에 조선의 독립의지를 알린 일대

사건이었다. 중국 장제스 총통은 "중국의 백만 대군도 못할 일을 한 명의 조선 청년이 해냈다"고 감격하며 한국의 독립운동을 전폭 지원하게 됐다. 이로써 오랜 침체기에 빠졌던 대한민국 임시정부가 기사회생할 수 있었다. 장제스 총통의 지원으로 인해 임시정부가 활동을 재개하면서 다시 독립에 대한 의지를 다질 수 있었던 것이다. 순국 13년 만에 윤봉길의 말대로 일본은 자연도태의 시기를 맞았고 조선은 독립했다.

양재시민의숲 역에 있는 윤봉길 의사 흉상

윤봉길의 물통 폭탄은 단순한 폭탄이 아니었다. 그 폭탄은 한·중·일 3국을 흔든 촉매제였다. 윤봉길은 자신의 저서 『자유론』에서 "사람에게 천부의 자유가 있다. 머리에 돌이 눌리우고 목에 쇠사슬이 걸린 사람은 자유를 잃은 사람이다. 자유의 세상은 우리가 찾는다. 자유의 생각은 귀하다. 개인의 자유는 민중의 자유에서 나온다"고 말했다. 이처럼 윤봉길의 자유 쟁취 의지는 강렬했다. 그런 그의 자유의지가 공화국 대한민국으로 가는 길을 열었다.

문래공원 박정희 전 대통령 흉상

-대한민국 건국의 위인과 그들을 서훈한 박정희

박정희 (1917~1979)

대한민국 국가재건최고회의 의장이자 제 5·6·7·8·9대 대통령을 역임한 정치가이자 군인이다. 대구사범학교를 졸업하고 교사 생활을 하다가 만주군관학교와 일본 육사를 졸업했다. 만주군 중위인 상태에서 해방을 맞았고, 이듬해인 1946년에 귀국하여 육사 2기로 임관했다. 좌익사건에 연루되어 사형 위기에 처했으나 주위의 도움으로 무사히 군에 복귀했다. 2군 부사령관이던 1961년 5월 16일, 5·16 군사정변으로 정권을 장악했다. 집권기간 동안 고도성장을 이뤄 국가의 부를 늘렸지만 한편으로는 독재로 국민들을 억압한 독재자이기도 했다. 사실상 박정희 시대에 건국에 기여한 독립유공자 서훈이 시작됐다. 1961년 군사원호청(현 국가보훈처)을 설치해 1962년 3월 1일부터 포상을 실시하기 시작했다. 건국훈장 대한민국장 수여자 30명 중 25명, 건국훈장 대통령장 수여자 92명 중 72명, 건국훈장 국민장 수여자 822명 중 525명이 박정희 정부 시절 이뤄진 것이다. 1963년에 무궁화대훈장을 받았다. 영등포 문래공원에 설치된 흉상은 1966년 홍익대가 제작하여 기증했다.

찾아가는 길

2018년 10월, 육군 6관구사령부 주둔지였던 영등포 문래공원에 세워져 있는 박정희 흉상을 처음으로 찾았고 10개월 후인 2019년 8월, 그리고 11월에 다시 흉상을 방문했다. 박정희 흉상은 문래공원 북쪽 끝인 구립경로당 건물 앞에 세워져 있다. 1985년에 문래공원에 주둔하던 부대가 철수하면서 일반인에게 공개됐다.

문래공원에서 박정희 흉상은 유령 같은 존재다. 공원 종합안내도 어디에도 흉상이 있다는 사실이 나와 있지 않고, 흉상을 안내하는 표지판도 없다. 그래서 처음 방문했을 때는 흉상을 찾느라 공원 안을 한참 돌아다녀야 했다.

주변에도 공식적으로 흉상의 주인공이 누구인지를 알려주는 내용은 아무것도 없다. 다만 박정희 대통령 흉상보존회가 세운 태극기와 새마을 깃발, 그리고 경고 문구가 흉상의 주인공이 누구인지 짐작하게 한다. 이처럼 문래공원에서 흉상의 존재가 가려진 건 흉상에 대한 잇따른 테러 때문이다. 박정희 흉상은 지난 2000년 11월 민족문제연구소에 의해 기습 철거되어 홍익대로 옮겨졌고, 2016년에는 붉은 스프레이 래커로 난사당하기도 했다. 박정희 흉상은 그의 파란만장한 운명만큼이나 많은 시련을 겪었고 앞으로도 그럴 가능성이 높다.

영등포 문래공원에 있는 박정희 흉상

칼을 뽑아 창공(蒼空)을 향하여 성화(聖火)를 높이 들다

　박정희 흉상은 푸른 군복에 별이 두 개 달린 군모를 쓴 전형적인 군인의 모습이다. 상반신의 각진 군복 옷깃에도 소장 계급장이 달려 있다. 군복을 가로지르는 가죽 띠는 권총 멜빵이며, 하단은 권총을 넣을 수 있는 권총집으로 연결된다. 매섭게 빛나는 눈과 굳게 다문 입과 턱선, 깡마른 광대뼈가 인상적이다. 눈가에 있는 잔주름 등 얼굴 표정을 상세하게 묘사했다.

흉상 뒷모습과 동판

　흉상은 1961년 6월 12일 서울운동장에서 열린 국가재건 범국민운동 촉진대회에 참석한 박정희의 모습과 가장 유사하다. 행정안전부 산하 국가기록원에 남아 있는 사진을 보면 박정희는 육군 소장 군복에 왼쪽 허리에는 권총 멜빵에 연결된 리볼버 권총을 차고 있다. 서울운동장은 박정희가 5·16 이후 처음으로 공개된 장소에서 선글라스를 벗은 곳이다. 서울운동장은 1925년 10월에 준공한 종합경기장으로, 동대문운동장으로 사용되다 철거돼 현재는 동대문역사문화공원과 동대문디자인 플라자로 바뀌었다.

흉상을 떠받치고 있는 화강암 좌대의 높이는 1.8미터다. 정면에 한자로 '5·16 혁명 발상지(五·一六 革命 發祥地, 1995년 군사정변으로 정정되었다)'라는 글씨가 동판에 새겨져 있고, 좌우에는 청동으로 된 횃불 부조가 부착되어 있다. 흉상을 세운 취지는 동판에 새겨져 좌대 뒤에 설치되어 있다. 흉상에 가까이 갈 수 없도록 울타리가 쳐져 있어서 박정희 기념도서관 책자와 언론에 보도된 기사 등을 참조해 동판 내용을 확인했다.

동판에 새겨진 글은 연도와 날짜를 빼면 모두 71자의 짧은 글로, 한글과 한자를 혼용하여 썼다.

> 뿌리 깊은 나무는 바람에 아니 흔들리나니 차마 不正(부정) 不義(불의) 無能(무능)을 볼 수 없었다. 나라를 구하려는 一片丹心(일편단심) 沈着(침착) 勇斷(용단) 果敢(과감) 결연히 이곳에 칼을 뽑아 蒼空(창공)을 향하여 聖火(성화)를 높이 들다.
>
> 1966년 7월 7일

동판의 글은 짧지만 박정희가 5·16 군사정변을 왜 일으켰고 무슨 문제 인식을 갖고 있었는지를 핵심적으로 표현했다. 문구상 '뿌리 깊은 나무'는 박정희를 지칭한다. '不正(부정)', '不義(불의)', '無能(무능)'이란 단어는 그가 일으킨 군사정변의 이유를 상징적으로 보여준다. '不正(부정)'과 '不義(불의)'라는 단어는 이승만 정권 당시의 3·15 부정선거를, '無能

(무능)'은 민주당 집권기의 각종 실정을 지적하는 말이다. '결연히 이곳에 칼을 뽑아 蒼空(창공)을 향하여 성화를 높이 들다'는 좌대 정면에 있는 〈5·16 혁명 발상지〉와 연결된다. 이곳은 박정희가 5·16 군사정변을 일으킨 6관구사령부 자리다.

박정희 흉상은 6관구사령부 훈련대장이던 박하철 중령의 의뢰를 받은 홍익대학교가 제작해 기증했다. 조각은 한국조각가협회 초대 회장·대한민국미술전람회 초대작가·아시아반공미술전 최고상·국전 초대작가상을 수상한 홍익대 조소과 최기원(崔起源) 교수 작품이다. 최기원 교수는 서울어린이대공원 을지문덕 장군 동상과 국립묘지 현충탑, 장충공원 최현배 선생 기념비 등 역사인물의 동상과 기념조형물을 다수 조각했다. 좌대 뒤 동판 글은 역사소설가로 유명한 월탄 박종화가 지었고 글씨는 소전 손재형(孫在馨)이 썼다.

문래동 육군 6관구사령부와 박정희

문래공원은 과거 육군 6관구사령부가 있던 자리이다. 박정희는 이곳에서 5·16 군사정변을 성공시켰다. 1954년 창설된 6관구사령부는 현재의 수도방위사령부에 해당하는, 서울 방위를 책임진 우리 군의 핵심 부대였다. 1961년 당시 6관구는 대구에 있는 2군사령부 예하부대로 현재 편제로 보면 군단급 부대였다. 6관구 예하에 경기도 수색에 주둔한 30사단(현 30기계화보병사단), 경기도 부평 33사단(현 17보병사단)이 편제되어 있었다. 6관구사령관은 군사적으로도 중요했지만 국회의원 및 서울지

역 언론과 접촉이 가능한 정치적인 자리로 아무나 올 수 있는 자리가 아니었다. 1958년 3월 소장으로 진급한 박정희는 강원도 원주에 있는 1군사령부 참모장으로 재직하다 1959년 7월 1일자로 6관구사령관으로 이동했다. 이어 1960년 1월 21일 부산에 창설된 초대 군수기지사령부 사령관으로 전보됐고, 1961년 5월에는 2군 부사령관으로 다시 이동했다. 박정희가 2군 부사령관이 된 것은 군사정변 성공에 결정적인 요인 중 하나다. 박정희는 소요 사태 진압 계획인 비둘기 작전 등을 이유로 예하 부대인 6관구에 올 수 있었다. 1961년 5월 15일 오후 군사정변 참여 부대인 30사단에서 정보가 누설됐지만, 그날 저녁 박정희는 신당동 집을 출발해서 지휘부가 있던 6관구사령부 벙커까지 무사히 이동하는 데 성공했다.

박정희는 6관구사령부로 자신을 체포하러 온 헌병 지휘관을 설득해 정변에 동참시키면서 위기에서 벗어났다. 6관구 벙커에서 군을 지휘하던 박정희는 5월 16일 새벽 2시쯤 벙커를 출발해 해병대·공수단 병력과 함께 한강 다리를 건넌 후 정권을 장악했다.

6관구사령부 벙커 출입구

박정희 흉상에서 10여 미터 떨어진 어린이놀이터 바로 옆에 언덕처럼 보이는 곳이 역사의 무대가 됐던 6관구사령부 벙커다. 2호선 문래역 에스컬레이터를 타고 올라오면 인도로 연결되는 지점 옆이다. 흉상과 마찬가지로 벙커 입구나 주위에는 아무런 표시나 설명이 없다. 문이 잠긴 벙커의 출입구는 흰색으로 도색되어 있지만 페인트가 군데군데 떨어져 나갔다.

벙커 위로 가면 철조망으로 얼기설기 막아 놓은 여섯 개의 환기구가 있고, 그 사이로 아름드리 나무가 굵은 뿌리를 내리면서 벙커에 파고들고 있다. 한국 현대사에 있어 중요한 역사적 무대였던 6관구사령부 벙커는 그렇게 훼손된 채 방치되고 있다.

역사에서 사라져 버린 6관구사령부

문래공원에서 이 자리가 군부대였다는 사실을 유일하게 알려주는 건 수도군단사령부 창설지 표석이다. 화강암으로 만든 표석은 공원 중간 부분에 있는 공원을 동서로 가로지르는 도로에서 약간 왼쪽 공터 부근에 세워져 있다. 화살표 모양의 충의대 부대 마크를 만들고 그 아래 동판을 부착했다. 좌대 역시 화강암으로 제작됐다. 높이는 1미터 남짓 되는, 그리 크지 않은 표석이다. 표석에는 수도군단 부대 창설 역사와 함께 안양으로 이전했다는 내용이 새겨져 있다.

수도군단사령부 창설지

이곳은 1974년 3월 1일 대한민국 육군수도군단의 전신인 경인지역방어사령부가 창설된 곳으로 부대는 1975년 8월 1일 수도군단으로 개칭되어 경기도 안양, 관악산기슭 충의대로 이전하였다. 진충보국의 정신으로 조국을 지켜온 선배전우들의 숭고한 정신을 기리고 부대의 면면한 역사의 계승을 위해 표지석을 세운다.

조국의 심장을 지키는 강하고 자랑스러운 육군수도군단

2011년 11월 4일

수도군단사령부 장병 일동

표석만 보면 경인지역방어사령부가 1974년에 이곳에서 처음 창설된 부대인 것처럼 보인다. 1954년 창설된 6관구사령부가 1974년 3월 1일 경인지역사령부로 개편됐다는 20년 역사가 통째로 빠져 있다. 1954년부터 1974년까지 6관구사령부에서 복무했던 장병들의 역사가 흔적도 없이 사라진 것이다. 표석이 세워진 건 이명박 대통령 시절인 2011년이었다. 박정희를 둘러싼 논란이 재연될 것을 우려해 1974년 이전 군 주둔지였던 문래공원의 역사를 표석에서 의도적으로 뺀 것으로 보인다.

박정희 시대에 시작된 독립유공자 포상

1961년 5월 집권에 성공한 박정희는 독립운동가 등 국가유공자와 그

박정희 흉상과 좌대에 설치된 횃불

유족에 대한 보훈 및 참전군인과 제대군인에 대한 지원사업을 목적으로
한 군사원호청 설치를 대대적으로 추진했다. 1961년 7월 설립된 군사원

호청은 원호처를 거쳐 1985년 1월 1일 국가보훈처로 바뀌어 오늘에 이르고 있다. 군사원호청의 첫 작품이 1962년 3·1절을 맞아 실시한 독립유공자 훈·포장 수여였다. 강우규·김구·김상옥·나석주·손병희·안중근·유관순·윤봉길·이봉창·이종일·이회영·한용운 등 현재 우리가 알고 있는 대부분의 독립운동가가 이때 처음으로 훈장을 받았다. 1948년 8월 정부 수립 후 14년, 1953년 6·25 전쟁이 끝난 후 9년이 지난 후였다.

대한민국 건국에 공로가 뚜렷하거나 국가의 기초를 공고히 하는 데이바지한 사람에게 업적별로 1등급 대한민국장, 2등급 대통령장, 3등급 국민장을 각각 수여했다. 1962년 대한민국장을 받은 사람은 강우규·김구·김좌진·김창숙·민영환·손병희·신익희·안중근·안창호·오동진·윤봉길·이강년·이승훈·이준·조병세·최익현·한용운·허위 등 모두 18명이었다. 이어 1966년에는 장제스 총통의 부인인 쑹메이링과 천궈푸가, 1968년 쑨원과 천치메이 등 한국의 독립을 도운 중국인 4명이 대한민국장을 받았다. 그 후 1970년에는 조만식이, 1976년에는 임병직이, 1977년에는 서재필이 대한민국장을 수상했다.

대한민국장을 받은 사람은 모두 30명으로 이 중 25명이 박정희 정부 시절 수여자다. 나머지 5명은 대한민국 초대 대통령 이승만, 부통령 이시영, 그리고 중화민국(대만) 장제스 총통, 파리강화회의 참석자 김규식, 임시정부 외무부장을 역임한 조소앙이다. 이승만과 이시영은 1949년에, 장제스는 1953년에 수상했고 김규식과 조소앙은 1989년에 수상했다. 1962년 당시 유관순은 국민장(독립장)을 받았다. 2019년 3월 대한민국장을 추가로 서훈 받은 유관순을 포함하면 대한민국장 수상자는 31명이 된다.

대한민국의 건국훈장 중 두 번째 등급인 건국훈장 대통령장은 1962년 3월 1일에 거행된 3·1절 제43주년 기념식에서 57명에게 수여되었다. 김상옥, 나석주, 이봉창 등 의열투쟁을 한 사람들 대부분과 3·1 독립선언서 인쇄의 주인공 이종일 등이 포함됐다. 그 후 이상재, 이상설 등 독립운동가 16명도 대통령장을 받았다. 2019년 8월 15일 현재 국가보훈처가 집계한 대통령장 수상자 92명 중 77%인 72명에 대한 포상이 박정희정부 시절 이뤄졌다.

대한민국의 건국훈장 중 세 번째 등급인 건국훈장 국민장(독립장)은 1950년 3월 1일에 거행된 3·1절 제31주년 기념식에서 호머 헐버트에게 처음 수여됐다. 이어 1962년 3월 1일 3·1절 제43주년 기념식에서 임시정부 임시의정원 의장을 지낸 손정도 목사, 서대문형무소 순국자 유관순, 서울 명동에 있던 가산을 팔아 중국에서 독립운동을 하다 순국한 이회영 등 132명에게 대규모로 포상이 이뤄졌다. 이후 홍천의 독립운동가 남궁억과 언론인이자 정치인이었던 송진우, 그리고 3·1 운동 공로자인 주기철 목사 등도 잇따라 훈장을 받았다. 국민장은 상훈법이 개정되면서 지금은 독립장, 애국장, 애족장으로 세분화됐다. 당시 국민장 수상자는 현재는 독립장을 받은 것으로 분류된다.

국가보훈처 공훈전자사료관 독립유공자 공훈록 통계를 보면 1948년 정부 수립 이후 2019년 8월 15일까지 독립장 수여자는 총 822명이다. 이 중 박정희 전 대통령 집권기간인 1961년 5월 16일부터 1979년 10월 16일까지 건국훈장 독립장을 받은 사람은 525명이다. 즉 우리나라 건국 훈장 독립장 수여자의 64%는 박정희 정부 시절에 발굴되어 포상이 이뤄진 것이다.

독립운동가와 애국선열들의 동상

박정희는 임시정부 인사와 독립운동가를 대대적으로 포상한 후 애국선열을 선양하는 작업에 착수했다. 박정희는 독립운동가와 애국선열들의 동상을 세우는 데 적극적이었다.

1964년 5월 16일 당시 문교부(현재의 교육부)는 애국선열을 기리기 위한 목적으로 권율·김구·김유신·김정호·정약용·유관순 등 위인 37명의 석고 조상(彫像)을 세종로에서 숭례문으로 연결되는 중앙대로 녹지대에 설치했다. 하지만 석고의 특성상 조상이 곧 더러워지자 이를 철거하고 동상을 세우기로 결정했다. 1966년 정권의 2인자였던 김종필 공화당 의장을 총재로 하는 애국선열조상건립위원회가 설립돼 이 업무를 담당했다. 위원회의 실무는 위원장 김경승을 필두로 위원인 김세중, 송영수 등 조각가들이 맡았다. 이들은 1970년대 초까지 강감찬·김유신·세종대왕·유관순·윤봉길·을지문덕·이순신·이이·이황·정몽주·정약용 등 모두 15명의 동상을 세웠다.

광화문 네거리에 있는 충무공 이순신 장군 동상

첫 작품은 박정희가 건립비 전액인 983만 원을 헌납한 광화문 충무공 이순신 장군 동상이다. 이순신 장군 동상 제막식은 1968년 4월 27일 광화문에서 열렸고 2020년까지 52년째 자리를 지키고 있다. 박정희는 이순신 장군 동상과 손병희 동상을 세울 때에는 직접 성금을 냈고 김구 동상에는 휘호를, 조만식 동상에는 제자를 써서 자신의 뜻을 알렸다. 안중근 동상을 남산 안의사 광장으로 이전하고 기념관 터를 잡는 데도 결정적인 도움을 줬다. 임진왜란 행주대첩의 영웅 권율 장군이나 조선말 독립운동가 유인석처럼 역사 속에서 소홀하게 다뤄졌던 영웅들을 찾아낸 것도 그가 집권하던 시기에 이루어졌다. 박정희의 휘호와 기념비를 추적한 『위대한 생애-박정희 휘호집』에는 동상, 기념비, 건설현장 등에 남긴 박정희의 제자와 휘호가 전국 550개 이상이라고 기록했다.

민족의 영웅으로 탈바꿈한 김구

박정희 시대에 집중적으로 부각된 독립운동가는 건국훈장 대한민국장을 받은 김구와 손병희, 안중근, 그리고 건국훈장 독립장을 받은 유관순이다. 박정희는 이승만 정권에서 철저히 소외됐던 김구를 재조명하기 시작했다. 우선 김구와 임시정부에서 활동했던 인사들을 대거 독립유공자로 포상했다. 상하이 임시정부의 활동 등 독립운동사가 교과서에서 비중 있게 다뤄지기 시작했고, 이승만 정권에서는 사실상 금서였던 김구의 『백범일지』가 널리 읽히기 시작했다. 이승만 동상이 철거된 후 비어 있던 남산에 김구 동상이 건립됐다. 동상이 세워진 일대는 백범광장공원이 됐다. 남산에 건립된 김구 동상에는 "위국성충은 일월과 같이 천추만대에 기리 빛나리"라는 김구를 기리는 유명한 휘호를 남겼다.

박정희가 김구의 둘째 아들 김
신(1922~2016)을 중용한 것도 눈여
겨 볼 일이다. 김구는 아들 둘과
딸 셋을 뒀으나 딸들은 일찍 죽었
고, 독립군이자 중국군 장교였던
장남 김인도 29살에 폐병으로 사
망했다. 1922년 상하이에서 태어
난 김신은 중국 공군군관학교를
졸업하고 아버지를 도와 독립전
쟁을 벌였다. 해방 후에는 대한민
국 공군 창설의 주역이었다. 6·25
전쟁에 공군 작전국장으로 참전
한 후 박정희 정부가 출범하면서
6대 공군참모총장으로 승진했다.
김구 동상이 제막될 때는 주중대
사로 일하고 있었다. 당시 중국

김구 동상과 백범광장이 새겨진 표석

본토와 대만 전체를 대표하는 나라는 중화민국(대만)으로, 주중대사의
정치적 비중은 주미대사 다음으로 중요한 자리였다.

당시 중국은 중공(중국공산당)으로 불리는 미 수교국이자 적성 국가였
다. 1969년 8월 23일 동상 제막식에 참석한 김신 주중대사는 "온 겨레의
성원으로 선친의 동상이 서게 되어 감개가 벅차오른다"며 울먹였다. 김
신은 9년간 주중대사로 재임한 후 1970년에 돌아왔고, 귀국 후에는 21

대 교통부 장관·9대 국회의원·독립기념관 초대 이사장·백범 김구기념
관 관장을 지냈다.

박정희와 김구는 조선의 지배층과 공산당을 바라보는 시각이 비슷했
다. 이런 공통점이 김구에 대한 선양으로 이어졌을 가능성이 있다. 박정
희는 저서『우리 민족이 나아갈 길』에서 "주변에 있는 큰 나라에 사대의
예를 한다고 분주하게 이리 몰리고 저리 몰리는 가냘픈 나라요, 슬픈 민
족이었다"고 비판했다. 이어 "민족의 운명을 사실상 짊어진 조선의 지도
층에 (책임이) 있었다"며 지적했다. 이런 생각은 1973년 3월 1일 삼일절
치사에서도 확인된다.

"우리의 역사(歷史)가 당파(黨派)와 계급주의자(階級主義者)들에 의(依)
해서 주도(主導)되었을 때는 그것은 언제나 고통(苦痛)과 치욕(恥辱)으
로 얼룩진 역사(歷史)였습니다. 임진왜란(壬辰倭亂)과 병자호란(丙子胡
亂)의 치욕(恥辱)이 바로 그것이었으며 국토(國土) 분단(分斷)이라는 오
늘의 비극(悲劇)이 또한 그것입니다. 우리는 역사(歷史)에 대(對)한 이 같
은 반성(反省)을 통(通)해서, 오늘에 사는 우리들과 우리 후손(後孫)들이
국난(國難)을 당(當)했을 때 이를 슬기롭게 극복(克服)하고 또한 민족사
(民族史)를 명예(名譽)롭게 전개(展開)시킬 수 있는 사관정립(史觀定立)의
뚜렷한 방향(方向)을 내다볼 수 있습니다. 그 방향(方向)은 당파(黨派)가
아니라 총화(總和)이며, 분열(分裂)이 아니라 단결(團結)입니다."

김구도 자신의 저서『백범일지』에서 "수백 년 동안 이씨 조선이 행하

여 온 계급독재는 유교, 그중에서도 주자학파의 철학을 기초로 한 것",
"사상, 학문, 사회생활, 가정생활, 개인생활까지도 규정하고 마는 독재"
라고 조선 지도층을 비판했다. 아울러 "공산당이 주장하는 소련식 민주
주의란 것은 이러한 독재정치 중에도 가장 철저한 것", "독재정치의 모
든 특징을 극단으로 발휘하고 있다"며 공산당에 대해서도 비판적으로
접근했다.

또 해방 후 박정희가 김구 휘하의 광복군 제3지대 주평진 대대 2중대
장이었던 것과도 관련이 있어 보인다. 만주군 장교였던 박정희는 1945
년 8월 15일에 일제가 패망하자 베이징으로 이동해 귀국을 준비하고 있
던 광복군에 합류했다. 만주군관학교와 일본육사를 졸업한 엘리트 장교
였던 그는 중대장을 맡았다가 1년이 지나 1946년 5월 8일 미국 수송선
을 타고 광복군과 함께 부산에 도착했다. 해방 후 거의 9개월 동안 중국
에 있던 김구의 영향권에 있었던 셈이다.

귀국 4개월 후 조선경비사관학교 2기생으로 입학한 박정희는 대한민
국 장교로 임관됐다. 그러나 남로당(남조선로동당) 군사부책이었던 과거
가 문제가 되어, 좌익 활동을 한 혐의로 군 수사기관에 체포됐다. 사형
을 구형받은 박정희는 그의 재능을 아낀 백선엽 장군 등 주위의 도움으
로 극적으로 살아났다. 1949년 2월 고등군사법원에서 무기징역을 선고
받았으나 6·25 전쟁을 계기로 군에 복귀했다.

안중근, 1962년 처음으로 받은 건국훈장

이토 히로부미를 저격한 민족의 영웅 안중근은 해방 후 17년이 지난 1962년이 될 때까지 제대로 포상을 받은 적이 없다. 박정희가 집권한 후

안중근 동상과 박정희의 글씨로 써진 '민족정기의 전당' 표석

인 1962년 3월, 안중근은 윤봉길·강우규와 함께 의열투쟁을 벌인 독립운동가로 건국훈장 대한민국장을 받았다. 안중근에 대한 선양작업도 이때부터 본격화됐다. 숭의여대 앞에 있던 안중근 동상은 1967년 4월 조선 신궁이 있던 자리인 현재의 위치로 이전됐고 바로 옆에는 안중근의사기념관이 건설됐다. 박정희는 일제 조선 침략의 상징이었던 조선 신궁 자리를 기념관 부지로 쓰도록 지시했으며 건립 성금을 냈다. 안중근의사기념관 성연금방명기에는 "박정희 대통령의 특별희사금을 비롯하여 각계각층의 유지들과 국민들의 성금으로 건립되었는 바"라는 기록이 남아 있다. 1970년 10월 26일 안중근의사기념관 개관식에는 직접 참석해 테이프를 끊었고, 기념관 개관 2년 뒤인 1972년 1월에는 '祖國統一 世界平和(조국통일 세계평화)'라는 휘호를 써서 기념관에 보냈다. 이어 1979년 9월 2일에는 안중근 의사 탄신 100주년을 기념해 '民族精氣(민족정기)의 殿堂(전당)'이라는 친필이 새겨져 있는 석비를 세웠다.

안중근이 쓴 유묵이 대거 보물로 지정된 것도 박정희 시대였다. 보물로 지정된 안중근 의사 유묵 25점(1점은 지정 해제) 중에 20점은 1972년 8월 16일에 일괄 지정됐다. 안중근은 평소 글씨를 잘 썼고 유묵에 얽힌 사연도 훌륭해 충분한 문화재적 가치를 갖고 있었지만, 그의 글씨가 대거 보물로 지정된 것은 박정희의 안중근 선양 정책과 무관하지 않다.

한편 안중근 집안은 안중근을 비롯해 두 동생, 어머니, 조카 등 집안전체가 독립운동에 나섰지만 해방 후 17년 동안이나 포상과 거리가 멀었다. 이들에 대한 포상도 이 시기에 시작됐다.

박정희, 탑골공원 주인을 손병희로 바꾸다

의암 손병희 선생을 3·1 운동의 지도자로 재조명하고 탑골공원을 3·1 운동 발상지로 대대적으로 정비하여 손병희의 공간으로 만든 것도 박정희가 집권하던 때에 이루어졌다.

1963년 탑골공원에 3·1 운동 기념탑이 제막됐고, 이어 1966년 4·19 혁명으로 시민들에게 끌어내려져 비어 있던 이승만 동상 자리에 손병희 동상이 건립됐다. 김관희 전 천도교종학대학원장은 2009년 데일리안과의 인터뷰에서, 손병희 동상을 세울 때 박정희 전 대통령이 직접 성금을 전달했다고 밝힘으로써 그가 동상 건립에 결정적인 영향을 줬다는 사실을 증언했다.

탑골공원에 있는 의암 손병희 선생 상

손병희에 대한 박정희의 생각은 1966년 5월 19일 동상 제막식 치사에서 확인된다.

"오늘 이곳 유서 깊은 「파고다」공원에 의암 손병희 선생의 동상을 건립하여 그 제막을 보게 되었음은 커다란 국가적 경사로서, 나는 온 국민과 더불어 이를 충심으로 경하해 마지않습니다. 실로 선생은 근대화의 선각자로서, 민족자주정신의 구현자로서, 그리고 3·1 독립운동의 위대한 영도자로서 청사에 길이 빛날 위인인 것입니다. 선생이 유명을 달리하신지 어언 44년이 지난 오늘, 우리는 지금 확고한 민족의 주체의식을 바탕으로 조국의 민주적 근대화를 위해 국력을 총동원하고 있거니와, 이 역사적 과업의 과감한 추진은 그 어느 때보다 자주·자립하겠다는 강인한 정신력을 요구하고 있는 것입니다. 바로 이러한 중차대한 시기에 선생의 위용과 웅자를 닮은 우람한 동상을 건립하여 그 영세불후의 공적을 추모하고, 호국애족의 귀감으로 후세에 길이 보전하게 되었음은 시의를 얻은 뜻깊은 일이 아닐 수 없습니다. 우리는 이 동상에 나타난 선생의 의연한 기상 속에서 우리의 민족정기를 되찾고, 오늘의 이 뜻깊은 행사를 보다 영광된 내일을 위한 힘찬 분발과 꾸준한 전진의 계기로 삼아야 하겠습니다."

1967년에는 3·1 정신 찬양비와 3·1 운동 청동 부조가 잇따라 건립됐다. 손병희 동상과 기념탑의 글을 지은 소설가 겸 시인인 이은상과 박종화, 동상을 조각한 문정화, 글씨를 쓴 김충현, 손재형은 모두 박정희를 도왔던 예술인이다.

또한 박정희는 강릉에 소재한 국보 제51호 〈객사문〉을 본따서 지은 탑골공원 정문에 〈삼일문〉이라고 쓴 친필을 현판 글씨로 전달했다. 친필 현판은 2001년 한 시민단체에 의해 철거돼 훼손됐다. 현재 걸려 있는 현판은 독립선언서 글자를 따서 만든 것이다.

손병희 동상은 54년째 탑골공원을 지키고 있다. 박정희는 손병희를 근대화의 선각자, 민족자주 정신의 구현자, 3·1 독립 운동의 위대한 영도자로 표현했다. 손병희가 이승만 동상의 자리를 차지함으로써, 3·1 독립운동을 상징하는 인물은 손병희가 되었다.

남자현을 제친 여성독립운동가 1호 유관순

여성 독립운동가 중에 가장 서훈 등급이 높고 민족의 영웅이 될 수 있었던 사람은 남자현이었다. 남자현은 2015년 개봉된 영화 〈암살〉에서 전지현이 맡았던 안옥윤의 실제 모델일 정도로 독립투쟁에 혁혁한 공을 세운 인물이다.

남자현은 1919년 3·1 운동에 참여한 것을 계기로 아들과 함께 만주로 망명하여 본격적으로 독립운동에 뛰어들었다. 김동삼의 서로군정서에 가입해 군자금 모집과 독립운동가 옥바라지는 물론 사이토 마코토 총독 암살을 위해 두 차례 국내에 잠입했다. 무토 노부요시 주만일본대사를 죽이려다 1933년에 체포되었고, 옥에서 단식투쟁을 하는 등 저항하다 건강이 악화돼 보석으로 풀려난 후 곧 숨졌다. 서훈 등급도 건국훈장 대통령상이다. 남자현이 받은 훈장은 유관순이 받은 3등급 건국훈장 국민장보다 한 등급 높다. 남자현의 활동은 독립운동 기여와 투쟁, 극적

유관순 동상 제막식에 참석한 박정희(왼쪽 네 번째)

인 죽음 등 유관순에 비해 결코 떨어지지 않는다. 하지만 3·1 운동을 대표하는 여성 독립운동가가 된 사람은 남자현이 아닌 유관순이었다.

유관순에 대한 추모 사업은 해방 후 2년 뒤인 1947년 8월에 기념사업회가 출범하면서 고향인 천안을 중심으로 시작됐다. 하지만 유관순에 대한 성역화 사업이 전국 단위로 확대된 것은, 박정희가 1966년 5월 29일 스카우트 전진대회에서 유관순을 "독립투쟁의 선봉"으로 규정하면서부터다.

"소년소녀들이 나라를 사랑하고 사회에 봉사한다는 큰 뜻을 위해서 젊음의 정력과 패기와 용기를 발휘했던 나라와 민족은 일찍이 국난을 극복했고, 발전을 거듭했고, 번영을 이룩했던 것입니다. 1899년 남「아프리카」벌판의 조그마한 촌락인 「마페킹」에서 영국의 한 수비대 본부가 7,000여 명의 토인으로부터 공격을 받아 전멸의 위기에 놓여 있을 때, 그 위기를 타개하여 최후의 승리를 거둔 것은 그 곳에 있던 소년소녀들의 용감한 활동에 의한 것이었습니다. 국가와 사회를 위하여 자기 한 몸을 바친 청소년들의 봉사와 희생정신에 관한 이야기는 비단 다른 나라에만 있는 것이 아닙니다. 우리나라에도 그들보다도 더 훌륭한 청소년들이 많이 있으며, 그들은 혹은 전쟁터에서 나라를 구했고, 혹은 빼앗긴 나라를 도로 찾기 위한 독립투쟁의 선봉에 나섰습니다. 신라의 화랑 관창이 그러하였고, 우리의 유관순 양이 또한 그러했습니다."

이를 계기로 유관순에 대한 각종 선양사업이 활발하게 전개됐다. 1970년 10월 12일에는 서울 남대문 근처인 태평로 녹지대에 순국선열 유관순 동상이 건립됐다. 동상 제막식에는 박정희 전 대통령과 부인인 육영수 여사가 직접 참석해 동상 건립을 축하했다. 1972년 10월에는 유관순 생가터 일대가 사적 제230호로 지정됐고, 1977년에는 유관순기념비가 세워졌다. 유관순이 횃불을 들었던 매봉에 봉화대와 봉화탑이, 생가 옆에는 매봉교회가 건립됐다. 동상 건립·유적지 정비·유관순 노래 제정 등 유관순을 선양하는 행사가 이어지면서 유관순은 국민들이 기억하는 여성 독립운동가 첫 번째 자리를 차지했다.

2019년 2월, 정부는 57년 만에 유관순에게 서훈 1등급인 건국훈장 대한민국장을 추서했다. 국민장에서 대통령장을 건너뛰고 대한민국장을 추서한 것은 파격적인 결정이었다. 박정희는 유관순을 역사의 무대로 불러내 영웅을 만든 주역이다.

서훈에 인색했던 이승만과 민주당 정권

독립운동가로 대한민국 초대 대통령이 된 이승만 대통령은 다른 독립운동가들을 포상하는 데 인색했다. 그래서 구한말 조선의 독립을 지키려 했던 우국지사들과 1910년 조선이 망하고 1945년 해방이 될 때까지 조국의 독립을 위해 헌신했던 수많은 독립운동가들은 국가로부터 제대로 된 훈장 하나 받지 못했다. 국가보훈처 공훈전자사료관 독립유공자 공훈록 통계를 보면, 1948년 8월에 이승만 정권이 출범해서 1960년 4·19 혁명으로 무너질 때까지 대한민국 건국과 관련해 훈장을 받은 사람은 16명에 불과했다. 이 가운데 한국인은 1949년 건국훈장 대한민국장을 받은 대통령 이승만과 초대 부통령 이시영 단 두 사람이다. 나머지 14명은 1950년 대통령장을 받은 베델, 독립장을 받은 헐버트, 1953년 대한민국장을 받은 장제스 등 모두 외국인이었다. 4·19 혁명으로 이승만 정권이 무너진 후 집권한 윤보선 대통령이나 장면 총리의 민주당 정권도 독립유공자 서훈은 하지 않았다.

대한민국 건국의 위인과 그들을 서훈한 박정희

현재 우리가 알고 있는 많은 독립운동가들이 독립유공자 서훈을 받은 건 박정희 전 대통령이 집권한 이후다. 건국의 아버지들만 받았다는 건국훈장 대한민국장 서훈자 30명(유관순 포함시 31명) 중 대한민국 임시정부와 관련된 인물은 8명이다. 이승만과 이시영 두 사람을 제외한 김구·김창숙·신익희·안창호는 1962년이 되어서야 훈장을 받았다. 나머지 두 사람인 김규식과 조소앙은 1989년에 수훈됐다.

민족사를 왕정에서 공화정으로 바꾸는 데 결정적인 역할을 한 3·1 운동의 주역 손병희·이승훈·한용운이 훈장을 받은 것도 1962년이다. 일

문래공원에 있는 박정희 흉상 얼굴 부분

제와 맞서 싸우며 목숨을 던진 의열 투쟁의 주인공 강우규·안중근·윤봉길 그리고 청산리대첩의 영웅 김좌진, 만주 독립운동가 오동진, 구한말 의병투쟁의 주역 이강년·최익현·허위, 헤이그 밀사 사건의 주역 이준도 이때 처음으로 훈장을 받았다. 일본 식민 지배에 무저항 운동을 펼치고 해방 후 소련과 김일성에 대항한 조만식은 1970년에, 미주 독립운동의 지도자 임병직은 1976년에, 독립협회 활동을 하며 공화정의 기초를 닦은 서재필은 1977년에 대한민국장을 받았다. 2019년 대한민국장이 추서된 유관순도 1962년 처음으로 국민장(독립장)을 받았다.

박정희는 한국 역사를 수난의 역사, 비굴과 굴종의 역사라 평가하면서도 동시에 우리 역사에서 긍정적인 인물을 발굴해서 국민들의 정신을 무장시키려 했다. 독립유공자를 포상하고 애국선열에 대한 선양을 강조한 것은 이런 그의 역사관과 관련이 깊다.

박정희 전 대통령에 대해서는 여전히 부정적인 시각으로 보는 사람이 적지 않다. 아울러 5·16을 정당화하기 위해 독립유공자들을 의도적으로 선양한 것 아니었냐는 비판도 하고 있다. 그런 지적에도 불구하고,

대한민국 건국훈장 포상과 선양의 출발은 박정희였다. 그의 시대에 대한민국 건국의 아버지들을 포상하고 대대적으로 선양했다는 역사는 바꿔지 않는다.

국회의사당 로텐더홀 우남 이승만 상

-민주공화국 초대 국회의장과 대통령이 된 조선의 선비

찾아가는 길

수년간 정치부 기자를 하면서 늘 갔던 국회 본관에, 이번에는 다른 목적으로 2019년에 여러 차례 방문했다. 국회 본관으로 들어가 계단을 오르면 왼쪽에는 본회의장, 오른쪽에는 제2회의장이 있는 넓은 공간이 나온다. 대한민국 국회를 상징하는 로텐더홀이다. 이곳은 민감한 정치적 현안이 발생할 때마다 국회의원들이 농성을 하거나 피켓 시위를 하는 장소로 국민들에게 널리 알려져 있다. 로텐더홀이란 명칭은 서양 건축에서 둥근 천장이 있는 원형 홀이나 원형 건물을 의미하는 'Rotunda'에서 유래했다.

로텐더홀에는 제헌 국회 국회의장을 지낸 이승만, 2대 국회의장 신익희, 대한민국 임시정부 초대 국무원장을 지낸 이동녕 등 대한민국 국회의 초석을 닦은 인물들의 동상이 자리 잡고 있다. 제헌 국회 초대 국회의장 우남 이승만 상은 로텐더홀에서 의원식당으로 올라가는 계단 오른쪽에 세워져 있다. 계단을 중심으로 오른쪽은 이승만, 왼쪽은 신익희 동상이다. 로텐더홀 오른쪽 벽면에는 대한민국 헌법 전문, 왼쪽에는 제헌 국회 의원 198명이 단체로 새겨진 동판이 걸려 있다. 이승만 동상과 신익희 동상, 그리고 벽면의 대한민국 헌법 전문과 제헌 국회 의원 부조가

이승만 동상과 제헌 헌법 전문(오른쪽), 신익희 동상과 제헌 국회 의원 부조(왼쪽)

절묘하게 좌우대칭을 이루고 있다.

제헌 국회 초대 국회의장 우남 이승만 상

국회 본관 이승만 동상의 높이는 2.25미터, 색깔은 금빛으로 화려하다. 이승만이 두루마기 한복을 입은 채 발을 적당히 벌리고 오른손과 왼손으로 대한민국 헌법을 받쳐 들고 꼿꼿이 서 있는 모습이다. 이승만이 들고 있는 헌법은 동상 밑이나 옆에서 보면 아무런 표식이나 글자가 없다. 동상 위쪽에서 봐야 〈대한민국 헌법〉이란 글자가 새겨진 걸 확인할 수 있다.

얼굴은 단호하고 신념에 찬 모습이다. 눈은 국회 본관을 넘어 여의도를 강하게 응시하고 있다. 현재 서울시청 부근에 있는 서울시의회 건물이 제헌 국회 국회의사당이었다. 이승만은 살아생전 자신이 여의도에 있는 국회 본관에 서 있게 될지는 상상하지 못했을 것이다. 이마에는 가는 주름살이 있고 턱에는 비교적 굵은 주름살이 있다. 머리는 단정하게 빗질했고 두툼한 귓볼이 인상적이다. 두루마기는 오른쪽 가슴 부근에 단추 두 개가 있고 옷고름이 짧은 개량 한복 스타일이다. 바지는 대님으로 단단히 조였고 구두는 끈을 나비 모양으로 묶어 멋을 냈다.

화강암 좌대에는 '제헌 국회 초대 국회의장 우남 이승만 상'이란 글자가 한자로 새겨져 있다. 아래에는 이승만의 생몰연대를 보여주는 1875~1965란 글자가 있다. 글씨에 검은색으로 색을 입혀 멀리서도 잘 보이도록 했다. 동상 왼쪽에는 이승만의 약력과 건립 취지를 한글과 영문으로 새긴 화강암 표석이 설치되어 있다.

우남 이승만 박사

우남 이승만 박사(1875-1965)는 황해도 평산에서 태어나 청년 시절부터 조국의 근대화와 반식민지 투쟁에 투신하셨다. 이후 미국에 건너가 항일 독립운동을 주도하였으며, 3·1 운동이 난 그해 12월 상하이에서 대한민국 임시정부 대통령에 선임되셨다. 1948년 제헌 국회의 초대 의장이 되어 대한민국의 기초가 된 헌법을 제정, 공포하시고 이 헌법에 따라 국회에서 초대 대통령으로 선출되어 1948년 7월 24일 취임하셨다. 이

제헌 국회 초대 국회의장 우남 이승만 상

에 우리들은 건국의 기초를 닦고 탁월한 외교로 국권을 수호, 신장하고
의회 정치 발전에 초석을 놓으신 우남 이승만 박사의 뜻을 기리고, 의
회 민주주의를 발전시켜 나가는 데 귀감이 되도록 하기 위하여 동상을
국회에 건립한다.

제헌 국회 초대 국회의장 우남 이승만 상이 국회에 세워진 건 2000년
5월 15일이다. 이승만 동상은 홍익대와 프랫대학교 대학원 조각과를 졸
업하고 제12회 선미술상 조각부문을 수상한 홍익대 홍성도 교수 작품이
다. 제호는 청암(青巖) 고강(故疆) 선생이 썼다.

이승만 동상 뒤 벽면에는 1948년 당시 선포된 대한민국 제헌 헌법 전
문이 걸려 있다. 대한민국 제헌 헌법 전문 동판이 설치된 건 이승만 동
상이 세워진지 14년 후인 2014년 박근혜 정부 시절이다. 전문이 새겨진
동판은 가로 7.1미터, 세로 2.3미터로 로텐더홀 오른쪽 벽면을 꽉 채울
정도로 거대하다. 제헌 헌법 공포 당시 원문을 토대로 한글은 훈민정음
해례본체로, 한자는 광개토호태왕비체로 써서 청동 부조에 새겼다. 동
판 오른쪽 귀퉁이를 찾아보면 동판이 설치된 연유를 적은 작은 표식이
있다. 표식에는 제헌 국회기념조형물 제안자로 강창희 국회의장, 건립
자로 정진석 사무총장, 건립추진위원장으로 임병규 입법차장의 이름이
새겨져 있다.

이승만 동상 좌측에는 해공 신익희 선생 동상이 세워져 있다. 신익희
는 좌우에 단추가 세 개씩 있는 양복에 나비넥타이를 맨 멋진 신사의 모

습이다. 높이는 2.3미터다. 부리부리한 눈과 테가 두꺼운 안경, 오뚝한 코, 두툼한 입술이 인상적이다. 왼발은 앞으로 조금 내민 채 뒷짐을 지고 국회 너머 여의도를 바라보고 있다. 화강암 좌대에는 '제헌·2대국회 국회의장 해공 신익희 상'이라는 글자가 한자로 새겨져 있다. 아래에는 1894~1956이라는 숫자가 적혀 있고 옆에는 해공 선생의 약력과 건립취지를 한글과 영문으로 적은 표지석이 있다. 동상은 서울대 미대 전준 교수, 제호는 이승만 동상에 글씨를 쓴 고강의 작품이다.

연해주 및 상하이 임시정부 국무총리, 한성정부 집정관 총재

이승만은 1919년 한성정부를 시작으로 상하이 임시정부, 해방 후 대한민국 정부 수립에 이르기까지 권력의 중심인물이었다. 3·1 항쟁 후 국내외에서는 여러 개의 임시정부가 수립됐다. 이름이 거론된 곳은 8개지만 실제 조직과 기반을 갖춘 곳은 러시아 연해주임시정부, 중국 상하이 임시정부, 국내 한성정부였다. 이승만은 한성과 상하이, 연해주 등 3곳 모두에서 집정관 총재나 국무총리로 선출된 유일한 사람이다. 첫 시작은 러시아 블라디보스토크, 그 다음은 서울(한성), 마지막은 중국 상하이였다.

1919년 3월 17일 러시아령 블라디보스토크에서 문창범을 중심으로 대한국민의회가 설립됐다. 흔히 연해주 임시정부로 불리는 대한국민의회는 대통령에 손병희, 부통령에 박영효, 국무총리 겸 외무총장에 이승만을 선임했다. 1919년 4월 2일 각계 대표 20여 명은 인천에서 한성임시

제헌 국회 초대 국회의장 우남 이승만 상

정부 수립을 선포한 데 이어 4월 23일 13도 대표 24명이 서울에서 국민대회를 개최하고 정식으로 한성정부 수립을 선포했다. 한성정부는 국체를 민주제로 채택하고 집정관 총재로 이승만을 선출했다. 마지막으로 4월 11일 중국 상하이에서 임시정부가 수립됐다. 조선에서 모인 각 도 대표 30명이 임시의정원 회의를 개최하고 임시정부 수립을 선포했다. 임시의정원은 국호를 대한민국, 연호를 대한민국 원년으로 정하고 총리제를 채택했다. 당시 명목상 대통령은 3·1운동 지도자인 손병희, 내각 수반인 국무총리로 이승만을 선출했다. 이때 발표된 대한민국 임시헌장은 대한민국 헌법의 뿌리가 됐다. 대한민국 임시헌장은 0조부터 10조까지 모두 11개 조항이다.

제0조 신인일치로 중외협응하야 한성에 기의한지 삼십유일에 평화적 독립을 삼백여주에 광복하고 국민의 신임으로 완전히 다시 조직한 임시정부는 항구완전한 자주독립의 복리로 아자손려민에 세전키 위하여 임시의정원의 결의로 임시헌장을 선포하노라.

선서문

존경하고 경애하는 아이천만 동포 국민이여, 민국 원년 삼월일일 아 대한민족이 독립선언함으로부터 남과 여와 노와 소와 모든 계급과 모든 종파를 물론하고 일치코 단결하야 동양의 독일인 일본의 비인도적 폭행하에 극히 공명하게 극히 인욕하게 아 민족의 독립과 자유를 갈망하는 사와 정의와 인도를 애호하는 국민성을 표현한지라 금에 세계의 동정이 흡연히 아 집중하였도다. 차시를 당하야 본정부일전국민의 위임을 수하야 조직되었나니 본정부일전국민으로 더불어 전심코 육력하야 임시헌법과 국제도덕의 명하는바를 준수하야 국토 광복과 방기확고의 대사명을 과하기를 자에 선언하노라. 국민 동포이여 분기할지어다. 우리의 유하는 일적의 혈이 자손만대의 자유와 복락의 가이요. 신의 국의 건설의 귀한 기초이니라. 우리의 인도일마침내 일본의 야만을 교화할지요.. 우리의 정의일 마침내 일본의 폭력을 승할지니 동포여 기하야 최후의 일인까지 투쟁할지어다.

정 강

1. 민족평등 국가평등 급 인류평등의 대의를 선전함.
2. 외국인의 생명재산을 보호함.
3. 일체 정치범인을 특사함.
4. 외국에 대한 권리의무는 민국정부와 체결하는 조약에 일의함.
5. 절대독립을 서도함.
6. 임시정부의 법령을 위월하는 자는 적으로 인함.

-법제처 국가법령센터

임시헌장 1조는 대한민국은 민주공화국이다, 2조는 대한민국은 임시정부가 임시의정원의 결의에 의해 이를 통치함, 3조는 대한민국의 인민은 남녀·빈부 및 계급 없이 일체 평등으로 함, 4조는 대한민국 인민은 종교·언론·저작·출판·결사·집회·주소이전·신체 및 소유의 자유를 향유함으로 되어 있다. 5조는 대한민국 인민으로서 공민자격이 있는 자는 선거권과 피선거권이 있음, 6조는 대한민국의 인민은 교육 납세 급병역의 의무가 유함, 7조는 인류의 문화 및 화평에 공헌하기 위해 국제연맹에 가입함, 8조는 대한민국은 구황실을 우대함, 9조는 생명형·신체형·공창제를 전폐함이고 10조는 임시정부는 국토 회복 1년 내에 국회를 소집한다는 내용이다.

상하이 대한민국 임시정부는 1919년 9월 6일 한성정부와 블라디보스토크 국민의회정부와 통합했다. 국내외를 아우르는 명실상부한 대한민국 임시정부였다. 총리제였던 정부 형태를 대통령제로 바꾸고 초대 대통령으로 이승만을 선출했다. 이승만은 미국에서 구미위원부를 중심으로 외교독립운동에 전념한다는 이유로 상하이에 오지 않았다. 임시의정원이 상하이 부임을 촉구하는 결의안을 통과시키며 압박하자 이승만은 하와이에서 시체운반선을 타고 중국으로 밀입국해 대통령에 취임했다.

이승만은 상하이에 1920년 12월 5일부터 1921년 5월 28일까지 약 6개월간 머물렀다. 이승만과 임시정부 구성원들과의 관계는 좋지 않았고, 결국 파국으로 치달았다. 당시 임정을 이끄는 사람들은 이승만이 정략과 자금을 가지고 부임하여 갈등과 분란을 해결해주기를 기대했다. 하지만 임정의 태생적 약점인 재정 곤란·노선 차이·지방 파쟁·조직의 비효율성에다 심각한 좌우대립, 이승만의 독립노선이었던 외교론에 대한 반발이 거세졌다. 이승만은 미국으로 탈출하듯 떠났고 1922년 6월 임시정부 의정원은 이승만에 대한 불신임안을 의결했다. 이어 1925년 3월 이승만을 탄핵했다. 이승만이 중국을 떠나 미국 본토와 하와이에서 활동한지 이미 4년이 지난 후여서 사실상 서류상 면직이었다.

198표 중 188표 이승만의 압승, 제헌 국회 국회의장 선거

이승만이 다시 전면에 등장한 건 해방 이후다. 해방정국에서 이승만은 미국과 소련의 신탁통치 반대, 반공산주의를 표방하면서 정국의 주도권을 쥐었고 1946년 6월 3일 전라도 정읍에서 남한만의 단독정부 수립을 주장하면서 기선을 제압했다. 1948년 5·10 선거에서 이승만이 이끄는 독촉(독립촉성중앙협의회)은 55석을 얻었다. 이승만은 한민당, 무소속을 끌어들여 다수당을 차지했다. 1948년 5월 31일 제헌 국회가 개원됐고 최고령자였던 이승만은 임시의장이 됐다. 이승만은 대한민국 제헌 국회 초대 국회의장 선거에서 198표 중 188표라는 압도적인 표를 얻었다. 이승만은 의원들을 대표해 대한민국에서 처음으로 의원 선서를 했다.

모두 자랑스러운 태극기를 우러러보시고 국회의원 선서를 하겠습니다. 오른손을 올리시고 나의 선창에 따라 복창하시기 바랍니다. 나는 빛나는 역사적 조국 재건과 독립 완수의 중책임을 다하기 위하여 먼저 헌법

의 제정으로 대한민국 정부를 수립하고 남북통일의 대업을 수행하여
국가 만년의 기초 수립과 국리민복을 도모하기 위하여 공헌함에 최대
의 충성과 노력을 다하기로 이에 하나님과 순국선열과 3천만 동포 앞
에서 삼가 선서함.

이어 국회는 헌법 및 정부조직법을 만들 헌법기초위원 30명을 뽑았다.
이들은 국호 문제를 놓고 표결을 실시해 17표를 얻은 대한민국을 나라
이름으로 확정했다. 7월 17일 국회는 대한민국의 기본 골격에 해당하는
전문(前文)과 본문(本文) 10장 103조로 구성된 헌법을 선포했다. 제헌 헌법

제헌 국회 초대 국회의장 우남 이승만 상과 대한민국 헌법 전문

전문에는 헌법을 제정한 경위와 취지가 명확하게 기술되어 있다.

유구한 역사와 전통에 빛나는 우리 대한민국은 3·1 운동으로 대한민국을 건립하여 세계에 선포한 위대한 독립정신을 계승하여 이제 민주독립국가를 재건하면서 정의·인도와 동포애로 민족의 단결을 공고히 하며 모든 사회적 폐습을 타파하고 민주주의 여러 제도를 수립하여 정치·경제·사회·문화의 모든 영역에서 각자에게 균등한 기회를 주고 능력을 최대한 발휘할 수 있게 하며 각자의 책임과 의무를 완수케 함으로써 안으로는 국민 생활을 고르게 향상하도록 하고 밖으로는 항구적인 국제 평화를 유지하도록 노력하여 우리 자손의 안전과 자유와 행복을 영원히 확보할 것을 결의하고 정당하고 자유롭게 선출된 우리의 대표로 구성된 국회에서 1948년 7월 12일 이 헌법을 제정한다.

본문에는 상하이 임시정부 임시헌장 1조, "대한민국은 민주공화국이다"가 제헌 헌법 1조로 들어갔다. 2조에는 "대한민국의 주권은 국민에게 있고 모든 권력은 국민으로부터 나온다"고 밝혀 국민주권주의를 명시했고 4조에는 "대한민국의 영토는 한반도와 그 부속도서로 한다"고 밝혀 북한도 대한민국의 영토임을 분명히 했다. 제헌 헌법은 전문·총강·국민의 권리와 의무·국회·정부·법원·경제·재정·지방자치·헌법 개정·부칙 등의 순으로 되어 있다.

정부 형태는 초안에는 의원내각제였지만 이승만의 강력한 반대로 대통령을 국가원수로 하는 대통령제를 채택했다. 대통령의 임기는 4년으로, 1회 중임이 가능하도록 했다. 다만 대통령은 행정부의 수반이며 국가원수지만 국회에서 대통령 및 부통령을 선출하게 함으로써 의원내각제에서 총리를 선출하는 방식을 취했다. 입법권을 가진 국회는 단원제로, 의원의 임기는 4년으로 정했고 대법원장은 대통령이 임명하지만, 국회의 승인을 받도록 했다. 위헌법률심사권은 헌법재판소가 아니라 부통령을 위원장으로 하고, 대법관 5명과 국회의원 5명으로 구성되는 헌법위원회가 갖도록 했다. 사기업에서 근로자가 법률이 정하는 바에 따라 이익을 균점할 권리가 인정된 것도 제헌 헌법의 특징이다. 제헌 헌법은 4년 뒤인 1952년 7월 7일 개정됐고 몇 차례 수정을 거쳐 현재에 이르고 있다.

제헌 의회 헌법 전문과 1987년 10월 29일 개정된 현행 헌법 전문은 대한민국 임시정부 기술에서 결정적인 차이가 있다. 제헌 헌법은 "우리 대한민국은 3·1 운동으로 대한민국을 건립하여 세계에 선포한 위대한 독립정신을 계승하여 이제 민주독립국가를 재건하면서"라고 되어 있지만 현행 헌법은 "3·1 운동으로 건립된 대한민국임시정부의 법통과 불의에 항거한 4·19 민주이념을 계승하고 조국의 민주개혁과 평화적 통일의 사명에 입각하여"라고 되어 있다.

현행 헌법에는 제헌 헌법에는 없던 '대한민국임시정부의 법통'과 '4·19 민주이념', '평화적 통일의 사명'이라는 항목이 추가되었다.

격렬한 토론 속에 설치된 국회 이승만 동상

국회 로텐더홀 이승만 동상은 설치 전부터 "국회의사당과 독재자 이
승만은 어울리지 않는다"는 반대가 끊이지 않았다. 동상이 건립되기 6
개월 전인 1999년 12월 1일 국회 〈의회지도자 이승만 상 건립의 건 심사
보고〉 회의록에는 격렬한 반대의 흔적이 남아 있다. 이수인 의원은 "이
승만 대통령은 국회에서 개헌안을 부결했음에도 불구하고 이른바 사사
오입 개헌안이라고 하는 반의회주의의 작태를 자행했다"며, "이승만은
결코 의회주의의 지도자가 아니다"라고 강력히 반대했다. 그러나 본회
의 표결 결과는 찬성이 압도적이었다. 재석 181명 중 찬성 127명, 반대
34명, 기권 20명으로 '의회지도자 상(像) 건립안'은 70%의 찬성으로 통과
됐다. 2000년 5월 15일 동상 제막식에서 박준규 국회의장은 이승만을
둘러싼 논란, 그리고 그의 업적에 대해 명확하게 정리했다.

새 시대, 새 천년, 새 출발의 정치를 열망하는 국민의 기대와 외침이 우
리를 무겁게 누르고 있는 의사당에 우남 이승만 박사와 해공 신익희 선
생 두 분의 동상을 모시게 되어 회한과 희망이 교차하게 됩니다. 이 땅
에 독립과 함께 의회민주주의가 펼쳐진 지 52년 세월이 흐르고서야 비
로소 두 분의 동상을 제막하게 되니 그 역사적 족적 앞에 머뭇거린 우
리들의 어리석음과 사관을 탓하지 않을 수 없습니다. 친애하는 내외귀
빈 여러분, 우남 이승만 박사와 해공 신익희 선생에 관한 평가는 시대
에 따라 국민 각자가 서로 달리할 수 있습니다. 그러나 분명한 사실은
이 두 분이 이 땅에 우리 역사와 건국, 삼권분립, 의회정치, 외교에 있어

서 뚜렷한 업적을 남기셨다는 점입니다. 우남 이승만 박사는 개화사상에 앞장서서 독립협회에 참여하는 등 독립운동에 결정적으로 기여하셨고 해방 후에는 제헌 국회 초대의장으로서 척박한 이 땅에 자유민주주의의 토대를 마련하셨으며 초대 대통령으로서 건국을 하셨고 그 기초를 닦으신 분입니다. 본인은 이 자리를 빌려 특히 강조하고 싶은 말이 있습니다. 잘 아시겠지만 우남의 동상은 지금 전국 어디에도 없습니다. 또 일부 언론에서 간헐적으로 시도한 적은 있습니다만 그 분에 대한 재조명 작업은 아직도 요원한 상태입니다. 그것은 우남에 대한 통념 때문일 것입니다.

이번 동상 건립은 15대 국회를 통과한 의결사안이라는 점에서 어떠한 명분의 결핍이나 하자가 따르지 않습니다. 또 저뿐만 아니라 선임의장들도 많은 노력을 했습니다. 우리는 우리의 역사와 후손들을 위해서라도 자유스러운 대한민국 건립과 그 성장과정에 대한 자긍심, 그리고 자유와 의회민주주의에 대한 긍지를 소중히 간직하고 승화 발전시켜 나가는 데 두 분의 동상 건립이 큰 계기가 되었으면 좋겠습니다.

대한민국 초대 국회의장과 대통령이 된 공화주의자 선비

우리나라에서 이승만 동상처럼 천당과 지옥을 모두 경험한 경우는 없다. 1960년 4·19 혁명 당시 시민들은 탑골공원에 있던 양복 입은 이승만 동상을 끌어내려 새끼줄에 묶은 뒤 끌고 다녔다.

제헌 국회 초대 국회의장 우남 이승만 상

같은 해 남산에 있던 81척 높이의 이승만 대통령 동상도 넉 달 뒤 철거됐다. 4·19 혁명 후 우남회관, 우남 송덕관, 우남정 등 서울 시내에 있던 동상과 부산 우남공원에 있었던 동상도 모두 사라졌다. 1983년 이승만이 설립한 인하대학교에 있던 동상이 철거됐고 2017년에는 경인여대에 있던 동상도 철거됐다. 2018년 대전에서는 배재대 이승만 동상 철거 문제를 놓고 격렬한 논쟁이 벌어졌다.

그래서 국민의 대표인 국회의원들이 세운 국회 로텐더홀 이승만 동상은 여러모로 의미하는 바가 크다. 제헌 국회 초대 국회의장 우남 이승만 상은 그가 조국 광복에 앞장선 독립운동가, 제헌 국회 초대 국회의장, 대한민국 초대 대통령이었다는 걸 당당하게 밝히는 상징이다. 대한민국 임시정부가 택한 공화정과 국민주권주의는 제헌 국회 헌법을 통해 현실화됐다. 오늘날 이승만을 독재자라고 당당하게 비판할 수 있는 것도 언론의 자유가 보장되는 체제를 선택했기 때문이다. 그 선두에 이승만이 있었다.

참고 문헌

김광,『나의 친구 윤봉길』, 도서출판 선인, 2017

김광삭,『전인적인 독립운동가 한용운』, 역사공간, 2015

김구,『백범일지: 백범 김구 자서전』, 돌베개, 2002

김도형,『일왕을 겨눈 독립투사 이봉창』, 역사공간, 2011

김삼웅,『독부 이승만 평전』, 책보세, 2012

김삼웅,『백범 김구 평전』, 시대의 창, 2007

김삼웅,『의암 송병희 평전』, 채륜, 2017

김삼웅,『이회영평전: 항일무장투쟁의 전위, 자유정신의 아나키스트』, 책보세, 2011

김성민,『(투탄과 자결, 의열투쟁의 화신) 나석주』, 역사공간, 2017

김성진 편저,『박정희시대 그것은 우리에게 무엇이었나』, 조선일보사, 1994

김윤경,『주시경 선생 전기』, 염화당, 2016

김은태,『독립협회를 창설한 개화. 개혁의 선구자 서재필』, 역사공간, 2011

김태빈·우주한,『대한국인 안중근』, 레드우드, 2019

김현철,『3·1 운동과 대한민국 임시정부의 재조명』, 동북아역사재단, 2019

대구가톨릭대 안중근연구소,『(도마) 안중근』, 선인, 2017

박광일,『제국에서 민국으로 가는 길, 대한민국 임시정부 27년을 걷다』, 생각정원,
    2019

박명수,『조만식과 해방 후 한국정치』, 북코리아, 2015

박영희 · 최종수,『안중근과 걷다』, 숨쉬는 책공장, 2019

박찬승,『대한민국은 민주공화국이다』, 돌베개, 2013

송창달,『박정희 왜 위대한 대통령인가』, 그린비전코리아, 2012

성현경,『경성 에리스뜨의 만국유람기』, 현실문화연구, 2015

엔도 키미코,『(홍난파 평전) 울 밑에 선 봉선화야』, 단국대 출판부, 2017

오인환,『이승만의 삶과 국가』, 나남, 2013

유영익,『젊은 날의 이승만: 한성감옥생활(1899~1904)과 옥중 잡기 연구』, 연세대
        학교 출판부, 2002

유현종,『걸어서라도 가리라 돌아온 이승만』, 2012

이상각,『주시경과 그의 제자들: 조선어학회 47년간의 말모이 투쟁기』, 유리창,
        2013

이성아.『경성을 쏘다: 김상옥 이야기』, 북멘토, 2014

이승만연구원,『우남 이승만 전집1 독립정신』, 2019

이용상 외 공저,『한국철도의 역사와 발전 1, 2』, 북갤러리, 2011, 2013

이정식,『이승만의 청년시절』, 동아일보사, 2002

이한우,『우남 이승만 대한민국을 세우다』, 해냄, 2008

윤태옥,『중국에서 만나는 한국 독립운동사』, 섬앤섬, 2018

은예린,『강우규 평전: 항일 의열 투쟁의 서막을 연 한의사』, 책미래, 2015

전인권,『박정희 평전』, 이학사, 2006

정일화,『카이로선언』, 선한약속, 2010

정재정,『철도와 근대서울』, 국학자료원, 2018

조갑제,『한강의 새벽 박정희 소장은 왜 일어났는가?』, 조갑제닷컴, 2011

조경희,『우리는 내일의 전태일입니다』, 도서출판 개암나무, 2016,

조은정,『동상』, 다홀미디어, 2016

최종성,『한국종교문화 횡단기: 종교학자와 함께 태안에서 태백까지』, 이학사, 2018

한양대 불교학생회 동문회 편저,『만해 한용운』, 맘에드림, 2019

홍석창,『매봉교회가 낳은 민족의 보배 유관순』, 신앙과 지성사, 2014

□ 기고문 및 논문, 자료집, 신문기사

고정휴, "윤봉길 의거' 1932년 4월 29일 전후 - 임시정부, 재정 어떻게 마련했나',
　　　조선일보, 2019. 4. 17.

김인만, '대통령은 왜 천도교를 적극 도왔을까', 데일리안, 2009. 3. 3.

노주석, '명문가의 만주 집단 망명 이회영·이시영 6형제 옛 집터', 서울&,
　　　2018. 4. 19.

박보균, '자유는 역사를 연출한다', 중앙일보, 2018. 10. 19.

박현모, '일제시대 공화주의와 복벽주의 연구', 정신문화연구 2007 봄호(통권 106
　　　호).

배진영, '치열하게 살다 안개처럼 사라져간 韓·中의 反共투사들', 월간조선뉴스프
　　　레스, 2016. 10.

복거일, '李承晩과 얄타密約의 실체', 월간조선뉴스프레스, 2018. 8.

유성호, '100년 전, 압록강 건넌 '한국판 체 게바라'를 아는가', 오마이뉴스,
　　　2010. 12. 31.

이기홍, '서재필박사 미국내 활동 재조명 활발', 동아일보, 2008. 2. 29.

이덕일, '조선 후기 정치사의 현재적 의의', 신동아 창간 80주년 기념 릴레이 강연,
　　　2011. 9. 21.

이민호, '염상섭 문학기행', 경향신문, 2013. 9. 27.

인문학습원, '3월에 찾아가는 3·1만세운동의 역사현장', 프레시안, 2016. 2. 15.

전현주, '우리말과 글을 지켜온 이야기를 듣고 보는 한글가온길', 서울&, 2017. 3. 23.

정현상, '[신동아]탄생 100주년, 윤봉길 상하이 의거의 재구성', 동아일보, 2008.4.15.

조은정, '우상화에 동원된 대통령 이승만의 기념조형물', 내일을 여는 역사, 2010 봄호.

조현, '[조현이만난사람] 이정희 천도교교령이 본 손병희', 한겨레, 2017.12.20.

최종희, '카이로 선언은 홉킨스의 드라마', 뉴데일리, 2011.9.15.

홍영표 의원실, '3·1 독립운동 백주년맞이 학술회의' 자료집, 2017.

□ **국가기관 홈페이지 및 포털 사이트**

국가보훈처 홈페이지 및 블로그

네이버 지식인 및 인물백과 참조

대통령기록관 홈페이지

서울 중구 역사문화원 홈페이지

충남 태안군 이종일 선생 생가 홈페이지

더 생각 인문학 시리즈 14

스스로 생각하고 만드는 내 삶을 위한 실천

인문학의 존재 이유는 나를 둘러싼 세상에 질문을 던지고 내 삶과 존재하는 모든 삶의 의미를 확인하며
더 깊이 이해하는 데 있습니다. '더 생각 인문 시리즈'는 일상의 삶에 중심을 두고 자발적인 개인을
성장시키며 사람의 가치를 고민하고 가치 있는 삶의 조건을 생각하는 기회로 다가가고자 합니다.

서재필부터 박정희까지, 동상으로 만나다

한국의 선각자를 찾아서

초판 1쇄 발행 2020년 09월 10일

지은이. 이상도

ISBN
978-89-6529-248-7 (03910)
15,000원

이 도서의 국립중앙도서관
출판예정도서목록(CIP)은
서지정보유통지원시스템 홈페이지
(http://seoji.nl.go.kr)와 국가자료
공동목록시스템(www.nl.go.kr/
kolisnet)에서 이용하실 수 있습니다.
CIP제어번호: CIP2020033995

발행. 김태영
발행처. 도서출판 씽크스마트
서울특별시 마포구 토정로 222(신수동)
한국출판콘텐츠센터 401호
전화. 02-323-5609 / 070-8836-8837
팩스. 02-337-5608
메일. kty0651@hanmail.net

도서출판 사이다
사람의 가치를 밝히며 서로가 서로의
삶을 세워주는 세상을 만드는 데 필요한
사람과 사람을 이어주는 다리의 줄임말이며
씽크스마트의 임프린트입니다.

씽크스마트 · 더 큰 세상으로 통하는 길
도서출판 사이다 · 사람과 사람을 이어주는 다리